## Der Autor

Dr. Deepak Chopra ist der wohl bekannteste amerikanisch-indische Ayurveda-Arzt, Autor zahlreicher Bestseller zu Themen des ganzheitlichen Heilens und Begründer des Chopra-Gesundheitszentrums in Kalifornien. In seinen zahlreichen Vorträgen und seinen Werken, zu denen inzwischen auch literarische Erzählungen gehören, verbindet er östliche Weisheitslehren mit westlicher Wissenschaft. Seine Bücher haben weltweit über 25 Millionen Exemplare verkauft, davon über 2 Millionen in Deutschland. Zu seinen international erfolgreichsten Büchern gehören *Die sieben geistigen Gesetze des Erfolgs* und *Die sieben geistigen Gesetze des Yoga*.

Von Deepak Chopra sind in unserem Hause erschienen:

*Die sieben geistigen Gesetze des Erfolgs*
*Die sieben geistigen Gesetze des Yoga*
*Die Quelle von Wohlstand und Glück*
*Alle Kraft steckt in Dir*
*Heilkraft Ayurveda*
*Frieden statt Angst*
*Die Rückkehr des Rishi*
*Bewusst glücklich* (Allegria)
*Die sieben geistigen Gesetze des Yoga* (CD)
*Die sieben geistigen Gesetze des Erfolgs* (CD)

Deepak Chopra

# Frieden statt Angst

*Wie wir in einer bedrohten Welt Hoffnung
und Lebensfreude zurück gewinnen*

Aus dem Amerikanischen
von Bernd Seligmann

Ullstein

Besuchen Sie uns im Internet:
www.ullstein-taschenbuch.de

Ullstein Esoterik
Herausgegeben von Michael Görden

*Umwelthinweis:*
Dieses Buch wurde auf chlor- und säurefreiem Papier
gedruckt.

Ungekürzte Ausgabe im Ullstein Taschenbuch
1. Auflage April 2007
2. Auflage 2007
© der deutschsprachigen Ausgabe 2006 by
Ullstein Buchverlage GmbH, Berlin
© der Originalausgabe 2005 by Deepak Chopra, M.D.
Umschlaggestaltung: FranklDesign, München
Titelabbildung: Shivananda Ackermann/www.artshivananda.com
Gesetzt aus der Baskerville
Satz: Keller & Keller GbR
Druck und Bindearbeiten: GGP Media GmbH, Pößneck
Printed in Germany
ISBN 978-3-548-74375-2

*Für alle Friedensstifter auf dieser Welt,
die durch ihr Beharren auf Gewaltlosigkeit
alle Menschen um sich herum
von Feindseligkeit befreien werden.*

# INHALT

| | |
|---|---|
| Der Krieg endet heute | 9 |
| Der Weg des Friedens | 17 |
| Das Phantom, das wir Feind nennen | 47 |
| Das Gift des Nationalismus | 71 |
| Mythos Sicherheit | 97 |
| Teuflische Kreativität | 121 |
| Die Politik der Seele | 149 |
| (Immer noch) ungeheuer wütend | 165 |
| Gott und Krieg | 191 |
| Die Metaphysik des Schreckens | 225 |
| Der Körper in Frieden | 251 |
| Unsere beste Hoffnung | 279 |
| Nachwort | 313 |
| Anhang | 317 |
| Hinweise für weitere Forschung und Lektüre | 329 |
| Was kann ich tun? | 333 |
| Danksagung | 335 |

*»Es gibt keinen Weg zum Frieden. Frieden ist der Weg.«*

A. J. Muste

# DER KRIEG ENDET HEUTE

Heute ist ein guter Tag, dem Krieg ein Ende zu bereiten.

Heute – ich schreibe diese Worte am 9. September 2004 – wurde in Irak die symbolische Zahl von 1000 toten US-Soldaten erreicht, von denen die meisten gefallen sind, seitdem vor über einem Jahr der Sieg verkündet wurde. Wie sieht die Welt wohl an dem Tag aus, an dem Sie dies lesen? Das kann ich nicht vorhersagen, ich weiß aber, dass Sie, selbst wenn dieser spezielle Krieg nun vorüber wäre, immer noch irgendwo auf dem Planeten mit Terrorismus, Selbstmordanschlägen, Aufständen und Bürgerkrieg konfrontiert sein werden, und nuklearen Bedrohungen von so genannten »Schurkenstaaten« wie Nordkorea und Iran. Gewalt wird weiterhin wüten, ganz gleich, an welchem Tag Sie diese Worte lesen.

Zu Beginn des Jahres 2003 waren weltweit schätzungsweise dreißig militärische Konflikte im Gang. Heute wäre ein guter Tag, allen diesen Kriegen ein Ende zu bereiten. Doch werden sie wirklich enden?

Und wenn ja, was wird an ihre Stelle treten?

Wenn wir vom Ende des Krieges reden, heißt das, wir müssen nicht nur einen Konflikt beenden, nicht nur dreißig Kriege. Wir müssen dem Krieg als Idee den Rücken kehren, einer Idee, die zur Gewohnheit geworden ist und schließlich zur betäubenden Allgegenwärtigkeit des Krieges. Der letzte Tag, an dem sich die USA nicht im Krieg befanden, war der

6. Dezember 1941, der Tag, bevor die Bombardierung Pearl Harbors die USA dazu trieb, Japan den Krieg zu erklären. Seitdem hat Amerika sich mit der Notwendigkeit abgefunden, ein riesiges stehendes Heer zu unterhalten, mit dem Wachstum von Rüstungsindustrie und Waffenhandel, die heute einen großen Teil der Volkswirtschaft darstellen, mit Tausenden von rund um die Welt stationierten Soldaten, mit intensiver Forschung auf der Suche nach neuen Technologien des Todes und mit einem politischen Klima, in dem es öffentlichem Selbstmord gleichkommt, sich gegen den Krieg auszusprechen. All dies mit seinen Auswirkungen für jeden Einzelnen und jede Familie sorgt dafür, dass wir uns ständig auf dem Kriegspfad befinden, sogar in Zeiten, wenn gerade kein erklärter Krieg die Schlagzeilen beherrscht.

Wie Angewohnheiten es an sich haben, so hat sich auch der Krieg tief in unser Denken eingeprägt. Krieg erscheint uns als die natürliche Reaktion, sobald wir Furcht oder Zorn empfinden. Der Weg des Krieges ist schwer zu verfehlen. Selbst heute, da sich im Sunni-Dreieck die Leichen häufen und die Folterbilder aus dem Gefängnis von Abu Graibh uns empören, liegt dieser Weg immer noch klar und deutlich vor uns wie ein vertrauter Pfad. Krieg ist uns fast zu einer geheimen Freude geworden. Er bringt Aufregung und Tempo in unser Alltagsleben. In Mira Nairs Verfilmung von *Jahrmarkt der Eitelkeiten* bemerkt eine Dame auf einer Gesellschaft selbstgefällig: »Krieg ist gut für die Männer, so, wie es gut für den Boden ist, wenn er von Zeit zu Zeit umgepflügt wird.« Wir greifen zum Krieg, wie ein Kettenraucher zur Zigarette greift, während wir die ganze Zeit vor uns hinmurmeln, dass wir es aufgeben müssen. In den vergangenen vier Jahrzehnten hat uns Amerikas Kriegsgewohnheit nach Irak, Afghanistan,

Kuwait, Somalia, Libanon, Panama, Grenada, Vietnam und Kambodscha geführt, ganz zu schweigen von »verdeckten« militärischen Operationen in Ländern wie Laos, Nicaragua und Kolumbien.

Dieses Buch handelt davon, mit dieser Gewohnheit zu brechen und neue Möglichkeiten zu finden, wie wir in Augenblicken der Furcht oder des Zorns und auch in anderen Situationen reagieren können. Der Weg des Friedens muss zu einer neuen Gewohnheit werden. Dazu muss dieser Weg für all das Ersatz bieten, was Kriege uns heute geben. Sie meinen vielleicht, Sie sind unempfänglich für die Reize des Krieges, doch jeder genießt zu einem gewissen Grad, was der Krieg uns geben kann:

- Krieg bietet ein Ventil für nationale Rachegefühle.
- Krieg befriedigt die Bedürfnisse der Furcht.
- Krieg schenkt dem Sieger Macht.
- Krieg sorgt für eine sichere Heimat.
- Krieg eröffnet einen Weg, mit Gewalt seinen Willen durchzusetzen.

Ein Leben in Frieden erlaubt einem dagegen, frei zu atmen. Man hat Raum für Beziehungen mit anderen Menschen. Auseinandersetzungen werden in gegenseitigem Respekt ausgetragen. Mahatma Gandhi, Nelson Mandela und Mutter Theresa lebten verschiedene Aspekte des Friedens. Von jeder dieser Persönlichkeiten haben wir gelernt, dass der Weg des Friedens dem Leiden und der Unterdrückung ein Ende setzen kann, nicht, indem man einen Feind bekriegt, sondern durch das geduldige Wirken von Wohlwollen und allgemeiner Menschlichkeit. Der Krieg erstickt all dies.

Die Wohltaten des Krieges mögen sich am Ende als bitter und leer erweisen, doch das hat den Weg des Krieges in unserem Denken kaum Abbruch getan. Nach einem Jahrhundert, in dem Kriegen über 100 Millionen Menschenleben zum Opfer fielen, schlagen wir immer noch den Weg des Krieges ein, weil wir denken, er brächte einen bestimmten Nutzen. Nicht einmal Philosophie und Religion können die Befriedigung ersetzen, die wir aus Kriegen ziehen. Buddha und Jesus hätten nicht nachdrücklicher gegen die Gewalt reden können, doch ihre Anhänger verzerrten ihre Lehren zur Rechtfertigung von Blutvergießen.

Unser Zeitalter ist durch wahrhaft erschreckende Kriegsmaschinen gekennzeichnet. Irgendwo in unserem Land arbeiten Wissenschaftlerteams an einer Bombe, die Menschen atomisieren soll, ohne die Gebäude, in denen sie leben, zu zerstören. Irgendwo arbeiten andere Wissenschaftler an Methoden, wie man die Wasser- und Elektrizitätsversorgung, die Kommunikations- und Verkehrssysteme des Feindes über Internetsignale stilllegen kann. Bald werden wir vielleicht in der Lage sein, andere Nationen handlungsunfähig zu machen, ohne einen Fuß auf ihr Territorium setzen zu müssen.

Wenn dies das Ziel ist, haben wir es schon fast erreicht mit unseren Präzisionsbombardements aus großer Höhe, unseren »intelligenten Bomben« großer Reichweite, die selbstständig ihr Ziel finden, ohne dass sich unsere Soldaten in Gefahr begeben müssen. Angesichts solcher Technologien fühlen sich manche Leute, sogar in Militärkreisen, äußerst unwohl; sie bedeuten nämlich, dass unsere Armeen nach Belieben töten können, ohne selbst einen einzigen Mann zu verlieren. Die letzte Bastion der Kriegerehre war der Respekt vor dem Feind, doch das war einmal. Die Genugtuung darüber, wie wirkungsvoll unsere Kontrolle über Leben und Tod heute ist, gehört wohl als ein weiterer Punkt auf die Liste der Dinge, die der Krieg uns gibt.

Kann der Weg des Friedens tatsächlich ein Ersatz sein für all dies? Kann er erfolgreich sein, wo Jahrhunderte der Weisheit und der Morallehren versagt haben?

Das kann er, denn der Weg des Friedens gründet nicht auf Religion oder Ethik. Er fordert nicht von uns, dass wir über Nacht zu Heiligen werden oder unseren Zorn oder Rachedurst aufgeben. Was er uns abfordert, ist etwas ganz Neues: bewusste Evolution.

Es ist an der Zeit, dass wir nicht mehr nur passiv sind, sondern unser Schicksal in die Hand nehmen, jeder für sich. Was hält den Krieg am Leben? Die Rückständigkeit unserer Reflexe, ein Verlassen auf Reaktionen, die uns seit den Anfängen der Menschheitsgeschichte vertraut sind. Gewalt ist nicht der Kern der menschlichen Veranlagung. Sie ist vorherrschend, angeboren, das mag stimmen, aber dasselbe gilt auch für das Gegenteil von Gewalt: Liebe. Der Weg des Friedens ist praktizierte Liebe. Selbst wenn die Menschheit offen oder im Stillen zu glauben scheint, Gewalt sei stärker als Liebe, könnte man dann nicht ebenso sagen, der Tod ist stärker als das Leben?

Nein, die Menschheit hat im Laufe ihrer Evolution viele Dinge hinter sich gelassen, die einst als angeborene Wesensmerkmale galten. Wir haben darin triumphiert, unseren Verstand zu nutzen. Wir haben Aberglauben und Krankheiten überwunden. Wir haben die Finsternis der Psyche ins Licht gerückt. Wir haben das Wirken der Natur ergründet. All diese Erfolge weisen den Weg zum nächsten Schritt, zu der Erkenntnis, dass die Menschen dem Krieg entwachsen sind.

Dies ist nicht der Tag, an dem ich oder irgendjemand anderes sagen kann, die Menschheit hätte den Krieg ein für allemal hinter sich gelassen. Die einzige Nachricht in letzter Zeit, die uns trotz der Berichte aus dem Irak Hoffnung schöpfen lässt, ist eine kurze Meldung, der zufolge es in den vergangenen zwölf Monaten die wenigsten Kriegstoten seit 1945, seit dem Ende des Zweiten Weltkriegs, gab. Der Trend könnte also schon begonnen haben. Sie und ich könnten in unserem Sehnen nach dem Ende des Krieges die ersten Zeichen der Zukunft sehen.

Heute ist der Tag, diese Zeichen wahrzunehmen und daraufhin zu handeln. So, wie Newtons Formulierung der Gravitationsgesetze die Menschheit für immer auf den Weg der neuen Wissenschaft führte, einen Weg, der die Welt vollkommen veränderte, so können Sie und ich einen neuen Wendepunkt herbeiführen. Meine Auffassung ist, dass die Mehrheit der Menschen in Amerika und in vielen anderen Teilen der Welt die Zeichen der Zeit bereits erkannt hat. Menschen wären schon heute bereit, den Weg des Friedens einzuschlagen, wenn sie nur wüssten, was dieser Weg ist.

Der Weg des Friedens beruht auf dem gleichen Phänomen, das schon das wissenschaftliche Zeitalter einleitete: Bewusstseinswandel. Als die Leute sahen, was Dampflokomotiven, elektrisches Licht und moderne Medizin leisten konnten, passten sie sich der neuen Situation gemäß ihrer eigenen Erkenntnisebene an. Es gehörte nicht mehr zur normalen Erfahrung des Menschen, bei Kerzenlicht zu lesen, in Pferdekutschen zu reisen oder sich mit hoher Säuglings- und Muttersterblichkeit, geringer Lebenserwartung und verheerenden Seuchen abzufinden. Was stattfand, war ein Sprung nach vorn im kollektiven Bewusstsein.

Ebenso kann der Weg des Friedens die Zukunft ändern. Wenn Sie und ich zeigen können, dass Frieden mehr bringt als Krieg, wird das kollektive Bewusstsein sich entsprechend anpassen. Sie und ich sind heute aufgewacht und fanden es leicht, niemanden zu töten. Unsere Gesellschaft als Ganzes kann dies jedoch nicht von sich behaupten. Für die Gesellschaft ist es deshalb an der Zeit, eine Richtung zu wählen, die mit den Wünschen des Individuums übereinstimmt. Es gibt keine Entschuldigung dafür, dass wir unser bequemes Leben führen wie bisher, eingebettet in eine Kultur des industrialisierten Todes und der mechanisierten Gewalt. Sie und ich sind keine unschuldigen Zuschauer, wenn es um Krieg geht. Wir sind politisch, wirtschaftlich und gesellschaftlich abhängig von diesem Krieg. Warum dies so ist und wie wir uns für eine Lebensweise entscheiden können, in der wir nicht in Krieg und Tod verstrickt sind, werde ich in allen Einzelheiten darlegen. Je mehr Menschen sich uns anschließen, desto eher wird der Krieg ein Ende finden. Statt sich zu wünschen, andere sollen doch mit dem Töten aufhören, können Sie zu einer Kraft für den Frieden werden und damit Ihren wertvollsten Beitrag leisten.

Wenn Sie zu einem Anhänger des Friedens werden, ist der Krieg heute für Sie zu Ende. Dies geschieht individuell, für jeden allein, doch es funktioniert. Eine Million winziger Erdbeben bewegen mehr als ein großes Beben. Es gibt keine bessere oder einfachere Lebensweise, als mit der Welle der Evolution zu schwimmen. Ist es so schwer, aufzublicken und zu sagen, heute ist ein guter Tag, dem Krieg ein Ende zu bereiten? Folgt Ihr Bewusstsein diesen Worten und bleibt es ihnen treu, so wird der Krieg für immer aus Ihrem Leben verbannt bleiben.

# Der Weg des Friedens

A.J. Muste, Pazifist, Friedensaktivist und anerkannter Führer in der Arbeiter- und Bürgerrechtsbewegung, gab einer tiefen Wahrheit Ausdruck, als er sagte: »Es gibt keinen Weg zum Frieden. Frieden ist der Weg.« Er meinte damit, Frieden erreicht man nicht mit Gewalt oder durch Gewalt. Frieden hat seine eigene Kraft, seine eigene Methode, Ereignisse zu organisieren. Wir suchen nach anderen Lösungen, um die Bedürfnisse zu befriedigen, für die wir heute zum Krieg greifen, und die alten Lösungen sind nicht einfach von der Hand zu weisen, denn Abenteuer, Macht und Expansion sind fundamentale Lebenswerte.

Wenn es für die Durchschnittsperson keine realisierbare Möglichkeit gibt, an Abenteuer, Macht und Erweiterung persönlich teilzuhaben, ist sogar der trügerische Weg des Krieges mit seinem schrecklichen Blutzoll besser als nichts. Wie wir sehen werden, findet man aber auch Macht, wenn man dem Weg des Friedens nur weit genug folgt. Man erlebt die Freiheit und Aufregung, die man sich sonst von Abenteuern verspricht. Die Expansion vollzieht sich im Bewusstsein, ohne dass man ein fremdes Land angreifen und seine Schätze plündern muss. Krieg ist zuallererst ein körperliches Unterfangen. Zum Krieg gehören brutale Gewalt, Körper gegen Körper, die Zerstörung von Städten, die dann wieder aufgebaut werden, und das Ausprobieren von Waffen, damit noch tödlichere Waffen erfunden werden können.

Könnten die Menschen ihre Bedürfnisse befriedigen, ohne solche Zerstörung anzurichten, so würden sie es sicher tun. Millionen wollen schon heute ohne Zerstörung leben. Nun suchen wir nach einem Weg, unseren Wunsch und unser Verlangen stärker zu machen, als der Krieg es noch ist. Zum Glück ist das nicht schwer. Uralten wedischen Texten zufolge wissen wir, dass wir den Weg des Friedens leben, wenn drei Dinge am Platze sind:

**Seva:** Dein Handeln schadet niemandem und nützt allen.
**Simran:** Du erinnerst dich an deine wahre Natur und den Zweck deines Daseins.
**Satsang:** Dein Platz ist in der Gemeinschaft des Friedens und der Weisheit.

Diese drei S-Wörter stammen aus dem Sanskrit. Sie beschreiben das ideale Leben jedes spirituellen Menschen. Ebenso wichtig sind sie jedoch als Schlüssel zu einer Macht, die der Materialismus nicht besiegen kann, so, wie ein Fels den Regen nicht besiegen kann, obwohl das eine hart und das andere weich ist; so, wie ein Baum den Wind nicht besiegen kann, obwohl das eine fest und das andere unsichtbar ist. Macht mag abstrakt klingen, doch Zufriedenheit ist greifbar. Jedes dieser S-Wörter bringt eine Zufriedenheit, die der Krieg niemals bieten wird.

Seva schenkt uns die frohe Gewissheit, dass unser tägliches Handeln das Leben als Ganzes stützt. Wir werden Teil der Evolution des Planeten, nicht seiner vollständigen Zerstörung. Wir leben in Frieden mit unserem Gewissen, da wir unsere Pflicht als Hüter jedes Aspekts der Natur bis zur heiligsten Ebene erfüllt haben.

Simran bringt die Befriedigung erweiterter Möglichkeiten. Wir sind kein vereinzeltes Individuum mehr, verloren in einem Meer von Menschen. Wir finden unser echtes Selbst und unsere echte Wahrheit. Jedem von uns eröffnet sich ein eigener Weg, sein Leben zu meistern.

Satsang bietet die Befriedigung, keine Feinde zu haben. Sie sind zu Hause auf der Welt. Der Rest der Menschheitsfamilie ist Teil von Ihnen. Ältere und jüngere Generationen sind nicht mehr durch eine Kluft voneinander getrennt, sondern arbeiten gemeinsam für die Vision einer Welt ohne Armut, Unwissen und Gewalt.

Frieden ist vor allem deshalb der Trend der Zukunft, weil Seva, Simran und Satsang an sich schon starke Trends darstellen. Nach manchen Schätzungen akzeptieren heute zwischen einem Drittel und der Hälfte der Amerikaner New-Age-Werte in der einen oder anderen Form. Das Spektrum solcher Werte ist inzwischen so breit, dass es kaum noch nützlich erscheint, sie als »New Age« zu bezeichnen. Eine Hausfrau, die 1987 im Schatten der Berliner Mauer durch den Regen zum Bäcker lief, konnte sich wahrscheinlich nicht vorstellen, dass ihr unterdrückter Wille zur Freiheit sich als stärker erweisen würde als die Mauer. Was ist der Wille eines Einzelnen schon gegen Beton, Wachtürme und Stacheldraht? Der Wille ist jedoch ein Aspekt des Bewusstseins und der Trend der Zeit muss dem Bewusstsein gehorchen, wenn es sich entschließt, sich zu ändern. Ich glaube, dass Ihr unterdrückter Wille schon heute die Zukunft formt, selbst wenn Sie mit ganz alltäglichen Dingen beschäftigt sind, wie etwa durch den Regen laufen, um Brot zu besorgen.

Hier ein paar Beispiele:

## Trends einer neuen Menschlichkeit
*Die Vision, die uns schon heute vereint*

- Glauben Sie, die Welt muss vereint sein in Sachen globaler Erwärmung?
- Wünschen Sie sich größere Anstrengungen, um der Aids-Epidemie weltweit ein Ende zu setzen?
- Sind Sie gegen die Verschmutzung der Meere?
- Glauben Sie, Amerika sollte die Dritte Welt zur Entwicklung nachhaltiger Volkswirtschaften führen?
- Treten Sie für Religionsfreiheit und gegen religiösen Fanatismus jeder Art ein?
- Unterstützen Sie die volle Gleichberechtigung von Einwanderern?
- Wünschen Sie sich den Abbau aller Kernwaffenarsenale?
- Wollen Sie, dass Amerika weniger militaristisch wird?
- Unterstützen Sie die möglichst schnelle Entwicklung neuer Energiequellen als Alternative zu fossilen Brennstoffen?
- Glauben Sie an die Gleichberechtigung der Frau in allen Gesellschaften?

Jahrzehntelange Anstrengungen mögen noch vor uns liegen, bevor diese Ziele verwirklicht sind, doch als Leitsätze sind sie schon heute akzeptiert und äußerst lebendig. Millionen von Menschen, die sich in keiner Weise mit New Age identifizieren, die nie für Gleichberechtigung oder gegen die Umweltverschmutzung durch die Industrie demonstriert haben und die sich zur politischen Mitte zählen, gehören tatsächlich einer Mehrheit an, die sich nur noch als solche zu erkennen hat. Der Weg des Friedens umfasst alle diese Ziele, da sie entweder unsere Pflichten gegenüber dem Gemeinwohl ansprechen (Seva), eine Verschiebung des Selbstbilds auf eine höhere Ebene (Simran) oder die Überwindung von Gegensätzen zu Erschaffung einer neuen Menschengemeinschaft (Satsang).

Überraschend ist eigentlich nur, dass der Weg des Friedens sich nicht schon weiter durchgesetzt hat. Ich weiß, es gibt Hindernisse, die noch nicht aus dem Weg geräumt werden konnten. Die massive Aufrüstung der vergangenen 50 Jahre scheint unaufhaltsam weiterzugehen. Die Mächte, die die modernsten Waffen unter ihrer Kontrolle haben, machen skrupellos Gebrauch von Einschüchterung und Furcht, um ihre Ziele zu erreichen. Auch die globale Herrschaft habgieriger Unternehmen, die keine Werte kennen außer Wettbewerb und Profit, sorgt für Furcht. Diese Kräfte haben auf verschiedene Weise bewirkt, dass spirituelle Menschen sich für ohnmächtig halten. Lassen Sie uns ehrlich sein: Wir haben Angst davor, aus der Menge hervorzutreten und als »anders« gebrandmarkt zu werden, und wir fürchten die Isolation, wenn wir niemand anderen finden können, der unseren Glauben teilt.

Vergessen Sie für einen Augenblick Ihre Ängste und öffnen Sie sich einer verblüffenden Wahrheit. Vergessen Sie die materiellen Hindernisse, die auf einer gewissen Ebene wohl existieren und als Bedrohung erscheinen mögen, auf unsere Herzen und tiefsten Sehnsüchte jedoch kaum Einfluss haben, denn *Sie sind potenziell mächtiger als jede Waffe*. Mir ist klar, dass diese Erkenntnis für viele Menschen einen großen Sprung bedeutet. Denken Sie an die großen Maiparaden zurück, die in der Sowjetära über den Roten Platz rasselten, in einer enormen Zurschaustellung von Raketen und Panzern, eine grandiose Fassade der Unantastbarkeit. Heute sind wir klüger, als dass wir solcher Machtdarstellung noch Glauben schenken würden. Heute wissen wir, dass sich hinter dieser stählernen Maske ein bröckelndes System verbarg. Heute sehen wir aber auch in den Vereinigten Staaten ähnlich bombastische Bemühungen, die Leute zu überzeugen, dass sie das alte Kriegssystem respektieren und ihm gehorchen müssen. Waffen sind real, doch sie können die Geburt eines neuen Glaubens nicht aufhalten.

Die geheime Stärke des Friedens ist eben, dass er nicht greifbar, nicht vorzeigbar ist. Wenn Sie sich zu ein wenig mehr Vertrauen in die Zukunft durchringen können, werden Sie sich nicht mehr schwach und allein fühlen. Seien Sie dessen versichert, das Bewusstsein ist auf dem Vormarsch. Versuchen Sie, diese Tatsache zu begreifen und ihre Konsequenzen zu verstehen. Überall auf der Welt haben sich spirituelle Gemeinschaften gebildet, um bewusst die Zukunft zu formen. In den USA gibt es in jeder größeren Stadt alternative Kirchen, deren Gemeinden einer Vision folgen, die auf die eine oder andere Weise Seva, Simran und Satsang umfasst. Es ist auch nicht notwendig, die Mehrheitsgesellschaft auszuschließen, wo doch viele Aspekte dieser spirituellen Werte schon heute akzeptiert werden. Lassen Sie mich eine Reihe von Schlüsselwörtern aufführen:

**Seva – selbstloses Handeln**: Wohlfahrtsarbeit, freiwillige Dienste, Sozialarbeit in Schulen, Jugendarbeit, Heilen, Tierschutz, Kriegsdienstverweigerer, Evangelismus.

Alle diese Bewegungen sind Ausdruck des Wunsches, uneigennützig seine Dienste anzubieten. Sie sind nicht durch Geld motiviert und es geht auch nicht darum, sich wichtig zu machen. Es liegt einfach der Glaube zugrunde, dass solche Dienste für den Helfenden ebenso gut sind wie für den Geholfenen. Seva versinnbildlicht unseren Drang, aus den Fesseln des Ego und des Geldes auszubrechen.

**Simran – die höhere Vision des menschlichen Daseins**: Umweltschutz, Friedensbewegung, Menschenrechte, Psychotherapie, Alternativmedizin, Human Potential Movement (»Bewegung für das menschliche Potenzial«), östliche und New-Age-Religionen.

Was alle diese Bewegungen gemeinsam haben, ist ein höheres Menschenbild. Sie richten sich gegen eine technologische Gesellschaft, in der das Individuum erniedrigt und entmenschlicht wird, und stellen offizielle Grundsätze in Frage. Simran versinnbildlicht den Drang, in spiritueller Würde, Reinheit und Erhabenheit zu leben.

**Satsang – Gemeinschaften des Friedens und der Weisheit**: Kirchen, Gebetsgruppen, Friedenswachen, Klöster, Meditationsretreats, Kommunen und Kooperativen, utopische Gemeinschaften.

Alle diese Gruppen vereint das Streben nach neuen Formen des Zusammenlebens. Sie sind eine Reaktion auf die Anonymität der Städte und den Zusammenbruch wirklicher menschlicher Gemeinschaft. Kirchen gibt es natürlich seit Jahrtausenden, doch es herrscht nie ein Mangel an neuen Gruppen, die von neuen Glaubensvorstellungen motiviert werden. Satsang drückt das Verlangen aus, seine spirituelle Reise mit anderen zu teilen und der Menschenfamilie eine greifbare Form zu verleihen.

Es mag eigenartig erscheinen, Evangelismus auf derselben Liste zu sehen wie Kriegsdienstverweigerer und die Menschenrechtsbewegung, doch ein glühender Baptist, der andere drängt, Christus zu finden, drückt dasselbe spirituelle Verlangen aus wie eine utopische New-Age-Kommune im Schatten des Berges Shasta. *Wiedergeburt* ist das treffende Wort für das, was sich Millionen von Menschen wünschen, oft in verzweifelter Sehnsucht, selbst wenn keine Wiedergeburt wie die andere ist. Amerika hat eine tiefe Tradition des Einschließens: Seit den Pilgervätern gab es hier keine Zeit, in der utopische Gemeinschaften nicht erblühen konnten. Viele Menschen vergessen dies heute und halten die Bequemlichkeiten der Mittelklasse für den eigentlichen Daseinsgrund der USA. Wer so denkt, verschließt seinen Blick vor Jahrhunderten voller spiritueller Vision. Der Weg des Friedens ist keine Revolution. Er ist eine Konsolidierung von dem, was schon da ist.

Die Verteidiger des Status quo tun ihr Möglichstes, dieses neue Wachstum zu verleugnen und zurückzuweisen – sie wären nicht, was sie sind, wenn sie das nicht täten. Die bei weitem zerstörerischste Zurückweisung ist der Krieg. Solange der Krieg in Gang gehalten werden kann, ist die Herrschaft der alten Ordnung gesichert. Mit alter Ordnung meine ich hier keine bestimmte Gesellschaftsordnung, sondern eben die Art und Weise, wie wir unsere Welt ordnen. Zurzeit ist die Welt nach den Werten Macht und Gewalt, ökonomischer Wettbewerb, rücksichtsloser Fortschritt auf Kosten der traditionellen Gesellschaft und Vormarsch der Technologie geordnet. Abbildung 1 zeigt die alte Ordnung als ein verwickeltes Netz von Trends und Werten.

Dieses Bild stellt die Realität als eine verwickelte Hierarchie dar, ein Begriff, den ich einer Physik entlehnt habe, die den Kosmos als ein Gewirr von Masse und Energie sieht. Es ist überwältigend, zu sehen, wie groß der Schaden ist, der dem höheren Menschenbild zugefügt wurde. Diese verwickelte Hierarchie ist unsere eigene Schöpfung. Wir alle haben durch Furcht, Habgier und nicht aufrechtzuerhaltendes Wachstum ein Stück dazu beigetragen.

*Abb. 1: Die verwickelte Hierarchie von Furcht, Habgier und Verantwortungslosigkeit*

Wann immer ich diese Darstellung bei einem Vortrag zeige, löst sie beim Publikum Betroffenheit aus. Diese Trends, die wie Schlangen ineinander verschlungen sind, hängen eng miteinander zusammen. Der Zusammenhang offenbart sich, wenn Sie sich zwei beliebige Themen aussuchen, ganz gleich, wie weit sie im Diagramm voneinander entfernt sind. Versuchen Sie es einmal, denn dieses Gewirr von Faktoren ist der wirkliche Feind, nicht irgendeines der dargestellten Probleme. Treffen Sie eine zufällige Auswahl von Themenpaaren und denken Sie über die Verbindung nach, zum Beispiel:

- *Fossile Brennstoffe + Religionskonflikt:* Die Verbindung ist der Krieg in Irak.
- *Artensterben + Krankheiten durch Umweltverschmutzung:* Diese beiden Probleme sind durch das unaufhaltsame Wachstum von Industriestädten auf der ganzen Welt verknüpft.
- *Habgier + Trinkwasserknappheit:* Hier sind die Wasserkraftwerke mit ihren Staudämmen die Verbindung, die Erstickung von Flüssen zugunsten der Energieversorgung großer Städte.
- *Religiöser Fundamentalismus + Waffenindustrie:* Diese beiden Punkte sind verknüpft durch den Glauben, dass Gott von den wahren Gläubigen verlangt, die Ungläubigen zu töten oder sich in der bevorstehenden Apokalypse zu behaupten.

Ich habe hier nur vier Paare gewählt, wenngleich das Diagramm mehrere hundert Kombinationsmöglichkeiten bietet. Wir leben in einer Welt voller wechselseitiger Abhängigkeiten. Es ist sinnlos, jedes Problem für sich anzugehen. Dieses Diagramm liefert den praktischen Beweis für Mustes Erklärung: Es gibt keinen Weg zum Frieden. Es kann keinen geben, wenn die Wirklichkeit so vernetzt und jedes Problem auf inzestuöse Weise mit jedem anderen verknüpft ist.

Ich hatte Sie aufgefordert, über *eine* Verbindung zwischen zwei Problemen nachzudenken, doch in Wirklichkeit gibt es für jedes Themenpaar unzählige solcher Verbindungen. Bei Habgier und Trinkwasserknappheit geht es um Flüsse, Staudämme, Verträge, Wettbewerb zwischen Staaten, industrielle Umweltverschmutzung und Städte, die über die verfügbaren Wasservorkommen hinaus wachsen. Allein in den USA könnte man täglich Hunderte von Zeitungsartikeln über dieses Problempaar finden. Über den Problemkreis fossile Brennstoffe und Religionskonflikte werden täglich tausend oder mehr Geschichten geschrieben oder gesendet.

Nun, da Sie wissen, was ich meine, wenn ich von der alten Ordnung rede – der Welt des Status quo –, betrachten Sie ein zweites Schaubild (Abbildung 2), das eine völlig andere Welt zeigt.

Auch dies ist eine verwickelte Hierarchie, die jedoch nicht auf Furcht und Habgier gründet, sondern unser Friedensbewusstsein versinnbildlicht. Wie in der ersten Grafik ist hier alles mit allem verknüpft. Zu jedem Thema gibt es eine schon existierende Bewegung und überall finden sich gemeinsame menschliche Werte. Wenn ich dieses Bild zeige, reagieren die Zuhörer mit Überraschung und frischer Hoffnung. Die auf Furcht und Habgier gegründete Welt mag sehr beängstigend sein, aber es ist nicht die ganze Welt. Menschen sind komplexe Wesen und jeder von uns trägt zu einer zweiten Welt bei, die ebenso wirklich und bei weitem tragbarer ist als die erste.

# FRIEDEN STATT ANGST

*Abb. 2: Die verwickelte Hierarchie von Liebe, Miteinanderteilen, Mitgefühl, nachhaltiger Entwicklung und Friedensbewusstsein [Erwachen neuraler Netzwerke des Planetengeistes]*

Wählen Sie einige Paare aus diesem Diagramm und bringen Sie sie miteinander in Verbindung. Beispielsweise:

- *Geteiltes Leid + Gesunde Gemeinschaft:* Die Verbindung besteht hier zum Beispiel in der Tragödie des 11. September und den Banden, die sie zwischen den Familien der Opfer schuf.
- *Recycling + Bessere Lebensqualität:* Diese beiden Punkte sind durch die bessere Wasserqualität in Städten, in denen Abfälle nicht einfach auf der Müllkippe landen, verknüpft.
- *Sinn für das Heilige + Ganzheitliche Erziehung:* Private Schulsysteme, deren Erziehung der Kinder auf einer spirituellen Grundlage aufbaut.

Auch hier sind Hunderte von verschiedenen Begriffspaarungen und zahllose Verbindungen möglich. Das bedeutet, die neue Welt ist schon Realität. Es mangelt nicht an Kanälen für Friedensbewusstsein, das in Liebe und Teilen wurzelt. Diese Werte sind schon seit Jahrhunderten lebendig. Der Hauptunterschied zwischen den beiden Welten, die ich dargestellt habe, liegt im Bewusstsein. Furcht und Habgier entspringen einer niederen Bewusstseinsebene, an der wir alle teilhaben. Liebe und Teilen gehen von einer höheren Bewusstseinsebene aus, an der wir ebenfalls alle teilhaben.

Die Frage ist also, welcher Ebene Sie angehören wollen.

Dass die Welt sich ändern wird, wenn genug Menschen ihr Bewusstsein auf eine höhere Ebene bringen, ist eine absolute Wahrheit. Die Welt der Furcht und der Habgier ist nicht durch Zufall entstanden. Ihre und meine Erfahrung einer solchen Welt beruht einzig und allein auf unserem Bewusstsein. Wenn wir eine neue Welt wollen, ist es ein großer Vorteil, zu wissen, was es bedeutet, einen Bewusstseinswandel herbeizuführen. Wir wollen dies tiefer ausforschen, denn für viele Leute klingt der Begriff *Bewusstseinswandel* schwach und abgenutzt. Er klingt nach einem Idealismus, der noch nie etwas erreicht zu haben scheint, oder nach einer Philosophie, die sich mit einer Zuschauerrolle begnügt, die zwar auf dieser Welt ist, aber nicht von ihr. Das ist jedoch ganz und gar nicht so.

## Wie eine Welt geboren wird
### Die sieben Bausteine der Wirklichkeit

Denken und Glauben
Gefühle
Absichten
Beziehungen
Wendepunkte und Durchbrüche
Umwelt
Vision

Diese Faktoren müssen alle aktiv und lebendig sein, wenn eine neue Welt geboren werden soll, und das gilt nicht nur für die neue Welt des Friedens, die wir erschaffen wollen. Wann immer das Bewusstsein zu einem Wandel bereit ist, werden Sie in allen diesen Bereichen Gärung und Unruhe erkennen. Die etablierte Ordnung wird vor einer Herausforderung stehen und von der stillen und unsichtbaren Ebene des Bewusstseins wird sich eine neue Ordnung erheben, ein scheinbar mystischer Prozess, da niemand und doch jeder den Wandel steuert. Eine gemeinsame Sehnsucht erwacht, ohne dass die Menschen wissen, dass sie auf unsichtbare Weise miteinander verbunden sind.

Diese Wahrheit offenbarte sich mir, als mein Sohn Gotham noch ein Teenager war. Gotham ist ein Einwandererkind und

DER WEG DES FRIEDENS

huldigt Lord Krishna (den er zuerst in den indischen Comic-
büchern über die Heldentaten der Götter und Göttinnen kennen lernte, die er früher verschlang) seit seiner Kindheit. Der
Junge war auf unsichtbare Weise einer tiefen Tradition verbunden. Wenn die Familie sich zum Morgen-*Puja* mit Reis
und Räucherstäbchen zusammenfand, war unsere kleine
Hauszeremonie einer Masche gleich von den unzähligen, die
ihr vorausgingen. Zu meiner großen Erleichterung und der seiner Mutter widmete sich Gotham jedoch auch eifrig dem Bas-
ketballspiel und hätte sein Leben gegeben für seine geliebten
*Celtics* – neue Verbindungen banden ihn unsichtbar in unsere
neue Heimat ein. Eines Tages, als wir miteinander plauderten,
wurde mir dann klar, dass mein Sohn keinerlei Verständnis für
Kriege hatte. Ich weiß noch, wie eigenartig mir das vorkam.
Wir sprachen über den Vietnamkrieg, der vor der Geburt meines Sohnes geendet hatte, und in seinem Gesicht las ich voll-
kommenes Unverständnis. *Warum haben sie gekämpft?*
*Warum all dieser Zorn, all dieser Aufruhr?* Dann fragte ich
ihn, ob er mir einen guten Grund nennen könnte, in den Krieg
zu ziehen, doch Gotham konnte nur die Achseln zucken. In
einer bestimmten Region des Bewusstseins war eine alte Verbindung gerissen und alles, was der Krieg früheren Generationen geboten hatte – Abenteuer, Romantik, ein Ventil für
Männlichkeitsträume, eine Bühne für die Auseinandersetzung
Gut gegen Böse –, war einfach nicht mehr wichtig. Ich muss
gleich hinzufügen, dass mein Sohn kein gleichgültiger Mensch
ist. Er wuchs zu einem Journalisten heran, der viele der gefähr-
lichsten Kriegsgebiete besucht hat, um mit großer Neugier und
Mitgefühl über diese Kriegsbesessenheit Bericht zu erstatten,
die er bis zum heutigen Tag nicht verstehen kann – die Verbindung besteht einfach nicht mehr.

FRIEDEN STATT ANGST

Dieses Phänomen kann man heute überall beobachten. Die Geburt der Zukunft muss kein mystisches Geschehen sein. Die Fähigkeiten, die wir brauchen, um mit der Vergangenheit zu brechen, haben immer schon in uns existiert. Dennoch wird die neue Welt, die jetzt im Entstehen ist, eine auf Frieden gegründete Welt, einzigartig sein. Andere Welten entsprangen einer gemeinsamen Religion (zum Beispiel das christliche Mittelalter) oder gemeinsamer Technologien (etwa die westliche Industriekultur), doch keine dieser Welten war wirklich global. Dies sind die Schlüsselwörter der neuen Hierarchie:

Bewusste Evolution
Selbstbestimmung
Nicht militärisch
Nicht sektarisch
Globales Teilen
Nachhaltige Volkswirtschaften
Geheilte Umwelt

Alle diese verschiedenen Trends werden einst in Verbindung treten und zusammenfließen. Das Gleiche ist uns schon auf biologischer Ebene widerfahren, obwohl wir uns nicht daran erinnern können. Ein Embryo beginnt sein Leben im Mutterbauch als eine lose Ansammlung von Zellen, doch mit der Zeit entwickelt sich immer mehr Komplexität. Zellen wachsen zu Organen zusammen, diese Organe kommunizieren miteinander und spüren, dass sie Teil des Ganzen sind. Die Intelligenz übernimmt die Aufgabe, den Embryo unversehrt zu halten, und in den letzten Monaten der Schwangerschaft bilden sich jede Minute Millionen neuer neuronaler Verbindungen. Am Ende ist der Fötus so komplex, dass er keine andere Wahl hat, als geboren zu werden, wie es von Anfang an das Ziel der Natur war, das jedoch erst zu erreichen war, als der Embryo genug Ordnung und Kraft in sich aufgebaut hatte, um unabhängig zu werden. Gesellschaftsordnungen folgen vor ihrer Geburt demselben Muster. Leute sagen: »Ich glaube schon längst an all diese Dinge, die Sie aufgeführt haben. Warum sind sie noch nicht Wirklichkeit geworden?« Und ich ahne die entmutigenden Antworten, die sie sich dann selbst geben: *Das System ist unbesiegbar, die Probleme sind zu gigantisch, Männer sind von Natur aus gewalttätig, wir Menschen hatten immer schon etwas Selbstzerstörerisches an uns, es herrscht zu viel Unwissen auf der Welt.*

Doch diese Hindernisse sind Trugbilder. Sie waren genauso da, bevor das Christentum seinen Siegeszug antrat, und doch riefen am Ende dreizehn Menschen eine christliche Welt ins Leben. Vor dem Aufstieg von Wissenschaft und Technik waren Unwissenheit und Aberglauben in allen Gesellschaften die Hindernisse, und doch erwuchs aus Newtons Apfel die Welt, in der wir heute leben. Die wahre Antwort auf die Frage, weshalb wir noch keine neue Welt erkennen können, ist: weil diese Welt noch nicht bereit ist, geboren zu werden. Sie wird erst bereit sein, wenn ihre Bausteine stärker geworden sind.

## Unsere Macht erkennen
### *Durch Bewusstsein ein Zeitalter gestalten*

**Denken und Glauben.** Wenn Sie stark genug an etwas glauben, werden Sie es irgendwann vor sich sehen. Wirklichkeit beginnt mit flüchtigen Eingebungen oder Wünschen, mit unablässigem Sehnen. An den Frieden zu denken ist ein machtvolles Werkzeug, ihn zu verwirklichen, sofern dieser Gedanke von einer tiefen Ebene herrührt. Jesus und Buddha waren vieles, doch vor allem waren sie Denker, die daran glaubten, dass ihre Denkprozesse die Wirklichkeit verändern konnten.

Auch Sie verfügen über diese Werkzeuge, Sie haben sie nur noch nicht dazu eingesetzt, die Wirklichkeit zu verändern.

**Gefühle.** Die meisten Menschen benutzen ihre Gefühle heute als Ventil für aufgestauten Zorn und innere Ängste. Befreite Gefühle haben jedoch eine viel größere Macht. In unseren Empfindungen liegt Wahrheit. Mit unserem Verstand können wir uns ein Leben in einer mechanisierten Kultur voller Technologien des Todes begreifbar machen, doch unsere Gefühle sträuben sich dagegen. Sie wollen frei fließen, ohne Angst, ohne den unablässigen Zwang, vor Feinden auf der Hut zu sein. Diese Ebene des Bewusstseins erkennt jede Chance, mehr Glück und Erfüllung zu finden. In dieser Hinsicht sind unsere Gefühle ein sehr verlässlicher Ratgeber. Unser Empfinden der Qualen des Krieges und unser Mitgefühl für die Opfer sind eine Kraft für den Wandel.

**Absichten.** Gedanken und Gefühle sind an sich frei und ungebunden. Um ihnen eine bestimmte Zielrichtung zu verleihen, muss das Element der Absicht hinzukommen. Absicht ist mehr als eine Richtung, in die man gehen möchte. Wenn eine Absicht einer tiefen Ebene entspringt, bahnt sie sich den Weg zu ihrer Erfüllung. Ereignisse beginnen plötzlich, sich so zu organisieren, dass Gedanken verwirklicht werden. Absichten sind am stärksten, wenn sie positiv und schöpferisch sind. Nur der Wunsch, das Schlechte möge ein Ende finden, genügt nicht. Man muss etwas Neues beabsichtigen, das an die Stelle des Alten treten kann. Eine bloße Antikriegsbewegung kann als Friedensbewegung niemals erfolgreich sein. Wir müssen eine vollkommen neue, auf Frieden gründende Ordnung anstreben, dann werden unsichtbare Kräfte diese neue Wirklichkeit zu formen beginnen.

**Beziehungen.** Die bisher genannten Elemente kommen alle von innen. Bewusstsein ist jedoch nicht nur ein inneres Phänomen. Es muss nach außen fließen und dies geschieht durch Beziehungen. Nur über friedliche Beziehungen kommt man zu einer friedlichen Welt. Beziehungen sind der Schmelztiegel der Realität. Sie sind die Feuerprobe, ob jemand wirklich gewaltfrei handeln kann, ob für schwierige Probleme friedliche Lösungen gefunden werden können, ob ein Ideal auf dem rauen Markt tatsächlich Bestand haben kann.

Eine Welt in Frieden wird Wirklichkeit, sobald jeder Einzelne von uns friedvolle Beziehungen zu anderen pflegen kann.

**Wendepunkte und Durchbrüche.** Durch das Wirken des Bewusstseins wird die alte Ordnung immer schwächer und beginnt an manchen Stellen auseinander zu bröckeln. In solchen Augenblicken erfährt der Einzelne einen persönlichen Durchbruch. Dies ist der Beweis, dass das Bewusstsein bei der Sache war. Alte Muster brechen auf und man sieht endlich Licht statt Dunkelheit. Durchbrüche geschehen, weil die früheren Elemente ausgedient haben. Im ersten Kapitel erwähnte ich die weithin überhörte Meldung, dass es im Jahr 2003 weniger Kriegstote gegeben hat als in irgendeinem Jahr seit dem Ende des Zweiten Weltkriegs. Das war in meinen Augen kein Zufall, sondern ein Durchbruch. Es könnte ebenso bedeutsam sein wie der Fall der Berliner Mauer, den ich ebenfalls als einen Durchbruch bezeichnen würde. Der Durchbruch gewährt uns einen Blick in eine lichtere Zukunft und der Wendepunkt ändert die Form dieser Zukunft. Die Friedensbewegung sollte auf Durchbrüche achten und die Welt auf sie aufmerksam machen.

**Umwelt.** Nur wenige Menschen bezweifeln heute, dass die Umwelt an vielen Wunden leidet, krank gemacht durch ihre rücksichtslose Missachtung durch uns Menschen. Ihre Wunden reflektieren unsere eigenen Wunden, ihre Krankheit begann in uns. Wenn genug Menschen sich selbst geheilt haben, so wird auch das durch die Umwelt reflektiert werden. Ich rede nicht von einer neuen Umweltpolitik oder von der Annahme der Kyoto-Vereinbarungen. Die Natur ist der lebendige Ausdruck unseres Bewusstseins. Sie passt sich unserer Evolution an, so, wie wir uns der Evolution der Natur anpassen. Die Beziehung ist, wie alle Beziehungen in der verwickelten Hierarchie, wechselseitig und voller gegenseitiger Abhängigkeiten. Es beunruhigt mich, dass sich so viel New-Age-Denken auf katastrophale Veränderungen der Erde konzentriert, zum Beispiel Erdbeben und die Schwächung der Ozonschicht. Solche negativen Prophezeiungen können nichts Gutes hervorbringen. Es führt nur dazu, dass die Prophezeiungen wahr werden, wo wir uns doch genau das Gegenteil wünschen. Das Prinzip, das wir nie vergessen dürfen, ist, dass das Bewusstsein sich weiterentwickeln *will*. Deshalb ist es viel leichter, Heilung zu fördern, als sich auf die Seite der Krankheit zu schlagen. Liebe und Achtung für die Umwelt würden eine Umkehr des Kreislaufs des Niedergangs der physischen Welt bewirken. Daran müssen wir glauben, denn es ist tatsächlich so, dass menschliches Bewusstsein die Umwelt am Leben erhält. Wenn Ihr Bewusstsein der Katastrophe entgegensieht, wird die Natur diese Gedanken als Ihre Stimme für die Zukunft auffassen. Die Friedensbewegung kann sich auf die Seite eines geheilten Planeten stellen und diesem damit Millionen mehr Stimmen verschaffen. Und da unsere Stimmen die Tiefe des Bewusstseins in sich tragen, werden sie weit mehr Gewicht haben als jede gedankenlose Stimme für die Zerstörung.

**Vision.** Wenn alle schon genannten Elemente am Platz sind, kommt die Vision ins Spiel. Im Gegensatz zu einem Ideal, das niemals Wirklichkeit wird, wurzelt eine Vision im Bewusstsein und *muss* schließlich Realität werden. Der Beweis für diese Behauptung ergibt sich, wenn man in die Geschichte zurückblickt: Kolumbus und Magellan bereiteten sich unbeirrt auf eine lange, beschwerliche Seereise vor, obwohl sie keineswegs sicher sein konnten, ob sie erfolgreich sein oder auch nur überleben würden. Heute wissen wir aber, dass der Druck des kollektiven Bewusstseins sie vorantrieb. Das Entdeckerzeitalter hatte genügend Schwung und Willen entwickelt, um historische Wirklichkeit zu schaffen. Diese Mischung aus persönlicher Vision und historischem Wandel ist geheimnisvoll. Heute wissen wir nur noch von den führenden Forschern und Entdeckern. Das Faszinierende ist jedoch, wie gewöhnliche Menschen von diesem Wandel mitgerissen wurden.

Die Friedensbewegung muss einen Schritt weitergehen. Sie darf sich nicht mit der Hoffnung begnügen, den Normalbürger für ihre Sache zu gewinnen, sie muss vielmehr wissen, wie man dies bewirkt. Dazu können wir uns nur auf die Elemente des Bewusstseins stützen, doch dies ist zum Glück die stärkste Stütze, die man sich wünschen kann. Überlassen wir die Waffenberge und multinationalen Unternehmen ruhig denen, die so daran hängen und sie deshalb verteidigen müssen. Diese Symbole der alten Ordnung sind nichts als erstarrtes Bewusstsein. Sie mögen noch die Macht haben, unser alltägliches

Leben zu bestimmen, doch wenn es um Wandel geht, sind wir es, die die Zügel in der Hand haben.

Jeder, der weiß, wie man das Bewusstsein zur Evolution bewegt, ist Teil der Friedensbewegung. Dies finde ich äußerst ermutigend, denn kann es einen einzigen Menschen geben, der nicht den geringsten Drang zur Evolution in sich hat? Unser angeborenes Streben nach größerem Glück sorgt schon dafür, dass dieser Drang sich bemerkbar macht. Ein anderer Teil des Selbst mag glauben, immer neue Waffen würden uns glücklicher machen, die Entdeckung einer neuen Todestechnologie, die Sicherheit, in einem hoch militarisierten Land zu leben, und Ähnliches. Die alte Ordnung ist mächtig und weitreichend, und sie hat den Materialismus auf ihrer Seite. Das mag zwar alles so sein, doch der lebendigere Teil des Bewusstseins, der Teil, der nach Evolution strebt, steht immer an vorderster Front. Es braucht seine Zeit, bis dieser führende Teil des Bewusstseins das übrige Selbst überzeugt hat, seine überkommenen Gewohnheiten aufzugeben, doch der evolutionäre Drang ist unwiderstehlich.

Das Beste, was Sie heute für den Frieden tun können, ist, in sich diesen evolutionären Drang zu fördern. Friedensbewusstsein zu entwickeln ist ein praktisches Ziel und je mehr Menschen Tag für Tag dieses Ziel anstreben, umso stärker ist der Impuls, den wir der Zukunft geben. Die Zukunft existiert nicht in der Zeit, sie ist kein Ort jenseits des Zeithorizonts, kein Ort im Übermorgen. Die Zukunft ist die Gestalt, die das Bewusstsein als Nächstes annehmen wird. Jede Blume ist die Zukunft eines Samenkorns. Es braucht seine Zeit, bis der Samen zur Blume gedeiht, doch diese Zeit ist schon in den Genen der Pflanze festgelegt. Das Genmuster nutzt die Zeit, eine Wirklichkeit zu schaffen, die schon tief in ihm eingeprägt ist. Genau so kann Friedensbewusstsein, wenn es sich erst in unserem Denken eingeprägt hat, die Zeit nutzen, als das Medium für eine schon vorbestimmte Evolution.

Die Friedensbewegung wird erfolgreich sein, wenn Menschen jeden Tag kleine Fortschritte sehen. Aus diesem Grund folgt ein Friedensprogramm, das Sie hier und jetzt umsetzen können.

## Sieben Übungen für den Frieden
*Wie man zum Friedensstifter wird*

Das Programm für den Frieden fordert Sie auf, zum Friedensstifter zu werden, indem Sie sich jeden Tag einer bestimmten Übung widmen. Schritt für Schritt zielen alle diese Übungen darauf ab, in Ihrem persönlichen Leben Frieden Wirklichkeit werden zu lassen.

**Sonntag**: Sein für den Frieden
**Montag**: Denken für den Frieden
**Dienstag**: Fühlen für den Frieden
**Mittwoch**: Reden für den Frieden
**Donnerstag**: Handeln für den Frieden
**Freitag**: Kreativ sein für den Frieden
**Samstag**: Teilen für den Frieden

Für jede dieser Übungen benötigen Sie nur ein paar Minuten Zeit. Sie können es für sich behalten oder sich freimütig darüber äußern, ganz wie Sie wollen. In jedem Fall werden die Menschen in Ihrer Umgebung einfach daran, wie Sie Ihr tägliches Leben führen, erkennen, dass Sie für den Frieden sind.

FRIEDEN STATT ANGST

## Sonntag: Sein für den Frieden

Nehmen Sie sich heute fünf Minuten Zeit, für den Frieden zu meditieren. Sie sitzen still da und schließen die Augen. Konzentrieren Sie sich auf Ihr Herz und wiederholen Sie im Inneren diese vier Worte: *Frieden, Harmonie, Heiterkeit, Liebe.* Erlauben Sie diesen Worten, von der Ruhe Ihres Herzens in Ihren Körper auszustrahlen.

Sagen Sie sich am Ende Ihrer Meditation: *Heute werde ich allen Ärger und allen Groll aufgeben.* Denken Sie an den Groll, den Sie gegen jemanden hegen, und lassen Sie davon ab. Schenken Sie der betreffenden Person Ihre Vergebung.

## Montag: Denken für den Frieden

Gedanken haben Macht, wenn eine Absicht hinter ihnen steht. Nehmen Sie heute die Absicht des Friedens in Ihr Denken auf. Schweigen Sie einige Augenblicke, bevor Sie das folgende alte Gebet rezitieren:

*Lass mich geliebt sein, glücklich und friedvoll.*
*Lass meine Freunde glücklich sein, geliebt und friedvoll.*
*Lass meine vermeintlichen Feinde glücklich sein,*
*geliebt und friedvoll.*
*Lass alle Lebewesen glücklich sein, geliebt und friedvoll.*
*Lass alle Welt dieses Glück erfahren.*

Wiederholen Sie diese Zeilen, wann immer Furcht oder Zorn Ihnen den Tag verfinstert. Benutzen Sie dieses Gebiet, um Ihre Mitte wieder zu finden.

## Dienstag: Fühlen für den Frieden

Dies ist der Tag, um die Gefühle des Friedens zu empfinden. Die Gefühle des Friedens sind Mitgefühl, Verständnis und Liebe.

*Mitgefühl* ist das Gefühl geteilten Leids. Das Empfinden des Leids anderer ist die Geburt von Verständnis.

*Verständnis* ist das Wissen, dass alle an diesem Leid teilhaben. Das Verständnis, dass man nicht allein ist in seinem Leiden, ist die Geburt der Liebe.

Wo *Liebe* ist, da ist auch die Möglichkeit des Friedens.

Beobachten Sie an diesem Tag von Zeit zu Zeit einen Fremden und sagen Sie sich im Stillen:

*Dieser Mensch ist genau wie ich. Wie ich hat diese Person Freude und Trauer erfahren, Verzweiflung und Hoffnung, Furcht und Liebe. Wie ich hat diese Person Menschen in ihrem oder seinem Leben, die sie sehr gern haben oder lieben. Wie mein Leben, so ist auch das Leben dieses Menschen nicht von Dauer und wird eines Tages enden. Der Friede dieses Menschen ist ebenso wichtig wie mein Friede. Ich will Frieden, Harmonie, Heiterkeit und Liebe in seinem oder ihrem Leben und im Leben aller Menschenwesen.*

## Mittwoch: Reden für den Frieden

Heute dient das Reden dem Ziel, den Zuhörer glücklich zu machen. Tragen Sie sich mit folgender Absicht: Heute werde ich jedes Wort, das ich von mir gebe, bewusst auswählen. Ich werde mich nicht beklagen, nichts verdammen und nicht kritisieren.

Die Übung besteht darin, mindestens eine der folgenden Aufgaben auszuführen:

- Sagen Sie jemandem, wie sehr Sie ihn oder sie schätzen.
- Drücken Sie denen gegenüber, die Ihnen geholfen haben oder die Sie lieben, Ihre tiefe Dankbarkeit aus.
- Schenken Sie jemandem, der es nötig hat, ein paar heilende oder aufbauende Worte.
- Erweisen Sie jemandem Respekt, dessen Respekt Sie schätzen.

Wenn Sie sich dabei ertappen, dass Sie auf jemanden negativ reagieren, auf eine nicht friedvolle Weise, so halten Sie inne und schweigen Sie. Sprechen Sie erst, wenn Sie Ihre innere Ruhe wieder gefunden haben, und sprechen Sie dann mit Respekt.

---

### Donnerstag: Handeln für den Frieden

---

Heute ist der Tag, jemandem zu helfen, der in Not ist: einem Kind, einem Kranken oder einem älteren oder gebrechlichen Menschen. Solche Hilfe kann viele Formen annehmen. Sagen Sie sich:

*Heute werde ich einen Fremden zum Lächeln bringen. Wenn jemand sich mir oder jemandem anderen gegenüber verletzend verhält, werde ich mit einer Geste liebender Güte reagieren. Ich werde jemandem ein Geschenk schicken, selbst wenn es nicht viel ist, ohne meinen Namen zu nennen. Ich werde meine Hilfe anbieten, ohne Dankbarkeit oder Anerkennung zu erwarten.*

## Freitag: Kreativ sein für den Frieden

Lassen Sie sich heute mindestens eine kreative Idee einfallen, wie Sie einen Konflikt lösen können, entweder in Ihrem eigenen Leben oder im Familien- oder Freundeskreis. Wenn Sie können, denken Sie sich etwas aus, was für Ihre Gemeinschaft relevant ist, für die Nation oder für die ganze Welt.

Vielleicht können Sie eine alte Gewohnheit ändern, die Sie nicht weiterbringt, oder Sie können jemanden in einem anderen Licht betrachten, Dinge aussprechen, die Ihnen noch nie über die Lippen gekommen sind, oder sich eine Aktivität ausdenken, die Menschen in Frohsinn und Heiterkeit zusammenbringt.

Fordern Sie auch einen Verwandten oder Freund auf, auf seine oder ihre Weise in diesem Sinn kreativ zu werden. Kreativität ist am schönsten für denjenigen, der eine neue Idee oder eine neue Herangehensweise entwickelt hat. Lassen Sie jeden wissen, dass Sie Kreativität akzeptieren und dass es Ihnen Freude macht. Seien Sie locker und unbeschwert, lassen Sie Ihren Ideen freien Lauf und probieren Sie alles aus, was Ihnen ansprechend erscheint. Der Zweck dieser Übung ist, Bindungen zu schaffen, denn nur in solchen Bindungen mit anderen kann gegenseitiges Vertrauen herrschen. Wenn Sie Vertrauen haben, besteht kein Anlass zu unausgesprochener Feindseligkeit und Misstrauen, und dies sind die beiden größten Feinde des Friedens.

## Samstag: Teilen für den Frieden

Teilen Sie Ihre heutige Übung mit zwei anderen Menschen. Geben Sie ihnen diesen Text zu lesen und ermutigen Sie sie, ebenfalls mit diesen täglichen Übungen zu beginnen. Wenn immer mehr von uns sich daran beteiligen, wird diese Praktik schließlich eine kritische Masse aufbauen.

Feiern Sie heute Ihr eigenes Friedensbewusstsein mit mindestens einem anderen friedensbewussten Menschen. Setzen Sie sich über E-Mail oder telefonisch in Verbindung.

Teilen Sie Ihre Erfahrung wachsenden Friedens.

Teilen Sie Ihre Dankbarkeit, dass es einem anderen genauso ernst ist mit dem Frieden.

Teilen Sie Ihre Ideen und tragen Sie so dazu bei, dass sich die Welt der kritischen Masse nähert.

Tun Sie, was Sie können, was immer Sie können, um jedem, der ein Friedensstifter werden möchte, zu seinem Ziel zu verhelfen.

Während Sie diese Zeilen lesen, sind schon Anstrengungen im Gang, dieses einfache Programm einer weltweiten Öffentlichkeit nahe zu bringen. Wie sich zeigt, ist es durchaus möglich, Bewusstseinsgemeinschaften zu bilden. Im Zeitalter des Internets brauchen solche Gemeinschaften nicht einmal direkter, physischer Natur zu sein, obwohl ich vorhersehen kann, dass dies bald der nächste Schritt sein wird. Eine Bewusstseinsgemeinschaft nutzt unsichtbare Bausteine zur Schaffung einer neuen Wirklichkeit. Das sind die Bande, die uns vereinigen werden, ganz gleich, wie weit entfernt voneinander wir leben. Die sieben Übungen für den Frieden sind einfach, doch wenn sie von den Massen praktiziert werden, können sie geradezu unbegrenzte Macht entwickeln. Wenn Sie zu einem Friedensstifter werden, machen Sie sich damit nicht zu einem Aktivisten, der an Protestmärschen teilnimmt. Sie werden keine ablehnende Haltung gegen alles entwickeln. Es ist auch keine

Geldfrage. Sie müssen lediglich in sich gehen und sich dem Frieden widmen. Und denken Sie daran:

*Es könnte klappen.*

Selbst wenn Sie keinen sofortigen Rückgang der Gewalt auf der Welt feststellen können, wissen Sie in Ihrem Herzen, dass Sie Ihr Leben dem Frieden gewidmet haben. Der beste Grund, zu einem Friedensstifter zu werden, ist die Tatsache, dass alle anderen Strategien versagt haben. Niemand weiß, wann die kritische Masse erreicht sein muss, damit Frieden zur Grundlage einer neuen Ordnung wird. Ihre und meine Pflicht besteht darin, Veränderung durch persönlichen Wandel herbeizuführen. Ist es nicht ein paar Minuten Ihres Tages wert, dreißig Kriegen rund um den Erdball ein Ende zu setzen und vielleicht alle künftigen Kriege zu verhindern? Krieg ist wie Krebs; er wird nur immer schlimmer, wenn man ihn nicht behandelt. Heute dienen 21,3 Millionen Soldaten in Armeen weltweit. Können wir dann keine Friedensbrigade zusammenbringen, die zehnmal größer ist als alle Armeen zusammen?

Oder hundertmal größer?

Das Projekt beginnt jetzt. Es beginnt bei Ihnen selbst.

# Das Phantom, das wir Feind nennen

Der Weg des Friedens lehrt uns, dass niemand unser Feind ist. Da diese Lehre so radikal abweicht von dem, was uns beigebracht wurde, können wir nur schrittweise zu dieser Erkenntnis gelangen. Der erste Schritt ist, dass wir aufhören, an jenes legendäre Monster zu glauben, das wir als *die anderen* bezeichnen. Jeder Feind, wenn wir ihm von Angesicht zu Angesicht begegnen, ist letztlich ein Mensch. Kürzlich las ich, dass am 6. Juni 1944, dem Tag, an dem die Alliierten in der Normandie landeten, ein verwirrendes Phänomen beobachtet wurde: Der normale amerikanische G. I. wollte einfach nicht auf die Deutschen schießen, die die Strände verteidigten. Selbst als Offiziere die Reihen der Infanteristen entlangliefen und ihre Feuerbefehle schrien, gehorchten kaum fünf Prozent der Soldaten.

Nach dem Krieg wurde »D-Day« als ruhmreicher Sieg für das Gute und die Gerechtigkeit gefeiert, diese beunruhigende Tatsache jedoch geheim gehalten und nur in einem internen Bericht der US-Armee diskutiert. Aus dem Bericht gehr ganz klar hervor, weshalb die Soldaten nicht schießen konnten. Mit Feigheit hatte es offenbar nichts zu tun. Die Landser konnten nicht auf die anrückenden Deutschen schießen, weil sie sie als Menschen sahen. Jeder der Schützen hatte von Kindheit an gelernt, dass es gegen Gottes Willen verstößt, Menschen zu töten, und diese Lehre erwies sich als unumstößlich, sogar auf dem Schlachtfeld. Für die Armee stellte der Widerwillen dagegen, auf den Feind zu schießen, natürlich ein Problem dar, weshalb man beschloss, die militärische Ausbildung entsprechend zu ändern. Anstatt den Soldaten beizubringen, auf andere Menschen zu schießen und sie zu töten, ging es fortan darum, Zielkontakt herzustellen und die strategische Aufgabe zu erfüllen – was immer noch heißt, einen anderen Menschen zu töten, wobei dieser brutale Umstand jedoch mit einer dicken Schicht technischer Phrasen übertüncht wird. Generell wurde das Problem gelöst, indem man den Landser darauf abrichtete, den Feind nicht mehr als vollwertigen Menschen zu sehen, oder zumindest als weniger menschlich als die Kameraden auf seiner Seite.

Die Entmenschlichung der anderen Seite ist natürlich nichts Neues. Die Friedensbewegung beklagt heute, die amerikanische Art der Kriegführung komme einem High-Tech-Videospiel gleich. Soldaten sehen den Feind auf Bildschirmen, wie man sie in Spielsalons findet, und feuern ihre Waffen aus großer Entfernung, ohne dem Feind, den sie vernichten, je ins Gesicht schauen zu müssen. Die Entmenschlichung des Feindes ist eine uralte Taktik, die im Begriff des *Anderen* wurzelt.

## Die Regeln des »Wir gegen sie«-Denkens
*Glaubenssätze, die eine falsche Logik stützen*

* Es muss »wir gegen die anderen« sein.
* Die anderen sind böse, wir sind gut.
* Wir müssen sie schlagen, sonst werden sie uns vernichten.
* Sie glauben an einen falschen Gott.
* Sie sind nicht bei Verstand.
* Sie hassen uns und werden uns wahrscheinlich immer hassen.
* Sie verdienen, was wir ihnen zufügen.

Diese Logik mag primitiv und simpel erscheinen, wird jedoch immer noch mit geradezu unfassbarer Brutalität ins Feld geführt. Blickt man auf die Geschichte zurück, so stößt man zum Beispiel auf die britische Reaktion im Ersten Weltkrieg. Vor 1914, dem Ausbruchsjahr des Krieges, hatte Deutschland noch seinen Platz als Nation unter Nationen eingenommen. Kaum aber war der Krieg im Gange, wurde aus demselben Deutschland plötzlich ein Volk schmutziger Hunnen, das abscheulicher Folter, des Säuglingsmords und aller möglichen anderen Gräueltaten beschuldigt wurde. Diese Verteufelung galt als eine notwendige Waffe in der Propagandaschlacht, mit der man das Volk kriegslüstern hielt.

Die gleiche Verteufelungstaktik, ganz ähnlich begründet, beobachten wir noch heute. Wenn man die *anderen* als Geschöpfe des Bösen darstellt, so hat das seine Wirkung, wie jeder Kriegsführer weiß, doch in der verwickelten Hierarchie der Wirklichkeit kann man nie wissen, was wahr ist und was erfunden. Kriegsgräuel kommen vor, sie sind ebenso wirklich wie der Schrecken und Abscheu angesichts der Dinge, die im Krieg geschehen. Dann setzt aber die Parteilichkeit ein und die Schandtaten unserer Seite werden heruntergespielt, die Verbrechen oder mutmaßlichen Verbrechen der *anderen* Seite dagegen hemmungslos aufgebauscht.

Eines sollte jedoch klar sein: Die Ausbeutung von Ängsten ist an sich schon ein Akt der Grausamkeit. Der Grund, weshalb die *anderen* in Teufel verwandelt werden, ist letztlich, dass wir dann mehr von *denen* töten können, ohne ein schlechtes Gewissen zu haben. Die Grausamkeit ist gerechtfertigt, denn unser Ziel ist schließlich der totale Sieg. Und wo ein »Siegen ist alles«-Ethos herrscht, heiligt der Zweck die

Mittel, denn eine Niederlage ist vollkommen negativ und daher vollkommen unannehmbar. Dies gilt auch im Hochleistungssport, wo die Wir-gegen-sie-Mentalität eigentlich harmlos erscheint. Im Krieg ist der totale Sieg jedoch eine Illusion, oder wir müssen vor dem Verlust an Menschenleben auf Seiten des Verlierers die Augen verschließen und die Kriegsschrecken ignorieren, die unsere Soldaten erleiden mussten, um den Sieg zu erringen.

Der Weg des Friedens fordert uns alle auf, die Wir-gegensie-Logik aufzugeben und sich von ihren Regeln abzuwenden. Jede dieser Regeln verliert ihre Macht über unser Denken, sobald wir erkennen, dass sie falsch und unnötig ist.

---

Es muss »wir gegen die anderen« sein.

---

Die erste Regel hat die größte Macht, und so war es immer schon. Man könnte sie als die Ursache aller Konflikte bezeichnen, da Konflikt ohne Trennung nicht denkbar ist. Aus spiritueller Sicht ist Trennung jedoch das Problem, nicht die Lösung, als die sie im Wir-gegen-sie-Denken dargestellt wird. Wenn man die Leute, die anders sind als wir, nicht loswerden kann, warum ziehen wir dann nicht gegen sie in den Krieg? So machen wir ihr Anderssein zu unserer Motivation. Das ist jedoch eine Täuschung, denn es gibt keine Alternative, als diese Trennung zu heilen und dem Anderssein ein Ende zu setzen. Wer den Weg des Friedens akzeptiert, dessen Ziel ist es, stets zu heilen und nie gegen andere anzugehen. Es reicht nicht, von radikalen Moslems zu sagen, sie seien gar keine so schlechten Menschen. Ein solcher Standpunkt mag gemäßigt und vernünftig klingen, doch am Ende nährt er nur das alte Wir-gegen-sie-Denken, denn damit würden wir den Krieg gegen sie immer noch gutheißen, wenn sie sich doch als schlechte Menschen entpuppten. Die Alternative liegt auf der Hand: Arbeiten Sie daran, die Trennung in Ihrem eigenen Leben zu überwinden. Verstecken Sie sich nicht hinter leichtfertigen Urteilen über die Qualitäten anderer.

---

Die anderen sind böse, wir sind gut.

---

Diese Regel macht den Kampf spannend und dramatisch. Statt der Wahrheit ins Auge zu sehen, dass wir alle in Trennung befangen ist und uns daraus befreien müssen, können wir uns auf den ewigen Krieg zwischen Gut und Böse berufen. Ist es nicht viel aufregender, wenn man jemanden hat, den man angreifen kann, statt den Feind in sich selbst zu suchen? Der ewige Krieg zwischen Licht und Finsternis dient als willkommene Ausflucht, die sich jedoch schnell als dumm erweist: So einfach ist die Wirklichkeit nämlich niemals. Das Leben ist immer ein Gemisch, immer verwirrend, voller Halbtöne und Unruhe. Wir sitzen alle im selben Boot, ganz gleich, wie verlockend es erscheint, alles Böse den anderen aufzuladen.

---

Wir müssen sie schlagen, sonst werden sie uns vernichten.

---

Diese Regel fordert uns auf, einen Schritt weiterzugehen und die anderen als die Aggressoren zu betrachten. Dies ist eine sehr wirksame Taktik, unsere Furcht zu schüren. Das Böse, wenn man es denn identifiziert hat, scheint sich nie mit seinem »Reich des Bösen« begnügen zu können, es will sich ausbreiten, erobern und verschlingen. Der gleichen Logik verfallen Menschen, die unter Phobien leiden. Wenn Sie zum Beispiel furchtbare Angst vor Insekten haben, dann bilden Sie sich vielleicht ein, die Insekten wüssten, dass Sie Angst vor ihnen haben. Die Heuschrecken und Spinnen gehen nicht einfach ihren Geschäften nach, nein, sie sind hinter *Ihnen* her. Solche Menschen sind vollkommen überzeugt von dieser Logik, doch wer nicht unter der betreffenden Phobie leidet, sieht sofort, wie irrational sie ist. Heuschrecken haben keinen verborgenen Sinn dafür, wen sie überfallen wollen. Ganz im Gegenteil, sie *wollen* überhaupt niemanden überfallen, selbst wenn sie durch ihr natürliches Verhalten eine Ernte vernichten oder auf andere Weise schädlich sein können.

Das Böse ist kaum jemals unversöhnlich. Es kann unglaublich hartnäckig sein, und in manchen Fällen (das klassische Beispiel ist Hitler) kann ein ganzes Volk einer Psychose zum Opfer fallen und Gut und Böse verwechseln. Der Mann, der seine Familie misshandelt, kann solche Macht gewinnen, dass seine Opfer vergessen, welchen Schaden er ihnen zufügt, und sich auf seine Seite schlagen. Doch wie hartnäckig es auch sein mag, es gibt keine *anderen*, die gänzlich und ausschließlich böse sind und nur die eine Mission im Leben haben, das Gute anzugreifen und zu vernichten.

---

Sie glauben an einen falschen Gott.

---

Diese Regel beschreibt eine andere Art, die eigene Überlegenheit herauszustellen. Sie beruht zunächst auf der Annahme, Gott liebe den Krieg so sehr, dass Er sich auf die eine oder andere Seite schlägt. Dabei zieht er natürlich die Seite, die ihn wirklich kennt, gegenüber der Seite vor, die ihm auf falsche Weise huldigt. An diesem Punkt, so meine ich, verliert die Wir-gegen-sie-Logik für viele Menschen ihre Schlagkraft. Die Lehre von einem allmächtigen Gott sitzt zu tief und niemand kann sicher sein, was Gott wirklich will. Wer tief über Gott nachgedacht hat, für den ergibt es keinen Sinn, dass er überhaupt verteidigt werden muss. Er ist schließlich ewig, er existiert also seit unendlichen Zeiten und wird für eine unendliche Zukunft weiterexistieren. Was könnte ihn je bedrohen? Die Argumente, denen zufolge Gott in einem Krieg auf einer Seite stehen soll, gelten genauso gut für die andere Seite, heben sich also gegenseitig auf. Im Gegensatz zum Weg der Gewalt braucht der Weg des Friedens keinen Gott zu seiner Rechtfertigung. Seine Rechtfertigung liegt in seinen Vorzügen als ein Weg, der das Ziel hat, das Leben aller Menschen zu verbessern.

---

Sie sind nicht bei Verstand.

---

Dies mag als eine der dümmsten Regeln erscheinen, hat jedoch großen Reiz, selbst für gebildete Menschen. Besonders von radikalen Moslems sagt man oft, sie unterlägen absonderlichen Denkprozessen, wie könnte es anders sein, denn schließlich lehnen sie die moderne Welt und die moderne Technik ab. Sie weigern sich anzuerkennen, dass der kapitalistische Westen eindeutig im Recht ist. Sie wollen die Welt zurück ins Mittelalter zerren, das letzte Zeitalter, in dem sie sich wohl gefühlt haben. Ihr Denken wird nicht als konträr verstanden, sondern als verrückt bezeichnet, auf der gleichen Stufe stehend wie das Denken von Leuten, die Sklaverei oder die Unterjochung der Frau wieder einführen wollen. Die Verallgemeinerung dieses Vorwurfs von der radikalen Minderheit unter den Moslems auf die gesamte Religion ist dann nur noch ein kleiner Schritt.

Was dieses Argument so gefährlich macht, ist die Tatsache, dass man sich einreden kann, Gewalt gegen derart »verrückte« Menschen sei nur zu deren eigenem Wohl. Im Gegensatz zu bösartigen Menschen sind verwirrte Menschen nicht vollkommen verantwortlich für ihre Taten. Sie sind fehlgeleitet, ohne sich dessen bewusst zu sein. Nach dieser Logik haben wir dann das Recht, ihnen die Kontrolle über ihr Leben abzunehmen. Führt dies aber dazu, dass wir Menschen das Leben nehmen (zu ihrem eigenen Wohl!), dann müssen wir uns fragen, wer hier wirklich den Verstand verloren hat: wir oder die anderen?

---

### Sie hassen uns und werden uns wahrscheinlich immer hassen.

---

Diese Regel ist reine Projektion, unsere Meinung, welche Gefühle jemand anders uns gegenüber hegt, wird dadurch bestimmt, wie wir wollen oder es brauchen, dass der andere über uns denkt. Es fällt viel leichter und ist besser für unser Gewissen, jemandem weh zu tun, der uns hasst. Doch warum sollte das so sein? Stellen Sie sich vor, Sie setzen jemandem die Pistole auf die Brust und sagen: »Ich werde dich erschießen, aber erst muss ich wissen, was du von mir hältst.« Damit entpuppt sich diese Regel als das, was sie wirklich ist: ein Weg, so zu tun, als ob Gewalt moralisch gerechtfertigt sei, einfach weil es einem richtig vorkommt. Gefühle und Empfindungen ändern jedoch nichts an der Amoralität von Gewalt. Sicher, in manchen Ländern kann ein Mörder mit der Begründung freigesprochen werden, dass er aus Leidenschaft getötet hat, doch selbst in solchen Fällen wird der Hass eindeutig im Täter gesehen, nicht in seinem Opfer. Es ist unser Hass, nicht der Hass der anderen, der uns blind macht. Den anderen diesen Hass zuzuschreiben ist ein schamloser Versuch, das Gute für unsere Seite zu beanspruchen und damit den Prozess zu unterbinden, durch den allein wir der Gewalt ein Ende setzen können: den

Blick nach innen, um die dunkle Seite unseres Selbst zu entdecken.

---

Sie verdienen, was wir ihnen zufügen.

---

Diese Regel spricht die Seite, von der die Gewalt ausgeht, von
jeder Verantwortung frei und lädt dem Opfer alle Schuld auf.
In Fällen von häuslicher Gewalt verteidigt sich der Schläger
gewöhnlich damit, sie hätte ihn »dazu gebracht«. Er stellt sich
als den toleranten, braven Ehemann dar, den die Frau so weit
getrieben hat, dass er nicht anders konnte, als schließlich zu-
rückzuschlagen. Gewalttätige Menschen ziehen sich gern auf
diese Logik zurück, weil sie sie zu ihrem psychologischen
Überleben benötigen. (Wie man weiß, berief O. J. Simpson
eine Pressekonferenz ein, auf der er sich als das wahre Opfer
seiner Ehe beschrieb, trotz und angesichts des Mordes an der
anderen Person.)

Dem Opfer die Schuld zu geben ist die unmoralischste und
ungesündeste Form der Wir-gegen-sie-Logik. Der Tiefpunkt
in dieser Hinsicht war zu verzeichnen, als deutsche SS-Offi-
ziere, die als KZ-Wachen abgestellt waren, sich beklagten, die
Juden hätten sie zu ihren Untaten gezwungen. Dies war tatsächlich eine oft vorgebrachte Entschuldigung, weil der
Umgang mit den Massen von Leichen und Bergen von Men-
schenasche in den Lagern sonst unerträglich gewesen wäre.
Wenn sie den Opfern nicht die Schuld gegeben hätten, hätten
die SS-Leute ihre Arbeit als den Wahnsinn erkannt, der sie in
Wirklichkeit war. Der Weg des Friedens lässt uns hier in keinem Zweifel: Niemand verdient es, Gewalt zu erleiden, und
die Verantwortung für Gewalttaten liegt ganz allein bei den
Tätern, bei niemand anderem. Die anderen, was immer sie

FRIEDEN STATT ANGST

tun oder getan haben, können niemals als Entschuldigung
herhalten.

In der verwickelten Hierarchie sind Opfer und Täter miteinander verbunden. Letztlich gibt es keine *anderen*, weil
jeder mit jedem in Verbindung steht. Wir müssen den Willen
haben, das Denken auf der Ebene des kollektiven Bewusstseins – des Bewusstseins, das uns zu einer einzigen Menschheit
macht – zu unserem alltäglichen Denken zu machen, um
nicht von der Wir-gegen-sie-Logik verführt zu werden. Verbindungen sind in dieser Phase zerbrechlich. Trennungen
sind so sehr der Normalfall, dass nur wenige Menschen wirklich erkennen, wie schädlich sie sind. Wie oft haben Sie sich in
einer der folgenden Situationen befunden?

* Sich wünschen, dass Ihre Lieblingsmannschaft deren Gegner »vernichtet«.
* Einen politischen Kandidaten unterstützen, der eine Ver-
  leumdungskampagne betreibt.
* Sich verzweifelt wünschen, dass Ihre Firma die Konkurrenten aus dem Feld schlägt.
* Versuchen, besser dazustehen als Ihre Nachbarn.
* Dafür beten, dass Sie einem Rivalen eine Beförderung oder
  einen neuen Job vor der Nase wegschnappen.

In allen diesen Fällen bringt die verwickelte Hierarchie viele
untereinander verknüpfte Elemente ins Spiel: Wettbewerbs-
denken, Selbstinteresse, Ego, Selbstbild, Ansehen der Familie,
Lokal- und Nationalpatriotismus, Zorn und Eifersucht. Der
Kontext ist jeweils verschieden, doch die Elemente sind immer die gleichen. Das Individuum beginnt, sich mit einem bestimmten Konflikt zu identifizieren. Ist die Situation zu ent-

zweiend, dann besteht keine Hoffnung, dass die Beziehung zwischen uns und den anderen geheilt werden kann. Entzweiung ist die Nahrung, die die anderen in einer degradierten Position belässt. Unser ganzes Selbst ist dadurch definiert, dass wir nicht wie »die« sind.

Das ist im Grunde der springende Punkt dabei. Der Weg des Friedens lehrt uns, dass unsere wahre Identität auf der Ebene des Geistes liegt und nirgendwo anders. Alle anderen Identitäten sind nicht von Dauer und viele sind einfach falsch. Identität ist kaum greifbar, weil sie kein Denken erfordert. Wie durch Osmose nehmen Sie einen Einfluss nach dem anderen in sich auf, bis die Stimmen in Ihrem Kopf, die Meinungen, die Sie automatisch vertreten, die Liste der Vorlieben und Abneigungen, die sich in Ihrem Gedächtnis festgesetzt haben, zu einer zweiten Natur werden. Es erfordert Denken und Intelligenz, diese verkrusteten Vorurteile abzutragen, denn es sind Urteile, für die Sie sich einmal entschieden haben. Ein Kleinkind mag nicht anders können, als Einflüsse wie durch Osmose aufzunehmen, sozusagen aus der Luft zu greifen. Doch schon in frühen Jahren entwickeln wir alle ein Urteilsvermögen, und von dieser Zeit an ist der Entscheidungsträger in uns ein bewusster Mechanismus.

Wenn ich als Individuum frei sein will, muss ich mich mit der Frage auseinander setzen, wer ich wirklich bin. Dies geschieht im Wesentlichen, indem ich die Schichten falscher Identität hinterfrage, die ich irrtümlich mein Selbst nenne. In praktischer Hinsicht geht es hier um eine einzige, sehr einfache Frage, die jedoch tausend Seitenarme hat, einem geistigen Kraken gleich.

FRIEDEN STATT ANGST

*Denke ich für mich selbst?* Oder denke ich eher wie:

* ein typischer Inder,
* ein typischer Arzt,
* ein typischer Kalifornier,
* ein typischer Amerikaner,
* ein typischer Mann mittleren Alters,
* ein typischer Vertreter meiner Einkommensklasse?

Ob wir es wollen oder nicht, wir sind alle typisch. Einen Teil unserer Identität beziehen wir aus externen Gruppen oder unserem Status. Wir identifizieren uns über Geld und Eigentum, Erfolg und Versagen. Dies sind die äußeren Schichten eines falschen Selbst, die typischen Reaktionen, die wir für unsere eigenen halten, obwohl sie in Wirklichkeit zu einem ganzen Typ von Person gehören.

Wegen dieses Selbstbildes, an dem wir nur zu gern festhalten, fällt es zuweilen schwer, sich klar zu machen, dass wir das Produkt von Schablonen sind. Ist es nicht beleidigend, wenn Sie eine Meinung äußern und als Reaktion darauf ein gemurmeltes »Typisch« hören? Beobachten Sie sich aber einmal, auf welche Weise Sie Informationen aufnehmen. Tagtäglich mit Tausenden von Nachrichten bombardiert, picken Sie ohne viel Nachdenken einfach die Berichte heraus, die Ihren vorgefassten Meinungen entsprechen und allgemein in Ihr Leben passen. Ist dieses Leben, wie in meinem Fall, das eines indischen Arztes mittleren Alters, der in einer wohlhabenden Gegend in Kalifornien lebt, dann werden Sie entsprechend reagieren, wenn Sie von Rassenunruhen in Neu Delhi, einem Hurrikan in Florida oder von wachsenden Versicherungskosten für Ärzte hören. Natürlich gibt es einen gewissen Spielraum, was Ihre persönliche Reaktion angeht, der jedoch, wenn wir ehrlich sind, nicht sehr groß ist. Sofern Sie Ihre Aufmerksamkeit nicht bewusst in neue Kanäle lenken, werden Sie wie vorhergesehen reagieren. Berichte aus Indien werden Sie aufhorchen lassen, Stürme in weiter Ferne werden kaum eine Reaktion hervorrufen, doch die explodierenden Versicherungskosten für Ärzte aufgrund von Schadenersatzklagen werden Sie in Zorn und Unruhe versetzen.

Die nächste Schicht der Identität ist persönlicher, doch ebenso illusorisch.

*Denke ich für mich selbst?* Oder denke ich wie:

* jeder andere in meiner Familie,
* meine Eltern, als ich ein Teenager war,
* meine engsten Freunde,
* diejenigen, die mir geistig ebenbürtig sind,
* jemand, den ich liebe?

Auf dieser Ebene ist die Macht der falschen Identität noch verführerischer. Ist es nicht gut, mit denen, die Sie lieben und respektieren, einig zu sein? Sicher, aber es ist nicht gut, ihre Ideen und Meinungen in sich aufzunehmen, als wären es die eigenen, obwohl Sie diese Ideen und Meinungen eigentlich aus ganz anderen Gründen wählen: weil Sie akzeptiert sein möchten, weil Sie geliebt oder respektiert werden wollen oder weil Sie möchten, dass man Sie für intelligent hält. Ein Freund von mir, der in liberalen Kreisen verkehrt, rief mich einmal an, um mir zu erzählen, wie beeindruckt er von Präsident Bushs Dankesrede auf dem Parteitag der Republikaner in New York gewesen war.

»Ich habe über meine Reaktion nicht viel nachgedacht«, fuhr mein Freund fort, »und war auch nicht überrascht, dass Bush danach in den Umfragen besser dastand. Aber als ich mit Bekannten darüber redete, gefiel ihnen meine Meinung überhaupt nicht. Manche waren richtig wütend auf mich, als hätte ich mich mit dem Feind verbrüdert. Andere waren entsetzt, als hätte ich gesagt, der Teufel würde leckere Plätzchen backen. Manche dachten, dass es einfach nicht wahr sei, dass ich einen schrulligen Fehler gemacht habe.

Nach einer Weile bemerkte ich, dass ich mich meiner ursprünglichen Reaktion ein wenig schämte. Ich begann, mich dafür zu entschuldigen. Ich versicherte meinen Freunden, dass sich an meiner Loyalität nichts geändert habe, obwohl mich niemand dazu aufgefordert hatte. Ich fügte auch noch einige unnötige Bush-Beschimpfungen hinzu, um alle Zweifel auszuräumen. Meine erste Reaktion hat mich jedenfalls in ganz schöne Schwierigkeiten gebracht, soviel ist klar.«

Hier sieht man an einem konkreten Beispiel, wie unsicher man wird, wenn man aus seiner normalen Identität ausbricht. Man bewegt sich nicht mehr auf sicherem Boden. Leute, auf die Sie zählen, entziehen Ihnen plötzlich ihre Freundschaft, ihre Liebe oder ihren Respekt. Schon die Möglichkeit, dass dies geschehen könnte, ist auf einer bestimmten Ebene erschreckend. Wir klammern uns an eine falsche Identität, weil es das Problem der Isolation für uns löst. Wir wollen dazugehören, nicht allein und abgesondert sein. Doch wenn unsere Zugehörigkeit lediglich auf Meinungen beruht, was ist sie dann schon wert? Wie real ist sie?

Sobald Sie sich ernsthaft fragen: »*Denke ich für mich selbst?*«, beginnt die gesamte Hierarchie der Identität sich zu entwirren. Wenn Sie sich weiterhin unverzagt diese Frage stellen, nähern Sie sich schließlich dem Kern, der letzten Stufe der falschen Identität.

*Denke ich für mich selbst?* Oder denke ich wie:

* die Person, die ich gestern war,
* die Person, die ich gern wäre,
* ein Idealbild von mir,
* ein Niemand, der ein Jemand zu sein versucht?

Das Abstreifen der Identitätsschalen wird nun noch schwieriger. Es scheint Selbstmord zu sein, so tief zu gehen, bis zu der Ebene, wo Sie einfach nur *jemand* sein wollen, nicht ein Niemand, verloren in einem Meer von Körpern und Gesichtern. Das Paradoxe am Anderssein ist, dass es sowohl das Problem als auch die Lösung darstellt. Wir schlüpfen in diese Schichten falscher Identität, um uns von allen anderen abzuheben, um uns auserwählt und besonders zu fühlen. *Ich* bin nicht der Bettler an der Straßenecke, nein, *ich* bin der Geschäftsmann im feinen Anzug, der in seinem Wagen so schnell er kann an diesem Bettler vorbeifährt. *Ich* bin nicht der jugendliche Crackdealer, der letzte Nacht verhaftet wurde, *ich* bin der aufrechte Bürger, der Steuern zahlt für eine starke Polizei.

Gleichzeitig wissen wir jedoch, dass solche Absonderung das Problem ist. Deshalb verehren wir Figuren wie Jesus Christus, die uns bestätigen, dass wir nicht sind, was wir zu sein scheinen. Unsere gemeinsame Menschlichkeit geht über jedes Selbstbild hinaus, es ist jenseits der Frage, ob Sie ein Jemand sind oder ein Niemand. Wenn Sie dem Weg des Friedens folgen, sind Sie nicht verzweifelt bemüht, kein Niemand zu sein. Solche Unterscheidungen verlieren ihre Macht über

Sie, weil Sie zu etwas anderem werden: Sie sind nicht mehr das Etikett, mit dem Sie sich identifizieren wollen, Sie sind ein Mensch. Aus dem »Ich bin X« wird »Ich bin«. Die Heilung dieses Getrenntseins ist der Beginn wahren Wissens.

Ich muss hier unterstreichen, dass diese Wandlung nichts Mystisches an sich hat. Wenn ich die erste Schicht meiner falschen Identität angehe, bedeutet das einfach, dass ich mich dabei ertappe, wie ein bestimmter Menschentyp zu denken. Ich achte auf meine Reaktionen, wenn ich anfange, allzu sehr wie ein typischer Inder, ein typischer Arzt oder ein typischer Mann mittleren Alters zu klingen. Sobald ich mich dabei ertappe, höre ich einfach auf damit. Das ist alles. Ich stelle nicht meine Ansichten auf den Kopf, ich versuche nicht plötzlich, besonders amerikanisch zu klingen, jung, zeitgemäß, populistisch oder sonst irgendwie untypisch für mich, denn damit würde ich nur einen Typ gegen einen anderen austauschen. Ich denke einfach: »Das bin ich nicht wirklich.« Dieser schlichte Gedanke ist von enormer Macht. Er weckt uns aus unserer Denkfaulheit und fordert uns auf, für uns selbst zu denken.

Dann kann ich anfangen, ein wenig tiefer zu gehen. Ich ertappe mich dabei, wann immer ich so rede, damit mich jemand anders mehr mag. Ich halte inne, wenn meine Worte eigentlich ausdrücken wollen: Liebe mich, akzeptiere mich, respektiere mich! Auch hierin liegt keine Mystik. Ich höre zu, anstatt zu reden. Anstatt auf meinen eigenen Vorteil bedacht zu sein, denke ich daran, was alle wollen oder was moralisch und gut ist, ganz gleich, was alle wollen. Auch hier steht wieder dieser Gedanke am Anfang: Das bin ich nicht wirklich.

Und dann, wenn ich vollkommen aufrichtig bin, gelange ich zur tiefsten Ebene. Ich halte inne, wenn ich mich dabei ertappe, wie ich um meines Egos willen rede. Das ist schwerer, weil es zum Egoismus nur eine Alternative gibt: Demut. Das Ego hasst Demut. Demut hat etwas Weiches an sich, man fühlt sich schutzlos, verletzlich. All die Nobodys auf dieser Welt könnten Sie für einen von ihnen halten. Fortschritte in dieser Richtung erfordern also einiges Verhandeln mit dem Selbst. Tag für Tag werden Sie an sich beobachten, wie Sie wieder in die alten Strategien und Taktiken des Egos zurückfallen, dieses aufgeblasenen, unsicheren, immer misstrauischen Teils in jedem, der wichtig sein möchte. Doch wie lange sich diese Verhandlungen auch ausdehnen mögen (und sie können Jahre dauern), eines ist sicher: Sie haben die Trumpfkarte in der Hand. Sie wissen, dass Ihr Selbstbild nicht Ihr wahres Ich ist. Was Ihr Ego als unendliche Demütigung sieht, ist nichts dergleichen. Sie machen sich damit nicht zu einem Niemand. Sie werden zu Ihrem wirklichen Ich.

Da wir nun zum spirituellen Kern des Wir-gegen-sie-Phänomens gekommen sind, möchte ich schließlich den Bereich ansprechen, wo es ganz ungeschminkt in Erscheinung tritt, den Bereich des Terrorismus. Wie einst das Römische Reich angesichts der einfallenden gotischen Horden, meinen Amerikaner und Europäer heute einer Terrorbedrohung gegenüberzustehen, die von jenseits der Grenzen der Zivilisation zu kommen scheint. Die Dinge, die die Römer über die Barbaren sagten, sollten uns auf grausige Art bekannt vorkommen: *Sie haben keine Achtung vor Menschenleben. Sie kennen kein Gesetz und keine Skrupel, Unschuldige zu Schaden zu bringen. Sie sind bereit, einen sinnlosen Tod zu sterben. Ihre Ideologie verdient nichts als Verachtung.* Genau so reden unsere führenden Politiker heute von islamischem Radikalismus. Und nicht nur die Politiker: Auch rechts und links stehende

Intellektuelle äußern diese Meinungen – mit dem einzigen Unterschied, dass die Rechten dies aus Zorn tun und die Linken eher aus Kummer.

Kummer oder Zorn, doch welche andere Einstellung könnten wir hier zeigen? Alle scheinen zu sagen, es kann keine andere Reaktion geben, es sei denn, man ist blind oder sentimental: Die Barbaren sind im Anmarsch, sie stehen schon vor den Stadttoren. Diese Worte erinnern an ein berühmtes Gedicht, »Warten auf die Barbaren«, verfasst von dem großen ägyptischen Dichter Constantine Cavafy. Er stellt sich darin den Tag vor, als die Römer voller Angst auf die Ankunft der Barbarenhorden aus dem Norden warteten. Das Reich ist schon zerstört. Es bleibt nur noch der letzte Todesstreich. Man fühlt sich bei diesen Zeilen sofort an unsere eigenen Ängste erinnert:

*Worauf warten wir hier versammelt im Forum?*
*Die Barbaren sollen heute kommen.*
*Warum geschieht nichts im Senat?*
*Warum sitzen die Senatoren da und erlassen keine*
*Gesetze?*
*Weil die Barbaren heute kommen.*
*Und wenn sie da sind, werden sie ihre eigenen*
*Gesetze schaffen.*

Was wäre passender gewesen als Lektüre nach dem 11. September, als eine ganze Gesellschaft sich durch *ihr* Herankommen gelähmt sah, das Herankommen eines Volkes, das in unserer Vorstellung von Zivilisation nicht hineinpasst. Es war ein Augenblick, als die Hoffnung einen der grausamsten Schläge erlitt, selbst wenn Gettysburg oder die Schlacht an der Somme,

DAS PHANTOM, DAS WIR FEIND NENNEN

die Leichenfelder von Kambodscha oder das Machetenge-
metzel in Ruanda gemessen an den Opferzahlen noch grau-
enhafter gewesen sein mag.

So stehe ich hier Seite an Seite mit Cavafy und den Römern.
Der Dichter beschreibt, wie der Kaiser früh aufstand, um in
vollem Staat darauf zu warten, dass die Barbaren die Befesti-
gungsanlage der Stadt durchbrechen. Auch die Reichen von
Rom sind dort versammelt, ebenso hilflos:

*Warum halten sie prächtige Stäbe,*
*wunderbare Werke aus Silber und Gold?*
*Weil die Barbaren heute kommen.*
*Und solche Dinge blenden die Barbaren.*

Cavafy spannt uns noch mehr auf die Folter, indem er keine
Beschreibung von Speeren, Fleischwunden und Schreien liefert, sondern nur das stille Warten und die stumme Angst
schildert.

Dann passiert etwas Seltsames: Die Menge wartet verge-
bens auf das Massaker, auf das sie vorbereitet war. Unruhig
und verwirrt beginnt sie sich aufzulösen.

*Weil es Abend ist und die Barbaren nicht gekommen sind.*
*Und manche, die soeben von der Grenze zurückgekehrt*
*sind, sagen, die Barbaren sind nicht mehr da.*

Konnte das wahr sein? Ist es wahr für uns, trotz unserer lähmenden Furcht vor *ihnen?*

Cavafy dachte an seine eigene Zeit, die Ära von Hitler und
Mussolini, als er die prophetischen letzten Zeilen des Gedichts
verfasste:

*Und jetzt, was wird jetzt aus uns ohne die Barbaren?*
*Schließlich waren sie, diese Leute, eine Art Lösung.*

Ich glaube, wir leben diese Lösung nun schon seit sehr langer
Zeit, ganz gleich, um welche Barbaren es gerade geht, Goten
oder islamische Fanatiker. Das Fortleben dieses Denkens – wir
gegen die anderen – war der Tod aller Hoffnung auf Frieden.

Was Cavafy so glänzend erkannte, ist, dass das Problem ver-
schwindet, sobald man die Lösung aus dem Weg räumt. Zu
einem Tauziehen gehören mindestens zwei, einer an jedem
Ende. Wenn wir unser Ende loslassen, wird auch der Krieg ein
Ende haben. Und wer wird dann an Stelle der Barbaren am
Horizont auftauchen? Wieder begegnen wir der verwickelten
Hierarchie: Feinde, die aber auch mögliche Freunde und Verbündete sind, Zorn, vermischt mit allen anderen Gefühlen.
Mit anderen Worten: die gewohnte Unordnung, starke Gegensätze, aber auch Ebenen, auf denen wir miteinander verbunden sind. In einer Flughafenhalle, in einem Augenblick
tiefer Bedrückung, wandte ich mich einmal an einen Fremden
und fragte ihn: »Was meinen Sie, was wollen diese radikalen
Fundamentalisten eigentlich? Was werden sie als Nächstes
tun?« Worauf der Fremde erwiderte: »Ich glaube, sie wollen
das Gleiche, was wir wollen, ein normales Leben mit ihren
Kindern.« Seine Antwort traf mich wie eiskaltes Wasser ins
Gesicht. Meine Angst hatte mich für einen Augenblick die
unleugbare, grundlegende Wahrheit vergessen lassen, dass
Menschen überall nichts weiter wollen als ein normales
Leben.

Terroristen haben die Fähigkeit, dieses normale Leben zu
unterdrücken und in Gefahr zu bringen. Vor kurzem las ich
einen Bericht eines im Irak »eingebetteten« Journalisten, der

beschlossen hatte, sich einmal außerhalb der Grünen Zone, des von US-Soldaten kontrollierten sicheren Viertels in Bagdad, zu begeben. So fuhr er zu einer kleinen Moschee, um mit den Männern zu reden, die nach dem Gebet herauskamen. Verblüffenderweise fand er dabei zunächst, dass gewöhnliche Iraker ganz gemäßigte Ansichten äußerten. Sie brachten ihre Sorge um die Besatzung zum Ausdruck. Sie wünschten sich, dass Elektrizitäts- und Wasserversorgung wieder so funktionierten wie vor der Invasion. Sie zeigten sich erleichtert, dass sie nicht mehr unter der alten Militärdiktatur leben mussten, und zugleich Ärger, dass die amerikanischen Besatzer zuließen, dass die Straßen von Schlägern und Aufständischen wimmelten.

Doch dann stießen auf einmal ein paar Hitzköpfe zu der Gruppe um den Reporter. Sie fuchtelten mit ihren Maschinengewehren und stießen Schreie und Verfluchungen aus. Die anderen in der Gruppe verstummten abrupt. Die ganze Atmosphäre änderte sich plötzlich, war derart von Gewalt erfüllt, dass der Reporter um sein Leben fürchtete. Dieselben Männer, die einen Augenblick zuvor die Stimme der Mäßigung erhoben hatten, stimmten nun den Extremisten zu und steuerten lauthals ihre eigenen Verwünschungen bei.

Dieses kleine Schauspiel kann uns lehren, was Identität bedeutet. Die verwickelte Hierarchie ist nicht nur etwas, das sich außerhalb unseres Selbst abspielt. Wir identifizieren uns mit einem Netz von Überzeugungen und Einflüssen. Spüren wir Druck von einer Seite, so identifizieren wir uns mit der Seite. Kommt der Druck von der anderen Seite, wandelt sich unsere Identität entsprechend. Die Männer vor der Moschee hatten sich nicht plötzlich auf die Seite des Bösen geschlagen, sie gaben sich nur ihren Gefühlen von Furcht und Zorn hin

FRIEDEN STATT ANGST

und gingen den Weg des geringsten Widerstands, indem sie eine typische Denkweise übernahmen. Die verwickelte Hierarchie bescherte ihnen ein Komplettpaket: Islam mit seinen Kernüberzeugungen, die Weisen der Familien und eine Gesellschaft, die sich seit Jahrhunderten selbst Geschichten erzählt, Allahs Wünsche und die Gesetze und Vorschriften des Korans. Mit diesem vorgefertigten Glaubens- und Entscheidungspaket konnten sich die Männer sofort identifizieren, ohne einen Augenblick darüber nachdenken zu müssen. Sie und ich verhalten uns genauso, wann immer wir versäumen, für uns selbst zu denken. Wir alle sind in Gefahr, den zarten Faden zu verlieren, der im *Ich bin* besteht, der einzigen wahren Identität, dem einzigen tatsächlichen Selbst, das jedem von uns gehört, ohne jede Falschheit.

Das Kernproblem, das sich in der Wir-gegen-sie-Mentalität ausdrückt, ist Dualismus. Mit Dualismus ist die Überzeugung gemeint, dass es keine endgültigen oder absoluten Werte gibt, sondern lediglich ein Wechselspiel zwischen Gegensätzen. In einer dualistischen Welt sind die Menschen getrennt von der Quelle der Schöpfung. Wir werden vom Dualismus beherrscht, wann immer wir uns allein fühlen, isoliert und voller Furcht vor der Welt dort draußen. Von dieser Form von Angst können spirituelle Menschen ebenso befallen werden wie nicht spirituelle Zeitgenossen, wenn auch aus unterschiedlichen Gründen. Spirituelle Menschen sind dafür anfällig, weil sie ständig in den Kampf gegen die Dualität verwickelt sind. Die Ärzte, die am härtesten gegen Krankheitserreger kämpfen, sind zugleich stets von solchen umgeben. Oder frei nach Nietzsche: Wer einem Ungeheuer lange genug in die Fratze starrt, wird selbst zum Ungeheuer. Damit wird also auf provokative Weise zu verstehen gegeben, dass die Dualität,

wenn man lange genug bei diesem Thema verweilt, einen verschlingen wird.

Die Lösung dieses Problems besteht meiner Meinung nach
darin, einen praktischen Weg zu finden, auf dem man den
Gegensätzen entkommt, die die Dualität uns auferlegt. Diese
Gegensätze sind allerdings äußerst fundamental: Gut gegen
Böse, Licht gegen Finsternis, Körper gegen Seele, wir gegen
die anderen. Selbst wenn Sie mit aller Macht versuchen, auf
der Seite der Engel zu stehen, bleibt die unausweichliche Tatsache, dass das Gute das Böse definiert und umgekehrt. An
dem Tag, als das Gute geboren wurde, musste es entdecken,
dass es einen Zwillingsbruder hat, und beide sind unsterblich.
Der Weg des Friedens führt uns über diese Dualität hinaus. Es
gibt keinen anderen Weg für Menschen, die Krieg und Gewalt
ein Ende setzen wollen. Wie Cavafy so klar erkannte, es wird
immer »die anderen« geben, solange es uns gibt.

# Das Gift des Nationalismus

Leben wir in einem Land, das für den Frieden eintritt? Millionen von Amerikanern glauben mit Inbrunst, dass dem so ist, und von diesem Glauben können sie nicht einmal die hässlichsten Fakten abbringen. Sie wenden ihre Blicke von dem Schaden ab, den Amerika geradezu gedankenlos auf der ganzen Welt anrichtet. Amerikanische Unternehmen, denen die Reglementierungen daheim missfallen, ziehen nach Asien, wo sie unbehelligt ihre Asbesthalden auftürmen können, auf denen dann die Kinder spielen. In Thailand verkaufen sie die stärksten Medikamente ohne Rezept. In Bhopal verströmen sie Giftgaswolken. Überall, wo sie tätig sind, schädigen sie die Umwelt nach Herzenslust. Amerikaner zu sein bedeutet all das. Und auch das gehört dazu: Wir sind die größten Waffenschieber der Welt und schicken unsere Soldaten in Schlachten, in denen sie dann mit unseren Waffen getötet werden. Wir propagieren freie Märkte, koste es, was es wolle, während eine eingeborene Kultur nach der anderen ausgeplündert und durch den Dollar korrumpiert wird.

Henry James nannte es einmal ein schwieriges Los, Amerikaner zu sein, und so ist es immer noch. Ich habe einmal jemanden sagen hören, dass wir das Land seien, das alle hassen und in das alle auswandern möchten. Voriges Jahr sah ich einen Dokumentarfilm über das freie Marktsystem, das im Grunde zur neuen Religion in der amerikanischen Wirtschaft und konservativen Politik geworden ist. Ein Ökonom nach

71

dem anderen pries unsere Anstrengungen, möglichst allen Ländern den amerikanischen »Way of Life« zu eröffnen. Freien Märkten wäre das Ende des Kommunismus zu verdanken, die Befreiung Chiles aus dem eisernen Griff Generals Pinochet und allgemein die Befreiung der Welt von erdrückenden Monopolen und Klassenprivilegien.

Während unsere Errungenschaften in den rosigsten Farben geschildert werden, erfolgte plötzlich ein Schnitt zu einem Straßenhändler in Thailand, der mit seinem Handkarren an einer Ecke stand und Sandwichs verkaufte. Wir folgten diesem Mann, wie er Bangkok verließ, Richtung Norden in die üppigen Urlaubersiedlungen, die die westlichen Touristen so lieben. Sein Ziel war ein schauriger, gespenstischer Ort, ein verfallenes Hotel großen Stils, komplett mit Golfplatz. Während der Mann uns durch einen halb fertigen Saal nach dem anderen führte, die alle schimmelig waren sich in üblem Zustand befanden, erklärte er, dass ihm einmal dieser ganze Hotelkomplex gehört habe. Er war angehender Unternehmer gewesen, der Millionen von Dollars aufgetrieben hatte, um sich seinen Lebenstraum zu verwirklichen.

Das Geld rührte vom Boom im thailändischen Finanzmarkt Anfang der 1990er Jahre her – ein Boom, der einzig und allein das Werk amerikanischer Investoren war. Ein paar Geldhändler an ihren Computern in New York hatten die thailändische Wirtschaft plötzlich in schwindelnde Höhen getrieben. Keiner der Finanziers war je in Thailand gewesen oder kannte irgendjemanden, der dort lebte. Doch genauso plötzlich bekamen sie es angesichts der asiatischen Devisenmärkte mit der Angst zu tun und der Boom schlug praktisch über Nacht in eine katastrophale Flaute um, und ein Mann, der am Montag noch der Bauherr eines Traumhotels gewesen war, stand am

## DAS GIFT DES NATIONALISMUS

Dienstag auf der Straße und verkaufte Sandwichs. Das zeigte mir ganz deutlich die zwei Gesichter Amerikas – der beste Freund und zugleich der schlimmste Feind der Welt.

Früher war es nicht nötig, sich mit solchen hässlichen Fakten auseinander zu setzen. Man konnte sich einfach davon abschotten, wie es viele Leute heute noch tun. Ein möglicher Weg in die Zukunft könnte die USA in eine Festung verwandeln, isoliert von den Tatsachen jenseits ihrer Grenzen. In dieser Zukunft würden wir das Missverhältnis zwischen Reich und Arm, das schon so viel Schaden angerichtet hat, einfach ignorieren. Amerika repräsentiert etwa fünf Prozent der Weltbevölkerung, verbraucht aber ein Drittel der natürlichen Ressourcen unseres Planeten. Wir sind verantwortlich für die Hälfte der Treibhausgase wie Kohlendioxid, die mit der globalen Erwärmung im Zusammenhang stehen. Doch in der Festung Amerika wird all das nicht zählen, solange man wohlhabend ist und es schön bequem hat.

Der andere Weg in die Zukunft steht im Zeichen der Globalisierung. Amerika wird sich um alles kümmern, was zurzeit noch ignoriert wird. Es wird die Führung dabei übernehmen, den Prozess der globalen Erwärmung umzukehren, andere Wirtschaftssysteme in Schutz nehmen, die Kluft zwischen reichen und armen Ländern überbrücken und der verheerenden Aids-Pandemie ein Ende setzen. (Man muss sich hier vor Augen halten, dass schon ein geringer Bruchteil des US-Verteidigungshaushalts genügen würde, jeden mit HIV infizierten Menschen in Afrika zu behandeln. All diese infizierten Afrikaner könnten um den Preis eines einzigen Stealth-Bombers einen Monat lang behandelt werden.) Wenn irgendetwas davon jemals Wirklichkeit werden soll, muss unsere Art der nationalen Gesinnung aufhören, giftig zu sein, und heilsam werden.

Der Weg des Friedens widmet sich der zweiten Alternative. Ist die Zukunft eine Festung Amerika, dann gibt es keine realistische Hoffnung auf Frieden. Die verwickelte Hierarchie stellt uns in diesem Fall vor eine ganz klare Wahl. Weiter in Richtung eines giftigen Nationalismus zu gehen, würde unausweichlich in die Katastrophe führen. Zwar ist mir klar, dass der Rest der Welt Globalisierung vielleicht nicht mehr als die heilsame Alternative für Amerika sieht, sondern lediglich als einen Vorwand für amerikanische Vorherrschaft. Amerika muss also auf die anderen zugehen und sich auf positive Weise in die Weltgemeinschaft einordnen. Das ist im vergangenen Jahrzehnt so klar geworden, dass, wie ich glaube, die meisten Menschen heute wissen, was die Stunde geschlagen hat. Amerika muss wieder zum Teil der Erde werden oder es wird untergehen, mit dem gesamten Planetenschiff.

Die Aktivisten unter meinen Freunden, die sich düster über das dem Untergang geweihte amerikanische Reich und dessen ökonomische Apartheidpolitik beklagen, werden von Tag zu Tag zorniger. Warum können wir nicht aufhören, solche tragischen Fehler zu begehen, fragen sie. Warum verschließen wir uns vor der Wirklichkeit, wenn die Probleme, vor denen wir stehen, so offensichtlich und dringlich sind? Zuweilen sind dies nur rhetorische Fragen, doch wenn man sie ernsthaft stellt, liegt die Antwort in der Macht des Nationalismus an sich.

Amerika ist eine Identität. Wenn Sie sagen: »ich bin Amerikaner«, geben Sie sich damit nicht lediglich ein Etikett, Sie erklären damit auch Ihre Geschichte, zu der bestimmte Werte gehören, und da Amerika eine Tradition von Demokratie und Freiheit hat, fällt es Politikern leicht, jede Kritik an Amerika als einen Angriff auf unsere Identität darzustellen. Durch

DAS GIFT DES NATIONALISMUS

diese verzerrte Logik wird es unamerikanisch, irgendetwas Gutes für die Welt zu tun, wenn dies bedeutet, dass wir dazu unsere Lebensweise ändern sollten.

Als der Begriff *unamerikanisch* allgemein gebräuchlich wurde – das war zu Zeiten der Kommunistenhetze in den frühen 1950er Jahren –, stellten nur wenige Leute die Frage, ob diese Bezeichnung irgendeinen Sinn hat. Betrachten Sie zwei gegensätzliche Standpunkte: für Krieg sein oder für Frieden. Welcher davon ist amerikanisch und welcher unamerikanisch? Keiner kann beides zugleich sein, und doch kann der eine nach einem abrupten Umschlag der Volksstimmung plötzlich so unamerikanisch werden, dass man schnell auf die Beine kommen muss, um mit der rechten Denkweise Schritt zu halten.

Im Grunde geht es jedoch nicht darum, wer oder was amerikanisch oder unamerikanisch ist. Die tiefere Frage ist, ob nicht der Nationalismus an sich ist, der Kriege in Gang hält. Der aufgeblasene Patriotismus, der unser alltägliches Leben heute begleitet, setzt die Leute so unter Konformitätsdruck, dass man vergisst, in welch schlechtem Ruf Nationalismus einmal gestanden hat. Albert Einstein nahm zu diesem Thema kein Blatt vor den Mund. »Nationalismus ist eine Kinderkrankheit«, sagte er einmal, »es sind die Masern der Menschheit.« Der angesehene Psychologe Erich Fromm bemerkte schroff und mit klinischer Kälte: »Nationalismus ist unsere Form des Inzest, unsere Götzenverehrung, und Patriotismus ist sein Kult.« Doch damals hatten viele Beobachter zur Zeit des Nationalsozialismus in Deutschland unzählige Ausbrüche bösartigster Gewalt erlebt, und alles im Namen des Vaterlands. Vielen Kommentatoren fiel es daher nicht schwer, Nationalismus als eine Krankheit zu bezeichnen.

Obwohl man heute kaum noch solche Verurteilungen des Nationalismus in den Nachrichten findet, spürt man inzwischen wieder unterschwelligen Zweifel. Dieses Buch beruht auf der Hoffnung, dass viele Menschen sozusagen innerlich desertiert und in der Lage sind, die Vorstellung in Frage zu stellen, dass ein gutes Land eines ist, das als automatische Reaktion zu Waffengewalt und Einschüchterung greift. Der Weg des Friedens ist nicht antiamerikanisch, darauf muss man, wie ich meine, unbedingt hinweisen. Die Amerikaner sehen sich als ein gutes Volk voller Liebe, und das sind wir auch tatsächlich. Doch ein Mangel an Bewusstsein hat dazu geführt, dass gute, liebe Menschen an Halbwahrheiten und Falschheiten glauben, wie zum Beispiel die folgenden:

*Unser Land ist das freieste der Welt.* Diese Behauptung, der Grundstein des Amerikanismus, ist ein emotionaler Aufschrei und keine Tatsache. Die Bürger jedes westeuropäischen Landes sind ebenso frei wie wir, und zwar seit dem Ende des Zweiten Weltkriegs.

*Unser Land steht für Gleichheit.* Im Prinzip ja, aber ein Prozent der Amerikaner in den oberen Einkommensklassen kontrolliert neunzig Prozent der Reichtümer dieses Landes. Der am schnellsten wachsende Wirtschaftszweig sind schlecht bezahlte Dienstleistungsjobs zum Beispiel in der »Haustechnik« (sprich Hausmeister und Putzfrauen) und in Restaurants.

*Wir sind ein Leitstern der Demokratie für die übrige Welt.* Noch eine gefühlsbetonte Behauptung, und eine idealistische dazu. Dabei zählt die Wahlbeteiligung in unserer Demokratie zu den schwächsten im Vergleich zu sämtlichen anderen demokratischen Industrie- und Entwicklungsländern. Viele Kommentatoren haben warnend auf die enorme Macht der Lobbyisten und Interessengruppen hingewiesen, die heute weit mehr Einfluss ausüben als normale Bürger, wenn es darum geht, ihre Wünsche in die Gesetzgebung einfließen zu lassen. Der US-Senat ist in überwältigendem Maße eine Versammlung reicher weißer Männer, von denen ziemlich viele Rechtsanwälte sind. Demokratie beruht auf der gerechten Repräsentation der Bevölkerung in der Regierung, doch wenn Sie zufällig schwarz sind, Lateinamerikaner oder eine Frau, werden Sie feststellen, dass Ihre Interessen im Kongress sehr dürftig vertreten werden.

*Amerika ist der Schmelztiegel der Welt.* Als Einwanderer weiß ich Amerikas Offenheit zu schätzen und trotz des gegenwärtigen Misstrauens gegenüber Immigranten und der neuen Einwanderungsbeschränkungen ist Amerika immer noch das »Land der unbegrenzten Möglichkeiten«. Für viele Einwanderer sind dies jedoch ausschließlich wirtschaftliche Möglichkeiten. Der Wert der amerikanischen Staatsbürgerschaft wird hauptsächlich in Geld und Komfort gemessen. Viele Historiker weisen auch darauf hin, dass Amerika, alles andere als ein »Schmelztiegel«, eine Tradition von sich bekämpfenden Volksgruppen hat (man denke zum Beispiel an die Straßenschlachten zwischen Iren und Italienern in Boston und New York, die um die Zeit des Bürgerkriegs tobten und bis vor gar nicht langer Zeit als unterschwellige Feindseligkeit weiterschwelten).

Manche Minderheiten sondern sich ab, um nicht in einer einzigen nationalen Identität unterzugehen. Dies zeigt sich im Aufkommen eines zweisprachigen Erziehungssystems (Spanisch und Englisch) und der Zunahme von Privatschulen für Moslems, die den Koran als oberste Autorität in Sachen Regierung und Bürgerschaft in den Mittelpunkt stellen. Andere Minderheiten, besonders die schwarze Bevölkerung, sind in einem Dilemma zwischen freiwilliger Absonderung in eigenen Gemeinschaften und dem Gefühl, aufgrund des Rassismus getrennt leben zu müssen. Dabei darf man die verwickelte Hierarchie nicht vergessen, denn die eine unterdrückte Minderheit kann sich durchaus auch rassistisch gegenüber der anderen verhalten. Denken Sie zum Beispiel an die Feindseligkeit, die schwarze Ghettobewohner gegenüber jüdischen und koreanischen Ladeninhabern gezeigt haben. In vielen Stadtbezirken können diese Leute sicher sein, dass ihre Geschäfte zu den ersten zählen, die überfallen und geplündert werden, sobald irgendwo Rassenunruhen ausbrechen.

*Amerika ist der Weltfriedenshüter.* Dieses Beispiel für unsere nationale Rhetorik erscheint den meisten Amerikanern unanfechtbar. Der Rest der Welt ist sich dagegen weniger sicher. Nach dem 11. September erlebten die USA eine weltweite Sympathiewelle: In Umfragen im Ausland gaben siebenundsechzig Prozent der Befragten an, sie würden Amerika zustimmen. Die alten Alliierten aus dem Zweiten Weltkrieg taten lautstark ihre immerwährende Dankbarkeit dafür kund, dass die USA sie damals vor dem Faschismus gerettet hatten. Heute dagegen geht aus solchen Umfragen hervor, dass nur noch siebenundzwanzig Prozent der Bürger dieser Länder die USA unterstützen _ wegen der Invasion in den Irak. Und in den arabischen Ländern sind es noch viel weniger. Noch schockierender im Hinblick auf unser nationales Selbstbild war jedoch die Antwort auf eine andere Frage: Welches Land stellt Ihrer Meinung nach die größte Bedrohung für den Weltfrieden dar? Während sieben Prozent Nordkorea nannten, eines der drei Länder, die Präsident Bush zur »Achse des Bösen« zählt, fühlten sich siebenundachtzig Prozent durch die USA am meisten bedroht.

## DAS GIFT DES NATIONALISMUS

Wer diese beunruhigenden Fakten über die USA aufzählt, kann sich darauf verlassen, bei manchen Amerikanern einen mächtigen Zorn zu erregen. Der Weg des Friedens fordert uns auf, zu prüfen, wie wir uns automatisch mit der Nation identifizieren und die Begriffe »Amerika« und »Ich« so eng verknüpfen, als seien sie miteinander verschweißt. Krishnamurti führte ein psychologisch stichhaltiges Argument an, als er Nationalismus als eine höhere Form des Tribalismus bezeichnete. Doch Nationalismus ist noch machtvoller. Eine der verblüffendsten Entwicklungen im eroberten Irak war die von Sunniten und Schiiten gezeigte Einigkeit. Sicher, wenn Sie diese Zeilen lesen, könnte im Irak schon ein religiöser Bürgerkrieg toben, doch zurzeit sind Sunniten und Schiiten sich einig gemäß dem alten Spruch »Der Feind meines Feindes ist mein Freund«. Beide Seiten hassen Amerika so sehr, dass sie vergessen können, wie sehr sie einander hassen.

Was diese beiden Feinde zusammengebracht hatte, war Nationalismus, derselbe gehässige Nationalismus, den Saddam Husseins Regime jahrzehntelang gefördert hat, derselbe Nationalismus, der zum Angriff auf den Iran in den 1980er und auf Kuwait in den 1990er Jahren führte. Unseren eigenen Patrioten mögen Vergleiche zwischen amerikanischem Nationalismus und irakischem Nationalismus die Zornesröte ins Gesicht treiben, doch die verwickelte Hierarchie enthält stets die gleichen Elemente:

| | |
|---|---|
| Stolz | Aufrüstung |
| Tradition | Verteidigungsdenken |
| Überlegenheitsgefühle | Bewaffneter Grenzschutz |
| Patriotismus | Wirkliche und eingebildete |
| Nationale Sicherheit | Feinde |

Ich will die beiden Länder hier keineswegs gleichsetzen. In jeder Nation mischen sich die genannten Elemente auf eigene Weise. Doch viele von uns sehen schon eine Herabsetzung des amerikanischen Selbstbildes darin, wenn man darauf hinweist, dass die Aspekte des Nationalismus, die uns am meisten beunruhigen, zum Beispiel dass man gewöhnlichen Bürgern Sturmgewehre in die Hand gibt, quasi illegale Milizen aufbaut und die nationale Debatte von religiösem Fanatismus vergiften lässt, sowohl in den USA als auch im Irak weit verbreitet sind. Die Leute möchten eben glauben, es bestünde ein großer Unterschied zwischen gutem Nationalismus (dem unseren) und bösem Nationalismus (dem der anderen).

Unter Saddam Hussein wurde die irakische Bevölkerung in ständiger Verteidigungsbereitschaft gegen den verhassten Westen, vor allem gegen die USA, gehalten. Saddam betrieb die gewaltsame Unterdrückung der Schiiten, also von mehr als zwei Dritteln der Iraker. Saddam war modern insofern, als er die Religion nicht zur Regierungsdoktrin machte, und er war schlau genug, die religiösen Gefühle der Volksgruppen geschickt auszunutzen. Als er 1990 in Kuwait einfiel, gingen Massen schwarz verschleierter irakischer Frauen auf die Straßen und gaben lautstark ihre Zufriedenheit damit kund, dass endlich ein guter Moslem den dekadenten, verwestlichten kuwaitischen Frauen ein paar Lektionen erteilen würde. Dass der Krieg viel zynischere Gründe hatte, die mit hohen Ölüberschüssen und den großen Mengen Schulden, die Irak bei kuwaitischen Banken hatte, zusammenhingen, wurde dabei tunlichst verschwiegen.

Und heute hört man immer wieder Vorwürfe, die Bush-Regierung sei nicht weniger zynisch in ihrer Ausnutzung des Irak-Konflikts und dass es in Wirklichkeit nur um Öl ginge.

Die Geschichte wird sich hier ein eigenes Urteil bilden. Sie und ich sollten jedoch bedenken, dass selbst ohne Zynismus der Nationalismus ein falscher Weg ist, um die Realität zu betrachten. Seine Illusionen zu durchbrechen ist entscheidend für den Weg des Friedens.

## Der Illusion ein Ende setzen
### Die toxischen Wirkungen des Nationalismus

Die *Illusion* ist, Nationalismus könne Menschen zur Freiheit führen.
Die *Wirklichkeit* ist, Nationalismus ist heute gleichbedeutend mit Militarismus.

Die *Illusion* ist, andere Nationen seien minderwertig und fehl geleitet.
Die *Wirklichkeit* ist, jede Nation ringt mit inneren Konflikten.

Die *Illusion* ist, Gott begünstige ein Land und dessen Bestimmung.
Die *Wirklichkeit* ist, Gott hat nie seine Meinung über irgendeine Nation kundgetan und wird dies auch nie tun.

Die *Illusion* ist, nationale Grenzen gäben uns Sicherheit.
Die *Wirklichkeit* ist, wir leben in einer offenen Welt, in der Grenzen immer mehr an Bedeutung verlieren.

Die *Illusion* ist, deine Nationalität bestimme deine Identität.
Die *Wirklichkeit* ist, Selbstfindung erfordert Selbsterforschung und Selbstkenntnis.

Jede dieser Paarungen von Illusion und Wirklichkeit zeigt einen Weg, wie unser Bewusstsein wachsen kann, indem wir der Realität ins Auge blicken. Jede der Illusionen war einmal wahr oder zumindest eher wahr als falsch. Doch das Bewusstsein ist ständig in Bewegung. Befreiende Ideen werden zu Fesseln, wenn wir sie nicht ändern können. So geht es in der ersten Paarung um Freiheit. Nach den Revolutionen in Amerika und Frankreich war Nationalismus der Schlachtruf für die Freiheit, denn die Alternativen waren damals viel schlimmer, zum Beispiel die Möglichkeit, unter das Joch des Kolonialismus zu fallen, wie es in Indien, China und ganz Afrika geschah. Eine andere Alternative wäre gewesen, als unterdrückte Provinz eines Großreiches zu existieren, wie Italien, Griechenland und weite Teile des Nahen und Mittleren Ostens, oder als Minderheitsvolk wie viele der früheren Republiken der Sowjetunion. In ihrer Rebellion gegen solche Bedingungen wollten die Menschen politische Freiheit und der Nationalstaat gab ihnen die Chance, dieses Ziel zu verwirklichen.

Die Situation hat sich jedoch geändert und heute ist Nationalismus eine Form der Unterdrückung, die man als Militarismus bezeichnet. In einer vom Militär dominierten Gesellschaft zu leben ist das Gegenteil von Freiheit. Die Freiheitsrhetorik überwiegt noch heute in den postkolonialen Ländern Afrikas, die ihr Unabhängigkeit erst nach 1950 errangen, angefangen mit den Unruhen in Kenia und dem belgischen Kongo. In Wirklichkeit existiert jedoch kaum eine Hand voll afrikanischer Staaten, die sich inzwischen nicht zu bis an die Zähne bewaffneten Militärdiktaturen entwickelt haben.

Die übelste Illusion ist jedoch, dass unser Land bestimmt, wer wir sind. Wir hören ständig, Amerika als Nation leide heute unter einer bitteren Teilung, womit wohl gemeint sein

## DAS GIFT DES NATIONALISMUS

soll, diese Teilung könnte geheilt werden, wenn wir uns nur alle erinnerten, wie amerikanisch wir sind. Die »roten« und »blauen« Staaten stehen für verschiedene Kulturen, auf der einen Seite eine vorwiegend ländliche, konservative und religiös-fundamentalistische Kultur, auf der anderen die meist städtische, gemäßigte und religiös-liberale Hälfte der Bevölkerung. Diese Spaltung ist jedoch an sich schon eine Illusion, denn hinsichtlich der Werte und Interessen der Menschen gibt es gar keine scharfe Trennlinie. Die meisten Leute wissen nicht so recht, wie sie über die heikelsten Probleme denken sollen, nehmen jedoch einen bestimmten Standpunkt ein, weil Wankelmut in so verwirrenden Zeiten nicht toleriert wird. Wer seine Meinung ändert, wird als Weichling verurteilt, obwohl man dies auch als ein Zeichen sehen könnte, dass man intelligent genug ist, zu erkennen, dass jedes Problem mehrere Seiten haben kann. Der politische Prozess erlaubt uns keine Dreiviertelstimme, selbst wenn wir nur mit fünfundsiebzig Prozent der Ansichten eines Kandidaten übereinstimmen, wir stehen also unter starkem Druck, entweder »dafür« oder »dagegen« zu sein.

„Liberal« und »konservativ« sind heute recht nebulöse Bezeichnungen. Jemand, der widerstrebend für den Irakkrieg stimmt, wird sofort in dieselbe Schublade gesteckt wie die lautstärksten Falken. Einen Standpunkt in einem der heißen Themen wie zum Beispiel Abtreibung oder Schulgebete einzunehmen, sollte nicht als Charakterprobe gewertet werden. Wir ertappen uns dabei, Werte auf andere zu projizieren, mit denen sie sich gar nicht identifizieren.

Man kann sich von jemand anderem ein Bild machen, ohne wirklich etwas über ihn zu wissen. Mit diesem Phänomen beschäftigte sich ein Experiment, das in den 1960er Jahren in

Harvard durchgeführt wurde. Jede Testperson wurde in ein Zimmer gebeten und vor ein Schaltpult mit zwei Knöpfen gesetzt, Dann wurde jedem einzeln erklärt, das Experiment diene einer Studie über Spielstrategien. In einem anderen Zimmer saß ein zweiter Spieler, ebenfalls mit zwei Knöpfen vor sich. Wenn er Knopf 2 drückte und der erste Spieler Knopf 1, bekam dieser zwei Dollar und der andere nichts. Wenn der Erste Knopf 2 drückte und der andere Knopf 1, bekam der Erste zwei Dollar und der andere nichts. Wenn beide Spieler Knopf 2 drückten, gewann keiner von ihnen, wenn aber beide Knopf 1 drückten, bekam jeder einen Dollar.

Die Testpersonen verstanden schnell, worum es ging. Wenn sie zu gierig waren und immer wieder Knopf 2 drückten, konnte der Gegner darauf reagieren, indem er ebenfalls immer Knopf 2 drückte, mit dem Ergebnis, dass keine Seite etwas gewann. Kamen sie aber im Stillen überein, immer nur Knopf 1 zu drücken, ohne die Vereinbarung je zu brechen, indem sie Knopf 2 drückten, um den einen oder anderen extra Dollar einzustreichen, erhielten sie beide mehr Geld, ohne dem anderen geschadet zu haben.

Die meisten Versuchspersonen fanden dies heraus, nachdem sie ein paar Mal Knopf 2 gedrückt hatten und feststellen mussten, dass der andere dann das Gleiche versuchte. So wich die Habgier der Zusammenarbeit und die meisten drückten fortan nur noch Knopf 1. Am Ende der Sitzung wurden die Testpersonen aufgefordert, ihren jeweiligen Spielgegner zu beschreiben, allein auf der Basis, wie er oder sie das Spiel angegangen hatte.

Diese Beschreibungen waren durchweg sehr harsch, beispielsweise: *Der Kerl ist ein verdammter Egoist. Er hätte am liebsten das ganze Geld in die eigene Tasche gesteckt, dieser*

*Bastard.* Diese Wortwahl wiederholte sich beinahe ständig: irrational, starrsinnig, hinterlistig, betrügerisch und gierig. Denn so sehr sie auch das Signal zu vermitteln versuchten, dass sie bereit waren, Knopf 1 zu drücken, fanden alle, dass ihr jeweiliger Gegner sie immer wieder mit Knopf 2 zu übertölpeln versucht hatte. Was die »Spieler« jedoch nicht wussten, war, dass dieser Gegner im anderen Zimmer gar nicht existierte, sondern dass sie nur gegen eine Maschine gespielt hatten, die in zufälliger Abfolge Knopf-1- und Knopf-2-Reaktionen erzeugte.

Alles, was die Testpersonen über ihre Gegner gesagt hatten, war also reine Projektion. Darum ging es in dem Experiment nämlich in Wirklichkeit, um Projektion, nicht um Spielstrategien oder Zusammenarbeit zwischen Spielern. Wir sind so daran gewöhnt, über andere zu urteilen, dass Politiker darauf zählen können, dass wir es immer wieder tun. Indem sie die Menschen anderer Länder hinter einer Leinwand halten, können sie ihnen leicht jedes emotionale Etikett aufdrücken, das sie projizieren wollen. So las ich, Redner auf dem Republikaner-Parteitag 2004 hätten die meisten Lacher geerntet, wenn sie die Worte *Frankreich* oder *Französisch* in den Mund nahmen. Dieser Reflex, Frankreich lächerlich zu machen, kam automatisch, seit die Franzosen in der Presse als unentschlossen, unkooperativ, Kriegsgegner, selbst wenn ein solcher berechtigt wäre, antiamerikanisch, selbstsüchtig und scheinbar gegen die Freiheit an sich dargestellt worden waren. Man ging sogar so weit, die Pommes frites in der Kongresscafeteria nicht mehr als »French Fries«, sondern als »Freedom Fries« zu verkaufen.

In Wirklichkeit sollten jedoch die Franzosen Recht behalten, was die Fakten anging. Sie waren skeptisch im Hinblick auf die Existenz der Massenvernichtungswaffen im Irak. Sie sagten voraus, der Mittlere Osten würde durch einen Angriff auf Saddam Hussein in noch größere Unruhe stürzen und ein solcher Schritt könne möglicherweise den Terrorismus verstärken statt ihn einzudämmen. Sie hielten Saddam Hussein nicht für eine unmittelbare Gefahr für andere Länder und fanden im Allgemeinen, Krieg sollte die letzte Zuflucht bleiben. Doch die Fakten nützten den Franzosen wenig. Sobald man sie hinter die Leinwand gestellt hatte, wurden sie zu *den anderen* und damit zum Freiwild für jede Projektion, die glühenden Kriegsbefürwortern von Nutzen war.

Die meisten von uns haben die Zeit miterlebt, als solche Projektionen Amerika fast auseinander gerissen hätten. Der Vietnamkrieg führte zu einem ungeheuren Zusammenbruch des alten Märchens über Amerika. Da Krieg zweifellos die allerschlechteste Methode ist, um Veränderung herbeizuführen, möchte ich an die Vietnamproteste erinnern als ein Beispiel für die gleiche Umwälzung, vor der wir heute stehen. Die 1960er Jahre werden sich zwar nicht wiederholen, aber die Konflikte und Verwirrung, die sie charakterisierten, sind auch heute wieder zu beobachten.

Ich kam 1970 in die USA, als junger Assistenzarzt in Plainfield, New Jersey. In meiner ersten Nacht in der Notaufnahme musste ich mich um die ersten Schusswunden kümmern, die ich je gesehen hatte. Danach sollte ich noch Hunderte von Schusswaffenopfern behandeln, während mir der Alltag der amerikanischen Gewalt ins Bewusstsein drang. Doch Vietnam verschwand nie ganz aus meinem Blickfeld. Im Jahr darauf, 1971, gab es die größten Friedensdemonstrationen in der amerikanischen Geschichte. Der Marsch auf Washington war von besonderer Verbitterung begleitet aufgrund des amerika-

## DAS GIFT DES NATIONALISMUS

nischen Einmarschs in Kambodscha und der Todesopfer auf dem Campus der Kent State University im Jahr zuvor.

So erfuhr ich unmissverständlicher als je zuvor, wie verflochten Frieden und Gewalt miteinander sind. Diese Proteste waren Dramen des Zorns und des Widerstands auf beiden Seiten. Die Sicherheitskräfte in Washington waren bis an die Zähne bewaffnet, wie es seit 1967 bei Massenprotesten zur Regel geworden war, mit Armeescharfschützen auf den Dächern der Regierungsgebäude, massiver Polizeipräsenz und Nationalgardisten als Reserve für den Fall, dass die Dinge wirklich außer Kontrolle gerieten. Allein am 2. Mai 1971 verhaftete die Polizei 7000 Demonstranten, meist unter dem fadenscheinigen Vorwand des Drogenbesitzes. Es war die größte Massenverhaftung in der Geschichte der USA.

Fünfundsiebzig Geistliche waren hinzugezogen worden, um die Massen zur Ruhe zu bringen, doch die Sicherheitskräfte hatten ganz klar die Oberhand. Die Polizei hatte gelernt, wie man blitzartig Massenverhaftungen durchführt. Statt der üblichen Prozedur, in der der Polizist einen ausführlichen Bericht über den Verhaftungsgrund schreiben muss, hatte man vorgedruckte kurz gefasste Formulare verteilt, die nur noch ausgefüllt werden mussten. Und statt Stahlhandschellen wurden Tausende von Plastikkabelbindern ausgehändigt. Von einem Polizisten wird erwartet, dass er seine Sache vor Gericht plausibel vertreten kann, was natürlich bei derart vielen Verhaftungen zur gleichen Zeit schier unmöglich ist. Also wurden neben jeder »grünen Minna« Polaroidkameras aufgestellt, mit denen die Polizisten jeweils mit ihren Häftlingen fotografiert wurden – als Gedächtnisstütze, falls ein Richter das Vergehen einer bestimmten Person erfahren wollte.

FRIEDEN STATT ANGST

Dieses ganze »System« brach schließlich dennoch zusammen. Die Polizei trieb einfach zu viele Demonstranten zusammen, als dass sie sich noch um Formalitäten hätte kümmern können, und da in den Gefängnissen der Stadt kein Platz mehr frei war für all die Verhafteten, wurden sie im Freien in Käfigen festgehalten. So blieb es den Demonstranten zwar verwehrt, Washington für einen Tag lahm zu legen, wie es das erklärte Ziel der Antikriegsbewegung gewesen war, doch der erzwungene Sieg des Establishments machte die bittere Wahrheit nur noch deutlicher: Aus dem Frieden war ein kleiner Bürgerkrieg geworden.

Die Proteste gegen den Vietnamkrieg sind ein perfektes Beispiel für die Verwirrung, die wir auch heute wieder erleben. Die Werte waren im Fluss; und die Menschen überschütteten sich förmlich gegenseitig mit Projektionen. Die verwickelte Hierarchie war von neuen Vorstellungen und Begriffen beherrscht, die nicht in das alte Märchen über Amerika integriert werden konnten:

Hippie
Demonstrant
Blumenkind
Generationskonflikt
Antiestablishment
Militärisch-industrieller Komplex
Falken
Tauben
Dominoeffekt
Extremismus zur Verteidigung der Freiheit

Der Sommer der Liebe lag 1971 gerade erst vier Jahre zurück,

DAS GIFT DES NATIONALISMUS

doch die Proteste hatten bereits eine dramatische Entwicklung weit entfernt von Liebe und Blumenkindern erfahren. Im Oktober 1967 auf dem Marsch zum Pentagon hatten Hippiemädchen noch vor den Soldaten getanzt und sie gefragt: »Nimmst du meine Blume an? Hast du Angst vor Blumen?« Dann wurde die Rassenungerechtigkeit zu einem Thema der Proteste und die Gewaltlosigkeit fand ein Ende durch die Terrormethoden des *Weather Underground*, der Bombenanschläge auf Universitätslabors, die mit dem Verteidigungsministerium in Verbindung standen, verübte. Und Kriegsgegner wurden immer häufiger als Verräter gebrandmarkt.

In der verwickelten Hierarchie bleiben Motivationen niemals unbefleckt. Gegensätze stecken einander an. Die Friedensbewegung jener Ära war sich ihres moralischen Standpunkts vollkommen sicher, doch im Rückblick machen viele Amerikaner die Demonstranten dafür verantwortlich, dass Amerika den Krieg verlor, dass sie dem Land Schande gemacht hätten, dass sie die Städte in Zwietracht und Konflikt gestürzt und allgemeines Chaos gestiftet hätten. Es war die Zeit eines erwachenden Bewusstseins, doch auch eine Zeit, in der sich die Verbrechensrate verdreifachte – sie sollte nie wieder auf ihren früheren Stand zurückkehren –, und der Drogenkonsum sich um das Tausendfache erhöhte.

Keine Gesellschaft überlebt einen Krieg völlig intakt, das zeigte sich im Vietnamkrieg ebenso wie im Zweiten Weltkrieg und davor im Ersten Weltkrieg, und es ist auch heute unausweichlich. Der schwelende Konflikt in der russischen Republik Tschetschenien ist ein erstklassiges Beispiel, wie engstirniger Nationalismus in einer Art Selbstzerstörungstrieb ausarten kann. Während ich diese Worte schreibe, halten Terroristen, die für ein freies Tschetschenien kämpfen, eine

Schule in der südrussischen Stadt Beslan besetzt. Sie kamen mit Bomben und Gewehren an einem der frohesten Tage des Jahres, dem ersten Schultag, der in Russland ein Feiertag ist. Ein katastrophaler Befreiungsversuch durch russische Soldaten und die Bomben der Terroristen führten zum Tod von Hunderten von Geiseln, darunter über 175 Kinder.

Diese Nachrichten sind natürlich inzwischen veraltet, wenn Sie diese Zeilen lesen. Es wird nun über ein Jahr her sein, dass Sie mit Trauer und Abscheu erkennen mussten, dass die Terroristen eine weitere Schwelle überschritten und Massen unschuldiger Kinder in ihren Krieg gezerrt haben. Heute las ich von einer großen Demonstration im Herzen Moskaus, auf dem Roten Platz, gegen den Terrorismus. Der Bürgermeister der Stadt rief ins Mikrofon: »Moskauer! Wir sind nicht schwach! Wir sind stärker als die! Stärker! Die Faschisten konnten Russland nicht besiegen und der Terror wird Russland auch nicht besiegen. Wir stehen zusammen. Wir werden siegen!«

Für Außenstehende ist es schwer zu verstehen, warum Russland zu einem blutigen Krieg bereit ist, um an einer abgelegenen Republik im Kaukasus festzuhalten, nachdem es bereitwillig den größten Teil der früheren Sowjetunion aufgelöst hat. Präsident Putin beruft sich auf das grausame Gespenst des islamischen Fundamentalismus und brachte seinen Widerstand gegen ein freies Tschetschenien früh mit dem weltweiten Krieg gegen Osama bin Laden und seine Anhänger in Verbindung. Diese Interpretation ist nun zur Wirklichkeit geworden, da der tschetschenische Rebellenführer Shamil Basayev, ein Kämpfer mit wildem Bart und kahl rasiertem Kopf, der einst auf der Seite der Russen gefochten hat, sich nun als charismatischer Terrorist nach dem Beispiel Osama

DAS GIFT DES NATIONALISMUS

bin Ladens darstellt und al-Qaida als seine taktischen Ver-
bündeten bezeichnen kann.

In Trauer und Abscheu angesichts des Beslan-Anschlags
mögen wir unsere Blicke abwenden, während Russland tut,
was es für nötig hält, indem es zum Beispiel immer mehr
Macht in die Hände des Präsidenten legt. Stattdessen sollten
wir uns jedoch die verwickelte Hierarchie vor Augen führen
und uns vor simplem Schwarz-Weiß-Denken hüten, denn so
einfach liegen die Dinge in Russland und Tschetschenien
nicht. Die Russen besetzten die Region 1994, um Tschetschenien daran zu hindern, seine Unabhängigkeit zu erklären. Die
Hauptstadt Grosny wurde in Schutt und Asche gelegt und ist
heute eine Trümmerlandschaft in den Klauen der Gesetzlo-
sigkeit, die an Berlin nach dem Zweiten Weltkrieg erinnert.
Achtzigtausend Tschetschenen, fast alle davon Zivilisten, wurden getötet und noch viel mehr wurden obdachlos.

Die verwickelte Hierarchie lässt keinen Aspekt unberührt.
Wir haben es hier mit giftigem Nationalismus auf beiden Seiten zu tun, angesichts der Tatsache, dass beide sich auf Gräueltaten einlassen. Wir haben es mit komplexen Beziehungen
zum Islam und der Romantik des Dschihad zu tun, als Gegen-
gewicht dazu der alte Sowjetstaat, dessen Erbe der Unterdrückung der Religionen immer noch im ganzen Land zu spüren
ist. Wenn Sie sich dieses Gewirr unmittelbar vor Augen führen, ist der Drang, sich auf eine Seite zu schlagen, gar nicht
mehr so unwiderstehlich, selbst wenn wir uns im weiteren Verlauf der Ereignisse emotional immer noch zu der einen oder
anderen Seite hingezogen fühlen mögen. Der erste Schritt ist
hier, die Illusionen des Nationalismus hinter sich zu lassen.

Doch was könnte an ihre Stelle treten?

Man kann Nationalismus nicht durch direkte Konfrontation ändern. Wenn man ein Land in eine Verteidigungshaltung drängt, verzehnfacht man damit nur die Gewalt. Diese Erkenntnis steht hinter einer berühmten Bemerkung von Mutter Theresa: »Die Leute fragen mich, warum ich mich nicht der Antikriegsbewegung anschließe, und ich antworte, ich werde zu euch kommen, wenn ihr mir eine Friedensbewegung zeigen könnt.« In diesem Sinn ist die gegenwärtige Friedensbewegung im Begriff, einen Weg zu finden, mit allen Nationen Freundschaft zu schließen, indem sie weltweit die Notwendigkeit herausstellt, der Gewalt ein Ende zu setzen, unabhängig davon, wie man über dieses oder jenes Regime empfindet, über diese oder jene Ideologie und diese oder jene Religion. Diese neuen Friedensgruppen leisten oft Pionierarbeit in der Anwendung von Techniken, die die Mehrheitsgesellschaft nicht für glaubwürdig hält. Doch wie ein bemerkenswerter Handaufleger mir einmal sagte, kann jeder heilen. Die wesentliche Hürde besteht darin, zu glauben, dass man es nicht kann.

»Ich habe an diesem Treffen teilgenommen«, erzählte mir eine junge Frau aus meinem Bekanntenkreis, »und wir übten Löffelbiegen für den Weltfrieden. Ich weiß, es klingt lächerlich, aber ich habe an einem entsprechenden Kurs im Internet teilgenommen. Die Idee war, wenn man das Gebet einsetzen kann, um einen Löffel mit Geisteskraft zu biegen, dann kann man damit vielleicht auch die ganze Welt zurechtbiegen!

Die Veranstalter sagten, jeder könne in nicht mehr als vier Wochen das Löffelbiegen lernen. Man gibt eine Spende, um an dem Kurs teilzunehmen. Darin geht es hauptsächlich um Gebet, Konzentration und Vorstellungskraft. Du öffnest Teile deines Bewusstseins, die bisher blockiert waren. Es wird kein mentaler Druck ausgeübt. Den Kursleitern zufolge kann die

## DAS GIFT DES NATIONALISMUS

Technik nur funktionieren, wenn man den Löffel als bereits gebogen sieht. Dann traf ich mich mit anderen in einer Wohnung. Es war verblüffend, wie schnell manche von uns es lernten. Ich habe es mit eigenen Augen gesehen und glaube, dass ich es auch bald kann.«

Die Logik hierbei liegt auf der Hand: Wenn man sich beweisen kann, dass man die Fähigkeit besitzt, den Schleier der normalen Realität zu durchbrechen, kann man Dinge vollbringen, die zuvor als unmöglich oder als Zauberei galten. James Twyman, eine prominente Persönlichkeit innerhalb der Löffelbiegerbewegung, bereist regelmäßig Krisenherde überall auf der Welt und leitet dort Gebetswachen für den Frieden. Seine Erfahrung ist, dass diese so genannten Großen Experimente unmittelbar die Realität verändern. Am 9. Februar 2004 wurde eine solche Gebetswache in Jerusalem abgehalten, an der Menschen über das Internet als auch persönlich teilnahmen, und am nächsten Tag sank die Gewalttätigkeit im Westjordanland um mindestens fünfzig Prozent. Dieses Ergebnis liegt im Trend früherer Experimente anderer spiritueller Gruppen. So hält eine populäre buddhistische Bewegung in Japan seit Mitte der 1960er Jahre einen Gebetsschutzschirm über dem Land aufrecht. Gebetswachen rund um die Uhr sind Teil des abgeschiedenen Lebens bestimmter katholischer Abteien und Klöster. Seit über einem Jahrzehnt organisiert die TM(Transzendentale Meditation)-Bewegung Meditationen in großen Gruppen in Städten wie New York und Washington und zeigt dann mittels Polizeistatistiken auf, dass die Kriminalität in diesen Perioden drastisch sinkt. Die Wirkung dieser Experimente muss nicht nur einen vorübergehenden Zacken in den Statistiken der Gewalt darstellen, sondern könnte von Dauer sein. TM und andere Bewusstseinsgruppen

FRIEDEN STATT ANGST

glauben, dass sie den Zukunftstrend verändern. Dass man einen Wandel im globalen Gehirn hervorrufen könnte, ist kein neues Gesprächsthema, sondern existiert seit nunmehr über 30 Jahren.

Der Einfluss auf den Frieden scheint mir real zu sein, ob Sie nun zu Twymans spirituellen Kriegern gehören und für eine Gebetswache nach Jerusalem jetten oder ein Mensch sind, der privat zu Hause meditiert. Man sollte sich nicht von selbsternannten Aufklärern und Skeptikern verunsichern lassen, die äußerst interessante Phänomene als triviale Zaubertricks wegzuerklären versuchen. Diese »Debunker« werden niemals befriedigt sein, selbst wenn Hunderte von Zeugen mit eigenen Augen gesehen haben, wie Löffel oder Schlüssel durch Geisteskraft gebogen wurden. Ich selbst war bei einer Demonstration in Oxford anwesend, an der über 200 Menschen, die meisten davon Universitätsangehörige, teilnahmen, wobei sie einen Schlüssel hochhielten und versuchten, ihn zu biegen. Zehn oder zwanzig Prozent der Gruppe gelang es im ersten Versuch.

Andererseits überzeugen Löffelbieger die Skeptiker sicherlich nicht, wenn sie ihr Tun mit Geheimnissen und Mysterien verbrämen. Die nackte Tatsache ist die: Das Bewusstsein bestimmt, welche Phänomene real sind und welche nicht. Jede Magie entspringt dem Umstand, dass man ein verborgenes Naturgesetz an die Oberfläche bringt und es aus der Finsternis befreit, in die wir es verbannt haben.

Für Jahrtausende war die Technologie des Düsenantriebs ein verborgener Zauber, so, wie uns heute die Bewegung von Objekten durch Gedankenkraft (Telekinese) verborgen ist. Wenn wir ein Flugzeug beim Start beobachten, erscheint uns das nicht mehr als Zauberei, doch wenn sich ein Mensch kraft

## DAS GIFT DES NATIONALISMUS

seines Geistes in die Lüfte erhöbe, würden wir darin mit Sicherheit Magie vermuten. Der einzige Unterschied wäre: Das eine ist akzeptiert, das andere nicht. Der durchschnittliche Zeitgenosse kann Ihnen nicht erklären, wie ein hunderte Tonnen schweres Stahlvehikel fliegen kann, doch solange ein anderer es erklären kann, genießt die Technologie des Fliegens Akzeptanz als eine Realität, die nicht mehr geheimnisvoll ist.

Sobald jemand erklären kann, wie die Technologie des Weltfriedens funktioniert, wird auch diese als Realität akzeptiert werden. Ich glaube, die Unmöglichkeit des Friedens existiert nur in unseren Köpfen, und wenn wir erst das Unmögliche zu akzeptieren beginnen, wird es zu einem raschen Wandel kommen. Bis es so weit ist, bin ich für Geschichten wie die folgende dankbar, die ein Teilnehmer am Löffelbiegenkurs erzählte: »Freunde von uns haben einen zwölfjährigen Sohn. Eines Abends nach dem Essen sprachen wir über den Kurs und im Laufe der Unterhaltung beschloss der Junge, es selbst einmal zu versuchen, und zwar mit einem der schweren Silberlöffel, auf die seine Mutter so stolz war. Und er schaffte es! Der Löffel bog sich auf ganz absonderliche Weise, nicht an der dünnsten Stelle, wie man vielleicht erwartet hätte. Der Junge war ganz durcheinander, als er sich mit einer Realität konfrontiert sah, die seine Kultur zu leugnen versucht.«

Wir klammern uns an eine Realität, die Magie als Betrug definiert, oder als Einbildung oder Aberglauben. Sei es Telekinese, Heilen, Wahrsagerei oder irgendeine andere Lücke im Schleier, hinter dem sich eine Realität jenseits des Materialismus verbirgt. Sobald dieser Schleier gelüftet wird, lösen sich alle spirituellen Zweifel, die einmal plausibel erschienen, in nichts auf. Zufällige Ereignisse beginnen Muster zu zeigen.

Sie erkennen, dass Sie selbst der Schöpfer sind, der sich in seiner Schöpfung verirrt hat. Die Wahrheit wird Ihnen dämmern, sobald Sie herauszufinden beginnen, wer Sie wirklich sind, und alle falschen Etiketten ablegen. Das eigentliche Problem mit dem Nationalismus ist nicht, dass er giftig geworden ist, sondern dass er einen Teil unserer Identität für sich beansprucht, und diesen Teil, wie alle anderen, die wir aufgegeben haben, müssen wir zurückfordern.

# MYTHOS SICHERHEIT

Der Mann im Fernsehen sah besorgt aus, zum Teil, weil er als ernsthafter Kommentator dafür bezahlt wird, besorgt auszusehen, doch er sah auch wie jemand aus, der soeben eine zutiefst beunruhigende Wahrheit begriffen hatte.

»Die Hälfte der Menschheit lebt von zwei Dollar am Tag«, begann er, »dies ist die Schätzung der Weltbank nach neuesten Zahlen. Die meisten dieser Menschen, die von zwei Dollar pro Tag leben, wissen, dass wir reich sind. Etwa zwanzig Prozent der Weltbevölkerung lebt von einem Dollar pro Tag. Auch die wissen, dass wir reich sind. Vor 50 Jahren wussten sie es vielleicht noch nicht, aber heute wissen sie es.«

Seine Stimme wurde noch ernster. »Früher brauchte man riesige Armeen, um mit Massenvernichtungswaffen drohen zu können. Doch heute hat man diese Waffen verkleinert. Das heißt, ein Einzelner oder eine kleine Gruppe kann durch eine Stadt spazieren und eine Massenvernichtungswaffe mit sich herumtragen.«

Der Kommentator hielt inne, wollte offenbar nicht aussprechen, welches Unheil uns droht. Milliarden von Menschen leben in erdrückender Armut und wissen dabei, dass ein paar hundert Millionen in Wohlstand leben. Und diese unglaublich gefährlichen Waffen stehen all diesen Menschen potenziell zur Verfügung.

Wohin wird all das führen?

Nun könnte man in eine bestimmte Richtung denken und

die potenziellen Verwüstungen multiplizieren. Wie Bakterien, die einen fruchtbaren Wirt gefunden haben, kann sich Furcht exponentiell vervielfachen. Der Angriff am 11. September 2001 führte dazu, dass wir uns weitere Angriffe vorstellten, nicht nur einen, sondern eine ganze Welle: Könnten sie nicht jede Brücke in die Luft jagen, alle Wasservorräte vergiften, wenn sie wollten? Doch Ihr Denken muss sich nicht in diese Richtung bewegen. Sie können sich auch auf das Verständnis zubewegen, dass wir eine neue Form des Daseins auf der Welt anstreben müssen, wenn wir uns jemals wieder sicher fühlen wollen. Wieder müssen wir uns mit der verwickelten Hierarchie auseinander setzen. Die Schlüsselwörter in dieser speziellen Hierarchie sind besonders Furcht erregend, weil uns immer wieder erzählt wird, wie notwendig sie für unser bloßes Überleben sind. Zu diesen Schlüsselwörtern gehören:

Militär
Verteidigung
Multinationale Konzerne
Profit
Aktionäre
Geheimverträge
Geheimbudgets
Verschlusssache
Lobbyisten
Einfluss
Nationalismus

Wenn man einem dieser Fäden folgt, findet man schnell heraus, dass die eine oder andere Gruppe etwas hat, das sie um jeden Preis schützen will. Wenn es nicht das Militär selbst ist,

MYTHOS SICHERHEIT

sind es die Rüstungsfirmen, die von ihm abhängig sind, die Gemeinden und Städte, in denen Rüstungsfabriken die meisten Arbeitsplätze stellen, die verängstigte Öffentlichkeit, die vor Angriffen sicher sein will, die Lobbyisten, deren Zukunft von dem Einfluss abhängt, mit dem sie hausieren gehen können, und so weiter, kreuz und quer durch fast die gesamte Gesellschaft. Niemand ist auch nur ein paar Schritte von dieser verwickelten Hierarchie entfernt. Selbst der gegen den Krieg demonstrierende Harvard-Student ist in einer Universität verankert, deren enormer Reichtum direkt mit dem Rüstungsetat und Regierungsmitteln verknüpft ist.

Selbst in Entwicklungsländern wird der Militärbereich gegenüber anderen öffentlichen Diensten unverhältnismäßig bevorzugt. Länder entscheiden sich für die Hierarchie des Krieges, obwohl es eindeutig ihren Interessen zuwiderläuft. Südafrika zog scharfe Kritik auf sich, als man herausfand, dass die Regierung ein Atom-U-Boot zu kaufen suchte, während sie gleichzeitig fast kein Geld für Aids-Aufklärungsprogramme auftreiben konnte – und das in einem Land, das nicht den geringsten Bedarf nach einem Unterseeboot im Wert von Hunderten von Millionen Dollar hat, wohl aber mit einer der schlimmsten Aids-Krisen der Welt zu ringen hat.

Muss ich noch erwähnen, dass eben dieses Südafrika Nelson Mandela hervorgebracht hat, eine Leitfigur des Friedens? Doch sehen Sie sich Indien an, die Geburtsstätte Mahatma Gandhis. Indien verfügt heute über eines der größten stehenden Heere der Welt – es rangiert direkt nach den USA, Russland und China. Die prozentual größten Verteidigungshaushalte (gemessen am Bruttosozialprodukt) findet man meist in armen Entwicklungsländern. Waffen statt Brot ist die Regel, nicht die Ausnahme.

Der Molch Waffengeschäft wächst und gedeiht, weil wir alle, obwohl wir mit diesem Geschäft nichts zu tun haben, von seiner Hierarchie abhängen. Es sind nicht die niederträchtigen Taten der bösen Terroristen, die uns ins Unheil stürzen, sondern die trockenen Fakten der Geschäftswelt und der ökonomische Überlebenskampf in einer vom Kapital beherrschten Welt. Einzelne Programme wie etwa die *Strategic Defense Initiative* (SDI), im Volksmund auch als »Star Wars« bezeichnet, haben bis heute schon mehr Geld verschlungen als das gesamte Bruttosozialprodukt eines typischen Landes in Afrika oder Südamerika, obwohl das ursprüngliche Ziel des SDI-Programms – einen Schutzschild im Weltraum gegen einen sowjetischen Nuklearangriff aufzubauen – längst passé ist.

SDI ist ein besonderes surreales Projekt, wenn man bedenkt, dass der Abschuss von Lenkraketen noch nie funktioniert hat, außer in den simpelsten Versuchen mit Raketenattrappen, deren Position und Flugbahn im Voraus bekannt waren. (Es kursiert sogar das Gerücht, Ronals Reagan hätte das »Star Wars«-Programm befürwortet, weil die Technologie ihn an einen verstaubten Sciencefictionfilm erinnerte, in dem er in den 1930er Jahren mitgewirkt hatte.) Selbst wenn die Technologie perfektioniert werden könnte, wäre das System vollkommen nutzlos gegen die reale Bedrohung, vor der wir heute stehen, gegen staatenlosen Terrorismus. Aber lassen wir das Surreale und wenden uns bereits eingesetzten Waffen zu: Jeder einzelne B-2 Stealth Bomber kostet ca. 2,4 Milliarden Dollar, eine Summe, mit der wir alle Symphonieorchester und Museen in den USA finanzieren könnten. Aber Waffen sind eben schon lange wichtiger als Kultur.

Wie bei jedem Ungeheuer, so gilt es die verwundbare Stelle zu finden, wenn man es besiegen will. Die Hierarchie der Waffen beruht auf drei Kernüberzeugungen. Die gesamte Rüstungskultur hätte ein Ende, wenn wir uns von diesen Überzeugungen lösen könnten. In einer materialistischen Welt besitzen sie eine viel größere Macht über die Menschen als die traditionellen Morallehren der Religionen, die seit jeher für den Frieden eingetreten sind, aber immer weniger Wirksamkeit zeigen.

## Mythen über die Sicherheit
*Kernüberzeugungen hinter der Aufrüstung*

**Geld** macht glücklich.
**Technologie** führt zu Wohlergehen.
**Militärische Stärke** bringt Sicherheit.

Ganz gleich, wie weit entfernt Sie sich vom Geschäft des Krieges sehen, so sind Sie doch durch Beziehungen daran gebunden, die hier ihren Anfang nehmen. Die Exzesse der Rüstungsindustrie und ihr Potenzial für noch schlimmere Akte der Unmenschlichkeit mögen zwar Ihre moralische Empörung hervorrufen. (Kürzlich las ich von Vorschlägen, eine Technologie zu entwickeln, mit der infrarotgesteuerte Neutronenbomben Menschen durch ihre Körperwärme aufspüren und atomisieren sollen. Diese groteske Erfindung, würde sie je Wirklichkeit werden, würde das Problem lösen, wertvolle Gebäude, Brücken und andere Bauwerke sinnlos zu zerstören, was ja im Krieg bisher der Fall war.) Ihre Empörung kann jedoch wenig ausrichten, um die Hierarchie zu ändern, die Sie mit Ihrer ganzen Lebensweise unterstützen. Bewusst oder unbewusst huldigen Sie diesen neuen Göttern. Der materielle

Einfluss, den sie auf Sie und auf jeden anderen ausüben, ist das Problem und nicht, ob die Verteidigungspolitik Ihres Landes gottgefällig ist oder nicht.

## Geld und Glück

Ich habe nie geglaubt, Geld sei der Ursprung allen Übels. Dennoch muss der Weg des Friedens der gegenwärtigen Dominanz der Habgier ins Auge sehen. So mancher wirtschaftsliberale christliche Theologe hat schon versucht, die anscheinend grundsätzliche Verdammung der Geldanhäufung, die in der christlichen Lehre zu finden ist, aufzuweichen, indem er argumentierte, Christus hätte eigentlich gemeint, die Liebe zum Geld sei die Wurzel allen Übels. Der semantische Unterschied ist, dass nach der ersten Aussage Geld das Übel verursacht, während es in der abgemilderten Version nur mit dem Übel im Zusammenhang steht. (Die Schusswaffenlobby in den USA betreibt eine ähnliche Haarspalterei, wenn sie erklärt, dass es nicht die Gewehre sind, die töten, sondern die Leute, die von ihnen Gebrauch machen. Es wäre demnach reiner Zufall, dass bei so vielen Morden Schusswaffen im Spiel sind.) Wir können nicht wirklich zuverlässig wissen, was Christus tatsächlich gelehrt hat, doch eines ist sicher: Alle spirituellen Überlieferungen ziehen eine klare Grenze zwischen dem Spirituellen und dem Materiellen.

Die Frage, wie Geld und Spiritualität zusammen existieren können, wird heute anders gesehen als zu Zeiten des Heiligen Franz von Assisi, der eine Gemeinschaft verarmter Ordensbrüder gründete, die der Papst im Jahre 1210 als den Franziskanerorden anerkannte. St. Franziskus nahm die Bibelpassage beim Wort, wo Christus zu seinen Jüngern sagt: »Umsonst habt ihr's empfangen, umsonst gebt es auch. Ihr sollt weder Gold noch Silber noch Kupfer in euren Gürteln haben, auch keine Reisetasche, auch nicht zwei Hemden, keine Schuhe, auch keinen Stecken.« Zu der Zeit war das Mendikantentum in Indien und China bereits eine jahrhundertealte Tradition und in modernen Gesellschaften hat Geld noch heute den Geruch der Unwürdigkeit vor Gott, obwohl die Wandermönche, die ich von meiner Kindheit in Neu-Delhi kannte, inzwischen von den Straßen verschwunden sind, ein Zeichen des überwältigenden Materialismus, dem sich Indien in Nachahmung des Westens hingibt.

Das wesentliche Problem mit Geld scheint auf der Hand zu liegen: Es zieht den Geist zu den weltlichen Dingen hin, es füllt unsere Zeit mit Arbeit und Geschäft, es verzerrt die wahren spirituellen Werte und ersetzt sie durch Vergnügen und Besitz. Für mich bedeutet das nicht, dass Geld etwas Böses oder Unspirituelles an sich hat. Es bedeutet nur, dass Geld eine Ablenkung darstellt, die manchmal so stark sein kann, dass es Menschen nicht gelingt, über sie hinauszugehen. Das Scheitern liegt darin, dass man spirituelle und materielle Werte nicht in Einklang bringt. Ich glaube jedoch, der Weg des Friedens zeigt uns, dass dies nicht nur wünschenswert ist, sondern absolut notwendig.

Faszinierend ist, dass der junge Francesco Bernardo, bevor er zum Heiligen Franziskus wurde, sich zum Soldatenleben hingezogen fühlte, das er als einen Weg zur Größe ansah. In einer Schlacht gegen den Stadtstaat von Perugia geriet er in Gefangenschaft und wurde für ein Jahr festgehalten. In dieser Zeit wurde er schwer krank und leiser Zweifel an seiner militärischen Laufbahn regte sich in ihm, aber nach seiner Heimkehr nach Assisi gewann bald wieder sein soldatischer Ehrgeiz die Oberhand. Auf einem zweiten Feldzug gegen die neapolitanischen Staaten erkrankte er wieder schwer und dieses Mal hatte der zukünftige Heilige Visionen und hörte himmlische Stimmen, die ihn in eine andere Richtung drängten. Und dann geschahen weitere entscheidende Ereignisse. Als er einmal zu Pferde unterwegs war, begegnete er einem Leprakranken. Er stieg ab, umarmte den Krüppel und gab ihm alles Geld, das er bei sich trug. Er pilgerte nach Rom, wo die Bettler vor den Toren des Petersdoms sein Mitleid erregten. Francesco tauschte seine teuren Kaufmannskleider gegen Bettlerlumpen ein und verbrachte den Tag mit Fasten inmitten der Armen.

In diesem Seelenringen zwischen einer erfolgreichen Militärlaufbahn und vollkommener Armut ging es nicht um Dinge, über die wir gewöhnlich nachdenken. Es ging nicht um Vergnügen, Sicherheit, gesellschaftlichen Status oder die Fähigkeit, eine Familie zu ernähren. Es war ein Ringen zwischen weltlichem Erfolg und einem gottgefälligen Leben, so, wie es die Kirchenväter lehrten. Am Ende versuchte der heilige Franziskus von Assisi, die Werte zu verkörpern, die Gott gefallen: Er versuchte im Grunde, das Leben Jesu und seiner Jünger nachzuleben.

So sehr sich die Werte seit dem 13. Jahrhundert auch geändert haben mögen, so ist dennoch nicht klar, ob wir deshalb heute eher in der Lage wären, es ihm nachzutun. Geld dient dazu, uns Freude zu verschaffen, Sicherheit, Status und die Fähigkeit, eine Familie zu ernähren. All das sind positive Werte und es gibt keinen Grund, zu vermuten, sie könnten einem Gott missfallen, der seine Schöpfung liebt. Gott denkt nach meinem Glauben nicht in Begriffen von Entweder-oder. Man lebt nicht entweder für oder gegen ihn. Das Zusammen-

MYTHOS SICHERHEIT

bringen des materiellen Lebens mit all den guten Dingen, die es zu bieten hat, und des spirituellen Lebens mit allen seinen Vorzügen stellt eine lebenslange Herausforderung dar.

Wenn Sie leben, als wäre das Glück, das Geld uns bringt, das *einzige* Glück, dann ist offenbar etwas nicht in Ordnung. Sie würden dann die ganze Welt des Spirituellen vernachlässigen und hätten sich ausschließlich für ein oberflächliches Leben entschieden.

Wir scheinen uns hier weit von dem Problem von Krieg und Gewalt entfernt zu haben, doch in Wirklichkeit ist gerade dies ihr Kern. Wenn Menschen sich mit einem oberflächlichen Leben zufrieden geben, bleibt ihnen nämlich die Ebene verschlossen, die allein dem Krieg ein Ende setzen kann, denn diese Ebene liegt unter der Oberfläche.

Das Sanskritwort *Maya*, das gewöhnlich mit »Illusion« übersetzt wird, hat viele breit gefächerte Bedeutungen, darunter die modernen Wörter *Materie, Mutter* und *Maß*. Ich ziehe es vor, Maya als »Ablenkung« zu verstehen, und ohne ein moralisches Urteil abgeben zu wollen, muss ich materielle Reichtümer als eine furchtbare Ablenkung bezeichnen. Sie halten uns in einem falschen Selbstbild gefangen, dem Bild von Geschöpfen, deren einziger Zweck auf Erden darin besteht, wohlhabend und in Sicherheit zu sein. Unser wirklicher Lebenszweck ist jedoch ein ganz anderer, das wird in jeder spirituellen Überlieferung anerkannt:

- Wir sind hier, um uns zu entwickeln und zu wachsen.
- Wir sind hier, um zu entdecken, wer wir sind.
- Wir sind hier, um unsere Umgebung entsprechend unserem wahren Ich zu formen.

Große spirituelle Lehrer sagten, wir sind letztlich hier, um über das Materielle hinauszuwachsen, unserem Schöpfer zu huldigen, die unendliche Schöpfung zu ehren und Demut ihr gegenüber zu erlernen. Alle diese Dinge können zu uns kommen, wenn wir erst wissen, wer wir wirklich sind. Das ist das zentrale Geheimnis des Lebens, und Geld kann gewiss nicht dazu beitragen, dieses Geheimnis zu ergründen.

Die Trennung zwischen Materie und Geist betrifft uns alle. Franziskus von Assisi verpflichtete sich zur Armut als eine erhabene Wahl, die ihm Gott näher brachte, doch Armut an sich ist nicht erhaben. Er sah einen bestimmten Zweck im Verzicht auf seinen Wohlstand. Es geschah, nachdem Francesco Bernardo seinen Vater erzürnt hatte, weil er einem verarmten Priester einen Beutel Gold gegeben hatte, damit dieser eine verfallene Kirche wiederaufbauen konnte.

Der ältere Bernardo schleppte daraufhin seinen Sohn vor Gericht, um ihm sein Erbe aberkennen zu lassen. Francesco kämpfte jedoch nicht dagegen an, sondern verzichtete ohne weiteres auf sein Vermögen, legte vor dem Richter seine feinen Kleider ab und gab sie seinem Vater. Seine Absicht war klar: Er wollte seine Seele so weit wie möglich von allen materiellen Versuchungen entfernen. Das war seine Wahl und dieselbe Wahl steht auch heute noch jedem offen. Es gibt jedoch auch andere Wege zum gleichen Ziel.

Entsagung wird nicht erreicht, indem man ein härenes Hemd oder einen Lendenschurz trägt. Nacktheit vor Gott symbolisiert einen tieferen Wert, nämlich die Nähe zu Gott, ein Leben ohne Trennung von der Quelle. Wahrer Verzicht bedeutet, dass man sich einer anderen Hingabe widmet als zuvor: Man lenkt seine Aufmerksamkeit von der Oberfläche des Lebens auf die zugrunde liegende Wirklichkeit. Wäre dies den Menschen klarer, so glaube ich, könnte ein Großteil der Heuchelei ein Ende nehmen. Ich meine die Heuchelei wohlhabender Leute, die niemals ihr Geld opfern würden, um sich den Armen anzuschließen, was immer Christus oder Buddha auch dazu gesagt haben mag. Und die Heuchelei jener, die etwas Geld spenden und glauben, sie könnten sich damit von ihren spirituellen Fehlern reinwaschen.

Reich oder arm, wir sind alle in demselben System der Habgier gefangen. Wir haben ein Verhältnis zum Geld, das unser Verhältnis zur materiellen Welt widerspiegelt. Der Weg des Friedens würde dieses Verhältnis auf vielerlei Weise ändern. So kann ich mir folgende Dinge vorstellen, die man je nach persönlicher Lage tun könnte:

- Geld spenden an eine Friedensorganisation,
- Geld für die Armen geben,
- sich weigern, in Unternehmen zu investieren, die Waffen herstellen oder direkt mit Militärverträgen zu tun haben,
- in Unternehmen investieren, die die geringstmöglichen destruktiven Neigungen aufweisen, wie etwa die Neigung, der Umwelt Schaden zuzufügen,
- seine Ersparnisse für Meditationsferienkurse oder andere spirituelle Arbeit verwenden.

All dies wären sinnvolle Möglichkeiten, sein Geld auszugeben. Doch solche guten Taten lösen noch nicht das Grundproblem, was unser Verhältnis zu Geld ist. Der Weg des Friedens wäre, mit Hilfe Ihres Geldes Ihren wirklichen Daseinszweck zu verfolgen. Nachdem Sie für Ihr grundlegendes Wohl und Ihre Grundbedürfnisse gesorgt haben, geben Sie Ihr Geld dafür aus, der Wertehierarchie zu dienen, der Sie sich verschrie-

FRIEDEN STATT ANGST

ben haben. Friedenswerte sind, wie wir gesehen haben, Liebe, Evolution, persönliches Wachstum, Entdeckung, Weisheit, Harmonie, Verbundensein und Frieden selbst. Wenn Sie Ihr Geld zur Förderung dieser Werte aufwenden, wird es Ihnen gelingen, sich aus dem Griff des falschen Gottes Mammon loszureißen.

---

### Technologie und Wohlergehen

---

In den 1950er Jahren wurde der Öffentlichkeit zum ersten Mal bewusst, dass Technologie zutiefst unmoralisch und zerstörerisch sein kann. Zu dem Wendepunkt kam es an einem regnerischen Julimorgen im Jahre 1945, tief in der Wüste von Neu Mexiko, wo eine Gruppe von Wissenschaftlern und Militärpersonal die erste Atombombe zündete. In dem Augenblick, in dem die Bombe in einem blendenden Blitz explodierte, murmelte der Leiter des Projekts Dr. J. Robert Oppenheimer ein inzwischen legendäres Zitat aus der Bhagavad-Gita: *Ich bin Schiwa, der Weltenzerstörer.*

Wenn man die Atmosphäre in dem Bunker, in dem sich das ganze Projektteam versammelt hatte, näher untersucht, erkennt man, dass sich etwas eher Irdisches zutrug. Ein Augenzeuge berichtete:

Die Spannung wuchs rasant, als der Zeitabstand immer kleiner wurde und aus Minuten Sekunden wurden. Alle in jenem Raum wussten, welche furchtbaren Konsequenzen das Ereignis, das sie bald erleben würden, haben konnte. Die Wissenschaftler waren sich zwar sicher, dass ihre Berechnungen stimmten und die Bombe hochgehen würde, aber trotzdem waren alle voller Zweifel. Viele hatten ein Gefühl, das sich vielleicht so ausdrücken ließ: »Ich glaube; hilf meinem Un-

MYTHOS SICHERHEIT

glauben.« Wir haben das Unbekannte gründlich untersucht und wir wussten nicht, was dabei herauskommen würde.

Jedes Ereignis ist in einer verwickelten Hierarchie verwoben. In diesem Fall waren die Schlüsselwörter: Aufregung, Furcht, Spannung, Stolz, religiöse Zweifel, Intellekt und Wille. Die schiere Aufregung, einen großen wissenschaftlichen Durchbruch erzielt zu haben, mischte sich mit der Gewissheit, dass ein neues Zeitalter angebrochen war, und niemand wusste, wie dieses Zeitalter aussehen würde.

Dieses Ereignis, wenn ein einzelnes Ereignis das überhaupt vermag, definierte das Ethos der Gegenwart. Das Ungewisse entfaltete sich nicht nur in eine Richtung. Alle Werte, die 1945 in jenem Bunker präsent waren, trugen später Früchte, jeder auf seine Weise. Die Aufregung der Wissenschaftler und Ingenieure, die das Hubble-Teleskop in den Weltraum schickten, war verknüpft mit dem Zerstörungspotenzial des »Star Wars« Systems. Laser können Leben zerstören und Leben retten, je nachdem, ob sie als Weltraumwaffen oder in der Mikrochirurgie eingesetzt werden.

In der Regel stehen spirituelle Menschen Technologien misstrauisch und eher ablehnend gegenüber. Das gilt zum Beispiel für den angehenden Zen-Buddhisten in Connecticut, der sich weigert, den Fernseher einzuschalten, und meint, Mikrowellenherde verursachen Krebs, oder für den frommen Moslem in Syrien, der die *Fatwa* (ein von einem islamischen Gelehrten verhängtes Urteil) gegen den Gebrauch von Elektrizität unterstützt, weil er glaubt, nur die prätechnische Welt des Korans wäre heilig. Gleichzeitig profitieren wir alle von der Technik, und so bleibt ihr spiritueller Wert oder das Fehlen eines solchen nach wie vor ein Problem.

109

FRIEDEN STATT ANGST

Selbst bei einer Waffe, die vielen als teuflisch gilt, stellt sich heraus, dass sie ins Alltagsleben verstrickt sind. Ich denke gerade an die von den USA produzierten und verkauften Waffen, in denen abgereichertes Uran verwendet wird. Dieses Material, eigentlich ein Abfallprodukt aus Kernkraftwerken, hat die doppelte spezifische Masse wie Blei (wie die meisten der radioaktiven Schwermetalle). Durch diese hohe Masse oder Dichte eignet es sich perfekt dafür, dicke Metallpanzerungen zu durchdringen. Eben aus diesem Grund ist diese Sorte Uran heute ein verbreiteter Werkstoff für panzerbrechende Sprengköpfe oder Artilleriemunition. Während und nach dem ersten Golfkrieg 1991 wurden über 300 Tonnen abgereichertes Uran auf den Irak abgeworfen und im gegenwärtigen Krieg ist es nach Schätzungen mindestens noch einmal die gleiche Menge. Diese Tatsache stachelt Gegner des Irakkriegs dazu an, auf Krankenhausstatistiken aus Basra hinzuweisen, einer Stadt im Herzen des uranverseuchten Kampfgebiets; diese Statistiken verzeichnen eine Zunahme von grausigen Geburtsfehlern. Ein Arzt, mit dem ich nach seiner Rückkehr aus der Region sprach, berichtete von Babys, die ohne Augen auf die Welt kamen, und tot geborenen Embryos ohne Kopf.

Über dieses Thema wurden zahlreiche Symposien veranstaltet, und es kristallisierten sich zwei extreme Standpunkte heraus: Die US-Armee beruft sich auf eigene Forschungen und Erkenntnisse unabhängiger UN-Teams und weist darauf hin, dass im Boden, in der Luft und im Grundwasser an Orten, wo abgereichertes Uran eingesetzt wurde, keine Reststrahlung festgestellt werden konnte (außer im Irak sind solche Waffen auch in Bosnien eingesetzt worden). Die Radioaktivität dort wäre oft sogar geringer als die natürliche Radioaktivität. Außerdem würde die gleiche Art Uran wegen seiner

Dichte auch zur Abschirmung von Röntgen- und MRT-Geräten in Krankenhäusern eingesetzt.

Auf der anderen Seite wiesen verschiedene Experten darauf hin, dass noch niemand die Auswirkungen des Flugstaubs untersucht habe, der nach der Explosion von Uranmunition in der Umgebung verbleibt. Die mit abgereichertem Uran verstärkten Artilleriegranaten und Sprengköpfe werden in der Explosion unglaublich heiß, was dazu führt, dass die Restradioaktivität schnell verfliegt, da das Uran sich zu superfeinem Staub auflöst.

Gerade dieser Staub muss jedoch von allen Lebewesen in der Umgebung, Freund oder Feind, eingeatmet werden. Kein Geringerer als der kommandierende Offizier, der die Entgiftung der Panzer leitete, die im ersten Golfkrieg solchen Uranwaffen ausgesetzt waren, führt nun seine heutigen ernsten Gesundheitsprobleme auf das abgereicherte Uran zurück und bezeichnet dessen Einsatz durch die USA als ein Kriegsverbrechen. Die eine Seite behauptet also, abgereichertes Uran sei vollkommen harmlos, während die andere dagegenhält, es verdamme Millionen von Menschen zu Krebs und Missgeburten. (Gegner halten die Verseuchung mit abgereichertem Uran bereits für die Ursache des mysteriösen Golfkriegssyndroms, von dem bis zu einem Drittel der US-Soldaten, die an dieser Operation beteiligt waren, stark betroffen zu sein scheinen.) Ähnliche Waffen stehen auch Großbritannien, Frankreich, Russland und anderen Militärmächten zur Verfügung.

Ich kann in dieser höchst emotionalen Debatte keine Lösung anbieten, sie macht jedoch die Kernproblematik den modernen Kriegstechnologien deutlich:

- Die Kreativität der Menschen ist grenzenlos, wenn es um die Erfindung neuer Waffen geht.

FRIEDEN STATT ANGST

- Über die Auswirkungen der modernsten Waffen ist wenig bekannt.
- Waffenentwickler sind nicht bereit, ihre Forschungen einzustellen.
- Die Debatte ist so komplex, dass der Normalbürger die Argumente kaum verstehen kann.

Und selbst wenn er sie verstehen könnte, würde der Bürger mit seiner Wählerstimme nichts ändern an einer Politik, die so fest in einer verschworenen Gruppe mächtiger Bürokraten und Konzerne eingebettet ist. Diese Gruppen bleiben im Grunde immer die Gleichen, ganz gleich, wer die Präsidentschaftswahl gewinnt.

Der Weg des Friedens fordert uns auf, einen schweren Schritt zu tun: Wir müssen uns von der Verzweiflung abwenden. Moralische Empörung ist mit Verzweiflung und Hoffnungslosigkeit verknüpft. Vielleicht kam der Augenblick der Verzweiflung für Sie, als Sie Bilder von der Befreiung in Auschwitz sahen, wo die Befreier zu Skeletten abgemagerte Gefangene und unüberschaubare Leichenberge vorfanden. Für jemand anderen kam der Augenblick vielleicht, als er das Foto von dem Schatten auf dem Gehsteig in Hiroshima sah, dem einzigen Überrest eines atomisierten Menschenwesens. Verzweiflung steht für den Glauben, dass der Einzelne nicht mehr zählt. Je komplexer und mörderischer unsere Technologien werden, desto leichter fällt es zu sagen: Was kann ich schon tun? Was kann irgendwer schon tun? Es entzieht sich alles der menschlichen Kontrolle. Als Friedensstifter werden Sie jedoch mächtiger sein als jede Technologie. Verzweiflung ist also fehl am Platz.

112

## Militärische Stärke und Sicherheit

In einer Zeit der Rekord-Verteidigungshaushalte und des Aufstiegs Amerikas als einziger Supermacht der Welt wird für militärische Stärke geworben wie nie zuvor. Die Subkultur, in der diese nie da gewesene militärische Expansion vorangetrieben wird, ist eng verbunden und teilt die gleichen Werte. Während des Republikaner-Parteitags 2004 überraschte CNN zwei lächelnde Kongressabgeordnete auf dem Weg zu einer Privatparty für Waffenhändler und Rüstungsfabrikanten auf einer Luxusyacht, die im Hudson River vor Anker lag. Die beiden Gesetzgeber sitzen in einflussreichen Posten im Rüstungskomitee, wodurch sie bei Entscheidungen, durch die dem einen oder anderen Unternehmen Milliarden von Dollars zukommen können, praktisch freie Hand haben. Wie der Aufruhr über die Halliburton-Verträge im Irak gezeigt hat, ist es Jahr für Jahr immer derselbe verschworene Club, der das Geschehen bestimmt. Außenseiter mögen diese Männer als einen Verein ansehen, der Tod und Zerstörung über die Menschheit bringt. Sie selbst sehen sich dagegen als privilegierte Manager des nationalen Interesses.

Der offizielle Standpunkt aller Regierungen weltweit ist, dass militärische Stärke absolut notwendig ist, um sich in einer gefährlichen Welt sicher fühlen zu können. Dieses Mantra wurde auf den Parteitagspodien sowohl der Demokraten als auch der Republikaner wieder herausposaunt. Man mag hier Opportunismus vermuten, doch lassen wir diesen Verdacht einmal beiseite, denn selbst der oberflächlichste Beobachter konnte merken, dass eine überwältigende Mehrheit der Teilnehmer der Demokratenversammlung gegen den Krieg im Irak war und ihr Kandidat John Kerry sich erstmals einen

FRIEDEN STATT ANGST

Namen gemacht hatte, als er in seiner militärischen Vergangenheit aus der Reihe tanzte, um gegen den Vietnamkrieg zu opponieren.

Viel wichtiger ist die Zerbrechlichkeit gerade dieser Illusion. Während des Republikaner-Parteitags in New York standen an jeder Straßenecke Gruppen von Polizisten, sodass, wie uns erklärt wurde, New York in dieser Woche die sicherste Stadt der Welt sei. Doch wie sicher war die Stadt vor:

- einem einzelnen Terroristen, der ein Stadtviertel mit Milzbrand- oder Pockenerregern aus der Spraydose verseuchen will,
- einem Sportflugzeug, das ein Trinkwasserreservoir überfliegt und mit Botulinusbakterien vergiftet,
- einer Gruppe von Bombenattentätern, die in ein Kernkraftwerk eindringen, zum Beispiel Indian Point am Hudson River nördlich der Stadt,
- oder einem halbwegs begabten Computerhacker, der die Stromversorgung der gesamten Stadt lahm legen könnte?

Trotz all ihrer Waffen steht eine Supermacht solchen Bedrohungen so hilflos gegenüber wie jeder andere Staat. In Wahrheit ist die Stadt die sicherste auf der Welt, in der man spazieren gehen kann, ohne einem einzigen Polizisten zu begegnen. Der Weg des Friedens ist unsere einzige Hoffnung auf Sicherheit. Durch das Ausspielen militärischer Stärke stachelt man nur potenzielle Terroristen an, verschafft dem Terrorismus neue Rekruten. Ich sage nicht, man könne Armeen über Nacht abschaffen, doch darum geht es hier nicht. Das Problem ist, dass Militarismus zu einer Weltsicht geworden ist und dass die gegenwärtigen Bedrohungen für alle Länder nie-

MYTHOS SICHERHEIT

mals durch massive Gewalt beendet werden können. Wie die anderen Götzen ist die Illusion militärischer Stärke in die verwickelte Hierarchie eingebettet. Der Weg des Friedens ist der beste Weg, sein Leben zu führen, denn auf ihm überwinden wir die Verwirrung und Furcht vor der durch das Militär repräsentierten Hierarchie mit ihren Schlüsselwörtern:

Furcht
Wachsamkeit
Unsicherheit
Kriegslust
Hart
Brutal
Unerbittlich
Aggressiv
Maskulin

Das letzte Wort erinnert uns daran, dass die verwickelte Hierarchie des Militarismus unter dem Vorwand, dass Frauen schutzbedürftig seien, ausgesprochen männliche Züge aufweist und alle erstrebenswerten weiblichen Werte ausschließt.

Auf dem Höhepunkt des kalten Krieges erkannten beide Seiten, dass der weitere Aufbau ihrer Raketenstreitmächte sinnlos wäre. Als die UdSSR und die Vereinigten Staaten sich so weit mit Atombomben bewaffnet hatten, dass sie die Weltbevölkerung zehnfach hätten vernichten können, wurde die Unwirklichkeit ihres militärischen Drohgehabes offenbar. Keines der beiden Länder konnte Atomwaffen einsetzen und noch hoffen, den Gegenangriff zu überleben, was bedeutete, dass ihre Macht, Frieden zu bringen, auf Einbildung beruhte.

FRIEDEN STATT ANGST

Heute ist militärische Sicherheit in noch größerem Maße eine Einbildung, und doch existiert der alte Glaube daran weiter. Unser unilateraler Angriff auf den Irak im Jahre 2003 war die erste ernsthafte Demonstration amerikanischer Macht seit dem Sturz des Sowjetkommunismus fünfzehn Jahre zuvor. Die Versuchung, grenzenlose Vorherrschaft anzustreben, hatte sich für unsere Militärstrategen als zu groß erwiesen. Die Chance, die Welt zu beherrschen, schien endlich gekommen zu sein.

Niemand sprach von einem tatsächlichen Kolonialreich, einem Dominanzmodell, das vor langer Zeit verdammt wurde. Nein, die neue Hegemonie sollte auf militärischer Bedrohung an sich beruhen, der unausgesprochenen Gewissheit, dass keine Macht auf der Welt auch nur im Entferntesten hoffen konnte, die USA auf dem Schlachtfeld zu besiegen. Die neue Form der Dominanz gründete zudem auf der Verbreitung des Marktkapitalismus bis in jeden Winkel der Welt. Die letzte Zutat war schließlich Demokratie, das nach Auffassung der USA beste, wenn nicht einzige politische System, das für alle Länder geeignet sei, wenn nicht sofort, dann in naher Zukunft.

Nach diesem Plan würde die ganze Welt amerikanisiert werden und in vieler Hinsicht wäre unsere Weltherrschaft weit umfassender als die Weltreiche der Römer oder Briten auf der Höhe ihrer Macht. Futuristen sahen im Vormarsch von Coca-Cola und MTV das Ende von Aberglauben, Ungleichheit, Rückständigkeit und Unterdrückung überall auf der Welt – gar das Ende der Geschichte.

Doch dann geschah etwas Seltsames und Furchtbares. Es stellte sich heraus, dass große Teile der Welt den Gedanken, sich amerikanisieren zu lassen, ganz und gar verabscheuten.

116

Die Schätzungen hinsichtlich Kopfzahlen innerhalb der Al-Qaida-Bewegung schwanken enorm, es kann sich aber höchstens um 200 000 aktive Mitglieder handeln. Wir hören von so genannten Schläferzellen, die Länder in aller Welt infiltrieren und nur auf den richtigen Augenblick warten, um maximalen Terror zu verbreiten. Doch diese Zellen sind nicht die wahre Bedrohung. Die wirkliche Bedrohung ist Osama bin Ladens ungeheure weltweite Popularität. Ein T-Shirt mit seinem Porträt ist angeblich das beliebteste Souvenir in der islamischen Welt. Er ist zu einem Symbol für ein Denken geworden, das weit über Al-Qaida hinausreicht.

Der skrupellose Angriff auf russische Schulkinder in Beslan im September 2004 erschütterte die ganze moslemische Welt. In Leitartikeln führender arabischer Zeitungen wurde schließlich eingestanden, dass eine Religion des Friedens innerhalb von wenigen Jahren ihren fanatischen Elementen in die Hände gefallen sei und nun als eine Religion der Gewalt angesehen würde. Dabei könnte man sagen, dass der Koran in seiner Verdammung von Gewalt und Krieg das Neue Testament weit übertrifft. Ein frommer Moslem ist angehalten, alles Leben vor Schaden zu bewahren. Selbst einen Baum darf er nur fällen, wenn das Holz unbedingt benötigt wird.

Die Kritik nach Beslan war praktisch das erste Mal, dass friedliche mittelständische Araber aus der Reihe tanzten, so stark sind die Bande des Tribalismus. Insgesamt betrachtet die arabische Welt bin Laden jedoch immer noch als einen Helden, vor allem weil das amerikanische Imperium in allen seinen Aspekten vielen Arabern derart zuwider ist. Sie wollen nicht unter der Androhung amerikanischer Waffengewalt leben. Sie wollen nicht zusehen, wie ihre traditionelle Kultur zerstört und ihr Glaubenssystem durch ein anderes verdrängt wird. Sie wollen nicht, dass amerikanische Konzerne sie aus dem Markt drängen, und oft wollen sie auch nicht die demokratischen Verwaltungsstrukturen, die freie Märkte mit sich zu bringen scheinen. Das moslemische Ideal ist ein Leben, in dem Gott überall ist, auch in der Regierung. Diese Vorstellung ist in sich konsistent, auch wenn dem modernen Westen eine Rückkehr zum Gottesstaat widerlich oder gar barbarisch erscheint.

Moslems werden immer wieder wegen ihres vermeintlichen Widerstands gegen die moderne Welt verurteilt. Wenn sie gegen die Amerikanisierung ankämpfen, scheinen sie eine Welt anzustreben, die noch viel schlimmer ist: die Welt des Mittelalters. Die Blütezeit der arabischen Kultur fiel tatsächlich mit dem europäischen Mittelalter zusammen und die Nostalgie nach dieser vergangenen Epoche, noch verstärkt durch die Demütigungen in jüngerer Vergangenheit, als muslimische Territorien nach Gutdünken der Westmächte zerstückelt wurden, hat Modernismus für viele Moslems zum Anathema gemacht. Die verwickelte Hierarchie bleibt dennoch rätselhaft, denn zugleich wollen die meisten Moslems alle Vorzüge der modernen Welt in Anspruch nehmen, wenn es um Wohlstand, Demokratie und die Freiheit geht, die Welt zu bereisen.

Auf der Höhe der antiamerikanischen Gesinnung zu Beginn des Irakkriegs sah ich ein Interview mit einem arabischen Fernsehproduzenten. Er wurde gefragt, zu welcher Universität er seine Kinder schicken würde, und ohne einen Augenblick zu zögern antwortete er: »Zum MIT oder so, jedenfalls in Amerika.« Der verblüffte Interviewer fragte dann, warum. »Weil ich den arabischen Albtraum durch den amerikanischen Traum ersetzt sehen möchte«, antwortete der Produzent, der übrigens für den arabischen Satellitensender al-Dschasira arbeitete, die populärste Nachrichtenquelle in der islamischen Welt. Al-Dschasira begann als eine Stimme der Freiheit, da seine Sendungen im Gegensatz zum offiziellen Fernsehen in den arabischen Diktaturen nicht nur als Sprachrohr für Regierungspropaganda dienen. Al-Dschasira sieht sich im Grunde als einen Vorreiter der Globalisierung, obwohl die Manager dort bereitwillig zugeben, dass sie ihre Storys mit Blick auf arabische Interessen produzieren, genau wie amerikanische Sender ihre Berichte auf amerikanische Interessen zuschneiden. Die Verteufelung al-Dschasiras, wie sie von der amerikanischen Regierung seit Beginn des Irakkriegs durchgehend betrieben wird, zeigt lediglich, wie verwirrt die Menschen in der erwickelten Hierarchie werden. Aber einiges ist sogar klar geworden:

- Das Voranschreiten der Globalisierung ist nicht aufzuhalten.
- Andere Kulturen werden einen Wandel nur in einem selbstbestimmten Tempo akzeptieren.
- Traditionelle Kulturen werden sich am langsamsten ändern.
- Jede Nation hat das Recht auf Selbstbestimmung, selbst wenn Amerika die Richtung nicht gefällt, in die sie sich entwickelt.
- Amerikanismus ist kein Ersatz für menschliche Werte.
- Die Gaben der Amerikanisierung sind nicht einfach zwangsläufig gut, weil sie Amerika nützen.

Die Kolonialmächte des 19. Jahrhunderts waren sich sicher, dass ihre westlich-christlichen Werte die Welt überrollen würden. Doch hier muss man fragen: Wie kann militärische Stärke irgendjemanden zwingen, gegen seinen Willen zum

FRIEDEN STATT ANGST

Westen zu gehören? Wie kann ein Krieg irgendjemanden zwingen, zu akzeptieren, was nach Auffassung eines anderen zu seinem oder ihrem Wohl ist? Der eigentliche Punkt ist, dass Amerikas Atombomben nichts gegen Terroristen ausrichten können, denn das ist offensichtlich. Der eigentliche Punkt ist, dass Terrorismus den Wandel nicht aufhalten kann. Ungeachtet der Tragödie, für die die Geiselnehmer in Beslan letztlich verantwortlich waren, sind diese Terroristen in einem Wahn befangen. Eines der Kinder fragte einen, warum sie die Schule überfallen hätten, und die Antwort war: »Unsere Taten hier werden unterdrückte Moslems überall zum Aufstand ermutigen.« Dabei ist das Gegenteil der Fall: Überall erheben sich die Regierungen gegen Moslems.

Niemand kann wirklich vorhersagen, ob der amerikanische Militarismus den Krieg gegen den Terrorismus gewinnen wird. Der Weg des Friedens lehrt uns aber, dass beide Seiten in einem hoffnungslosen Unterfangen verstrickt sind. Der Krieg gegen den Terror ist nichts weiter als eine andere Variante von Gewalt gegen Gewalt. Beide Seiten berufen sich auf Gott. Beide Seiten berufen sich auf moralische Werte und machen die andere Seite für Verbrechen an der Menschheit verantwortlich. Am Ende sind jedoch beide blind für die Realität. Indem Sie mit Ihrem Bewusstsein dieser Illusionen entgegenwirken, führen Sie einen Wandel auf der Ebene herbei, wo er echten Einfluss ausübt, auf der Ebene, wo Ihre Seele die Wahrheit kennt und alles unternehmen wird, um der Blindheit und Unwirklichkeit ein Ende zu setzen.

# TEUFLISCHE KREATIVITÄT

Kriege sind unerträglich brutal geworden. Es ist zutiefst bestürzend, dass wir Menschen uns nicht gegen unser Absinken in die Brutalität aufgelehnt haben, sondern uns dafür entschieden haben, uns darauf einzustellen. Was heutiges Leiden so unheimlich macht, ist die Tatsache, dass die meisten Menschen es tatenlos hinnehmen, in einer Atmosphäre der Furcht zu leben.

Während wir morgens unseren Orangensaft trinken, starren wir verdutzt auf den Fernseher, der uns gerade zeigt, wie Terroristen in Madrid mehrere Pendlerzüge in die Luft jagen. Beim Abendessen hören wir Berichte von unserem mit »chirurgischer Präzision« geführten »Shock-and-Awe«-Feldzug in Bagdad, auf den die dortige Bevölkerung mit einem Blick lähmenden Entsetzens in ihren Gesichtern reagierte (solche Bildern waren überall auf der Welt zu sehen, wenn auch kaum im amerikanischen Fernsehen). Die Iraker standen erschrocken einem Befreier gegenüber, der brennenden Atommüll durch ihre Mauern schoss, tonnenweise Schrapnelle auf sie niederregnen ließ, um Fleisch und Organe in Stücke zu reißen, und ihre Häuser in Trümmerhaufen verwandelte, in denen nichts überleben konnte, da die Trümmer sofort in den Bombenkrater stürzten. Indem man solche Fehltreffer als Kollateralschäden abtut, verschließt man sich vor dem Grauen, das sie hervorrufen. Warum sitzen wir einfach da und schauen zu?

FRIEDEN STATT ANGST

Der spirituelle Zustand, der uns befallen hat, ist wohlbekannt. Man nennt ihn Entfremdung, die Trennung von dem, was uns zu Menschen macht. Der Weg des Friedens setzt dieser Entfremdung ein Ende, indem er die Reaktionen wiedererweckt, die unserer Taubheit gewichen sind. Wenn sie ihr Leben genauer betrachten, wissen die meisten Menschen, dass etwas ernsthaft im Argen liegt. Warum unsere Fixierung auf hohlköpfige Popidole, woher unser Hunger nach der letzten trivialen Einzelheit über deren Leben? Wo sind die großen Demonstrationen gegen die neuesten Schreckenswaffen? Warum hören wir noch hin, wenn das Radio von frömmelnden Fanatikern jeder Färbung beherrscht wird? Vor 20 Jahren konnte man die Rundfunksender in Amerika, die so genannte Shock-Jock- oder rechtsradikale Talkshows ausstrahlten, an zwei Händen abzählen. Heute sind es über tausend. Man kommt nicht umhin, an die Wahrheit zu denken, die W. B. Yeats während des Aufstiegs des Faschismus zum Ausdruck brachte: »An Überzeugung fehlt es den Besten, während der Schlimmste voll Leidenschaft ist.«

Leidenschaft ist auch heute auf dem Vormarsch. Mit Bestürzung las ich, dass einige Familien von Opfern der Anschläge vom 11. September eine Sammelklage gegen das Weiße Haus eingereicht hatten. Die Klage richtete sich gegen Präsident Bush und seine Spitzenberater. Es ging dabei nicht etwa darum, dass sie nicht alles getan hätten, um die Anschläge zu verhindern, sondern ihnen wurde vorgeworfen, dass sie sie befohlen hätten. Zuerst wollte ich meinen Augen nicht trauen, als ich das las. Die Leute behaupteten in ihrer Klageschrift, der Präsident hätte den Terroranschlag aus politischen Gründen angezettelt. Die Möglichkeiten, wie man durch Furcht die Öffentlichkeit manipulieren kann, wäre von

122

## TEUFLISCHE KREATIVITÄT

bestimmten Präsidentenberatern seit 35 Jahren diskutiert worden, und als die Zeit schließlich reif war, so die Anklage, hätte der Präsident den Befehl erteilt und die Selbstmordpiloten wären in Aktion getreten.

Ist es wirklich so weit mit uns gekommen? Im Jahr nach dem Einsturz der beiden Wolkenkratzer zeigte die Paranoia ihre hässliche Fratze mit dem bösartigen Gerücht, Israel hätte die Anschläge organisiert. Im Internet wurde die Behauptung verbreitet, die jüdischen Angestellten im World Trade Center wären gewarnt worden, an dem Tag nicht zur Arbeit zu gehen. Die Paranoia hat eine derartige Macht, dass die offenkundige Widerlegung – dass viele Juden, darunter auch Israelis, an jenem Tag in New York umgekommen sind – wenig Wirkung zeigte bei denen, die diese Geschichte glauben wollten. In Europa mit seiner bösartigeren antisemitischen Tradition wurde ein Buch, in dem diese grausame Theorie präsentiert wurde, in Frankreich ein Bestseller. Vielleicht war es also vorhersehbar, dass die ultimative paranoide Fantasie, nämlich dass die US-Regierung für den Angriff auf die Bevölkerung aktiv verantwortlich sei, schließlich zum Vorschein kam. Wenn Sie diese Worte lesen, wird dieser Fall wahrscheinlich seinen Platz unter den Internetgerüchten eingenommen haben, neben den Geschichten, in denen die Regierung Anthrax-Bakterien verbreitet, wie sie im New Yorker U-Bahnnetz Terrortests durchführt und wie sie im Geheimen Osama bin Laden bezahlt.

Wir sind jedoch nicht von einem Tag auf den anderen in diesen Zustand der Entfremdung und des Misstrauens abgesunken. Als der Dichter William Blake sah, wie die grüne englische Landschaft durch den Rauch der Fabrikschlote geschwärzt wurde – etwas ganz Neues vor 200 Jahren –,

FRIEDEN STATT ANGST

sprach er düster von Satanswerk und brachte damit die Industrialisierung mit der Hölle in Verbindung. Er *spürte* die Verzweiflung, die kommen würde. Er weigerte sich, sich blind zu stellen und die Entwicklung einfach als unvermeidlich zu akzeptieren. Blake war ein Mystiker, der in seinen Visionen ein Paradies sah, das von dem gefallenen Menschengeschlecht herrühren könnte, auch wenn er klug genug war, das gigantische Hindernis zu erkennen, das vor ihm lag – nichts Geringeres als ein Wandel der allgemeinen Weltsicht.

*And did the Countenance Divine*
*Shine Forth upon our clouded hills?*
*And was Jerusalem builded here*
*Among these dark Satanic mills?*
[Und schien das Antlitz Gottes
auf unsere wolkenverhangene Hügel?
Und wurde Jerusalem hier errichtet,
zwischen diesen finstren satanischen Mühlen?]

Blakes visionäres Jerusalem wurde nicht gebaut, es konnte nicht gebaut werden, weil die Industriegesellschaft sich endgültig entschieden hatte: Sollte es je ein Paradies geben, dann musste es ein wissenschaftliches sein. Utopia würde auf Erfindungen gegründet sein. Wenn diese antispirituelle Vision Wirklichkeit werden sollte, musste die verwickelte Hierarchie sie entsprechend reflektieren. Bestimmte Werte traten an die Oberfläche und dominierten die Entwicklung auf dem Vormarsch der Naturwissenschaften.

Effizienz
Bequemlichkeit

TEUFLISCHE KREATIVITÄT

Fortschritt
Rationalität
Betriebsamkeit
Vollbeschäftigung
Kapitalismus
Freie Märkte

Sie und ich leben nun nach diesen Werten, und doch hat sich
Utopia nie eingestellt. Was die ersten Fabriken in Blakes Augen »satanisch« machte, ist heute noch wahr: Wenn man die
alten Angewohnheiten von Gewalt und Unterdrückung nicht
ablegen kann, sondern sie mit immer mächtigeren Technologien unterstützt und verstärkt, ist das Ergebnis diabolisch. Die
Anpassung an Industriearbeit beraubte uns unserer Menschlichkeit Schicht für Schicht. Das ist schmerzhaft und Menschen widersetzten sich diesem Prozess. Das tun sie noch
heute, wie sich in den massiven Protesten und Demonstrationen anlässlich der dritten Ministerkonferenz der Welthandelsorganisation 1999 in Seattle zeigte. Als kleine, aber erhitzte
Gruppen von Demonstranten Mülltonnen in Schaufenster
warfen und auch auf andere Weise für Aufregung über
medienwirksame Zerstörung sorgten, sahen die meisten
Menschen darin einen irrationalen Wutanfall gegen die gut-
artige Entwicklung des freien Handels. Der offizielle Daseinszweck der Welthandelsorganisation besteht darin, dass reiche
Länder den armen Ländern bei ihrem Wirtschaftwachstum
unter die Arme greifen. In den Augen der Demonstranten
geht es jedoch um viel mehr. Nach den Worten eines Aktivisten gehörten die Demonstrationen zum »wachsenden, weltweiten Widerstand gegen Profitmaximierung auf Kosten des
Planeten«.

125

Es ist nicht meine Absicht, materiellen Fortschritt zu verteufeln. Die Wissenschaft hat uns so manche der Bequemlichkeiten beschert, die sie versprochen hatte, doch der Fortschritt ist auf eine sehr gefährliche Weise schädlich. Dass der Mensch nicht mehr die Kontrolle innehat, sondern von den Gegenständen beherrscht wird, die er herstellt, bemerkte Ralph Waldo Emerson einmal treffend: »Things are in the saddle and ride mankind.« Mit ist vollkommen klar, dass die meisten Leute die schleichende Entmenschlichung nicht wahrnehmen, die der Materialismus mit sich brachte. *Ich bin es nicht, der diese schlimmen Dinge tut*, ist der Tenor unseres Denkens. Es ist aber ein Zeichen der Entfremdung, wenn man sein spirituelles Potenzial nicht erfüllt. Sie und ich laufen in einem Zustand umher, der nicht vollkommen menschlich ist. Voll und ganz Mensch zu sein bedeutet, im unendlichen kreativen Potenzial des Lebens verwurzelt zu sein. Wenn Sie entwurzelt sind, vergessen Sie, wer Sie sind, und werden von äußeren Kräften umhergezerrt. Sie ziehen sich in verschiedene Nebensächlichkeiten zurück, die nur schwachen Ersatz bieten für die immense Macht und Autorität, die Sie verloren haben.

Ich war einmal Zeuge, wie ein besorgter Schüler während einer Ansprache eines berühmten spirituellen Lehrers aufstand und sagte: »Ich möchte zwar ein spirituelles Leben führen, doch ich muss auch ehrlich sein: Ich will nicht arm sein. Ich will nicht in Not und Elend leben.« Die anderen Zuhörer rutschten nervös auf ihren Stühlen herum. Alle schienen an den kalten Steinboden im Kloster und den alltäglichen Kräutertee und die Schale Reis um vier Uhr morgens zu denken, doch der Lehrer zuckte nur mit den Schultern. »Warum solltest du irgendetwas aufgeben? Bis du eins bist, sind deine Bequemlichkeiten alles, was du hast.«

Ich glaube nicht, dass diese Entgegnung zynisch gemeint war. Das mögliche Leiden, vor dem Menschen schon immer Angst hatten, ist heute tausendmal schlimmer. Zu wissen, dass man sterben könnte, indem man aus einem Wolkenkratzer springt, um sich vor brennendem Düsentreibstoff zu retten, ist eine derart beängstigende Aussicht, dass man sich kaum jemand vorstellen kann, der *nicht* mit Betäubung reagieren würde, oder mit dem Wunsch, eine Ablenkung zu finden, oder mit Zornesausbrüchen, die sich schließlich in passiver Akzeptanz verlieren.

Können Sie sich mit den Stadien identifizieren, die man durchläuft, um seine Menschlichkeit aufzugeben? Wir alle werden von demselben Prozess verschlungen. Zuerst versetzt uns ein neuer Krieg, eine neue Waffe oder eine neue Gewalttat in Schock. Wir fühlen uns angewidert, können es nicht fassen. *Wie konnte das geschehen,* fragen wir uns. Dann gewöhnen wir uns an den Schock und versuchen die Furcht und die Scham zu verdrängen, die die Beteiligung unseres Landes in uns hervorruft. Die Regierung informiert uns, sie hätte keine andere Wahl gehabt. Moralische Argumente werden zur Rechtfertigung von Gewalt herangezogen. Wir sagen uns: *Wenn ich in Sicherheit leben will, muss ich einfach mitmachen.* Wir bauen eine Mauer der Betäubung um dieses neue Niveau der Furcht, die wir empfinden. Die Themen Krieg und Tod werden nicht mehr angesprochen, weil dies als hoffnungslos und taktlos empfunden würde. Wir sagen uns: *Ich bin jetzt darüber hinweg. Alle anderen sollen gefälligst auch darüber hinwegkommen.*

Wenn die Betäubung abgeschlossen ist, akzeptieren wir die nächste Gräueltat als notwendig. Technologie ist unaufhaltsam. Zu schade, dass die bösen Terroristen gute Menschen wie uns dazu zwingen, so extreme Maßnahmen zu ergreifen. *Es ist alles wieder im Lot*, sagen wir uns.

In meinem Leben habe ich beobachtet, wie Millionen von Menschen diese Schritte vollzogen haben, um sich an den Anblick von explodierenden Wasserstoffbomben zu gewöhnen, deren Furcht einflößende Wirkung so überwältigend war, dass unsere gegenwärtigen Waffen, die raffinierter sein mögen, aber genauso bösartig, kaum noch eine Reaktion hervorrufen. Verkleinerte Kernwaffen im Reisekoffer? Pockenerreger in Raketensprengköpfen? Giftgas im U-Bahnsystem? All dies wird verwendet oder in Betracht gezogen, und trotzdem lösen sie lediglich ein Mindestmaß an Entsetzen aus.

Es gibt jedoch Augenblicke, in denen der Einzelne zu seiner Überraschung entdeckt, dass die Wirklichkeit nicht derart vollkommen verdrängt werden kann, um unser innerstes spirituelles Wesen zu verbergen. Gestern erhielt ich eine Nachricht von einer Frau, die den Schild des gewöhnlichen Lebens durchbrochen hatte, während sie, so seltsam es klingt, ein Kind gebar. Sie war jung und gesund und bis zum Tag der Entbindung verlief die Schwangerschaft normal. Doch als sich im Krankenhaus die ersten Wehen einstellten, bemerkte sie einige beunruhigende Symptome – Brustschmerzen, starke Kopfschmerzen und Doppeltsehen. Ihr Geburtshelfer tat sie als unwichtig ab und gab ihr ein Alka-Seltzer. Während der Entbindung erlitt die Frau einen Anfall und fiel kurz darauf ins Koma. Ohne dass jemand etwas gewusst hatte, war es bei ihr zu zwei Gehirnblutungen gekommen, die zu multiplem Organausfall führten, einem Zustand, von dem sich nur wenige Patienten wieder erholen.

Ihr Arzt, der das Schlimmste befürchtete, brachte per Kaiserschnitt ein gesundes Baby zur Welt. Die Mutter, immer

## TEUFLISCHE KREATIVITÄT

noch im Koma, wurde schnellstens auf die Intensivstation gebracht, und ihrer Familie wurde mitgeteilt, dass, realistisch betrachtet, keine Hoffnung bestünde. Auch wenn ihre Leber, die Nieren und andere wichtige Organe sich wieder erholten, so würden sie doch nie wieder normal funktionieren. Als Möglichkeiten blieben nur der Tod oder ein Leben als chronischer Pflegefall unter Vormundschaft. Der Familie wurde geraten, auf Ersteres zu hoffen.

Doch obwohl die Frau im Koma lag, hatte sie nicht das Bewusstsein verloren. Ich gebe hier ihre Erfahrungen in ihren eigenen Worten wieder: »Als Buddha über den Tod befragt wurde, drehte er seine Schale um, was bedeutete: Dunkelheit innerhalb von Dunkelheit. In dieser Dunkelheit habe ich mich aufgehalten. Ich wurde pures Bewusstsein, frei von allen menschlichen Bindungen an Familie und Freunde, frei von allen Gefühlen einschließlich Liebe und Mitleid, frei von allen Dingen, nur noch reines Bewusstsein. So befand ich mich in vollkommenem Frieden.«

Als spirituelle Erfahrung ist diese von grundlegender Bedeutung. Die üblichen Geschichten darüber, was nach dem Tod geschieht, einschließlich der Geschichten von Himmel und Hölle, Reisen ins Licht und wieder zurück, sagen weniger aus über die Realität des Geistes als die Worte dieser Frau. Die Dunkelheit, in die sie eintrat, ist der Grundzustand des Daseins. Die sichtbare Wirklichkeit gründet darauf wie ein Gebäude auf seinem Fundament. Schicht für Schicht erscheinen dann die verschiedenen Realitäten. Wenn Sie religiös sind, sind diese Realitäten an Orten wie der Engelswelt oder den Hunderten von *Lokas* des tibetanischen Buddhismus angesiedelt. Sind Sie Wissenschaftler, so finden sich diese Realitäten in der Quantenwelt und den vielen verborgenen

Dimensionen dunkler Materie und Energie hinter den schwarzen Löchern.

Die spirituelle Reise führt uns zum Grundzustand zurück, in dem reines Bewusstsein zusammen mit unerschütterlichem Frieden zu finden ist. Im Fall dieser Frau lässt sich nicht leugnen, dass sie tatsächlich eine Reise erlebt hat. Sie genas nicht nur von dem Koma, sondern zeigt auch nach fünf Jahren keinerlei Symptome ihres multiplen Organausfalls. Sie erwachte mit einem vollkommen anderen Bewusstsein, wer sie ist und was ihr Lebenszweck ist:

»Ich bin überzeugt, Gott hatte seine Gründe, mich auf die Erde zurückkehren zu lassen und mir meine Gesundheit zurückzugeben«, sagte sie. »Ich habe immer noch meine Bestimmung zu erfüllen, ich muss meinen Sohn großziehen und über Spiritualität schreiben und Vorträge darüber halten.« Ihr persönliches Engagement ist umso stärker, da diese Frau der muslimischen Gemeinde in San Francisco angehört.

In unserem Alltagsleben sind wir uns dieses Grundzustands des Daseins nicht bewusst, doch der Zustand ist sich uns bewusst. So, wie ein Gebäude ohne Fundament zusammenstürzen würde, ist die Welt der fünf Sinne auf die unsichtbare Unterstützung einer unendlichen Intelligenz angewiesen. Sie ist auf Bewusstsein angewiesen. Sie ist auf Naturgesetze angewiesen, die jedes Atom durchdringen. Sie und ich verkörpern diese Dinge, und auch wenn wir das reine Bewusstsein nicht in dem Maße erfahren mögen, wie ich es gerade beschrieben habe – wenn wir nur ein Stückchen davon wiedererlangen, können wir dem Leiden entrinnen. Die Schritte dazu sind ganz einfach. Eigentlich ist es nur ein einziger Schritt: jeden Tag etwas tiefer in das Potenzial für Wandel eindringen, das Ihrem Leben zugrunde liegt.

Lassen Sie mich Ihr Leben auf eine Weise beschreiben, wie Sie es vielleicht nicht sehen, nämlich als winzige Bewusstseinswellen, die sich von einem Zentrum nach außen ausbreiten.

**Das Zentrum:** Reines Bewusstsein, reines Sein, reiner Friede.

**Die erste Welle:** Das Bewusstsein regt sich. Zeit und Raum existieren noch nicht. Die einzige zutage tretende Eigenschaft ist eine feine Schwingung.

**Die zweite Welle:** Die feine Schwingung wird sich ihrer selbst bewusst. Im selben Augenblick erkennt sie, dass sie alles erschaffen kann. Das Leben ist erschienen und beginnt sich schnell zu bewegen.

**Die dritte Welle:** Die Schöpfung dämmert mit unsichtbaren Eigenschaften, die zu materiellen Dingen und subjektiven Erfahrungen werden. Zu diesen Eigenschaften zählen Intelligenz, Glückseligkeit, Organisation, Entfaltung durch die Zeit, Ausdehnung in den Raum. Bisher war alles eins gewesen. Nun ist diese Einheit entzweigebrochen.

**Die vierte Welle:** Die Schöpfung zerfällt in unzählige Bruchstücke, von denen jedes Einzelne jede Sekunde in weitere unzählige Bruchstücke zerfällt. Doch das Bewusstsein kümmert nicht, dass es die Kontrolle verliert, da das Gleichgewicht immer noch die Einheit bevorzugt. Der Schöpfer ist fest in die Schöpfung integriert.

**Die fünfte Welle:** Die äußere Welt folgt ihren eigenen Gesetzen. Das Bewusstsein hat offenbar die Kontrolle nicht inne, sondern wirkt nur noch als Zuschauer. Es kann sich entspannen und an dem Spiel der *Lila*, dem Tanz der Schöpfung, erfreuen. In dieser Phase erscheint der Verstand, also die Fähigkeit, über Geschehnisse zu reflektieren.

**Die sechste Welle:** Der Verstand beginnt, sich getrennt zu fühlen. Aus einem einzelnen Bobachter werden zahllose Beobachter, jeder mit seiner eigenen Lebensreise, jeder mit seinem eigenen Standpunkt. In dieser Phase wird das Ego geboren.

**Die siebte Welle:** Die Schöpfung ist nun unendlich faszinierend. Äußere Ereignisse herrschen vor. Der Schöpfer verliert sich in seiner Schöpfung. Der Einzelne scheint nichts unternehmen zu können, um diesen Mechanismus aufzuhalten.

Hier, auf der äußersten Welle, ist Leiden harte Wirklichkeit. Das muss so sein, weil Trennung harte Wirklichkeit ist; Trennung und Leiden gehen Hand in Hand. Zum Glück ist Realität dynamisch. Es gab niemals nur eine einzige Schöpfung. Vom Grundzustand gehen in jedem Augenblick immer neue Wellen der Schöpferkraft aus. In Abhängigkeit von Ihrem Bewusstsein können Sie jede dieser Wellen zu fassen bekommen, und wenn dies geschieht, ändert sich alles, was fest und unveränderlich zu sein scheint, und der Wandel vollzieht sich nicht stückweise; es ist eine Einheit, die alles beeinflusst.

Die nächste Welle der Evolution wird eine neue Welt bringen, die ganz anders sein wird als das, was wir heute kennen. Zunächst einmal werden die Hinweise dafür, dass Bewusstsein überall ist, zur Gewissheit werden. Während ich diese Worte niederschreibe, im Herbst 2004, richtet der dritte von drei heftigen Hurrikans verheerende Schäden an. Der erste, Hurrikan Charley, war mehr als eine typische saisonale Plage. Charley riss eine Schneise der Zerstörung mitten durch Florida und erforderte einen größeren Katastropheneinsatz. Kurz darauf folgte Hurrikan Frances. Frances war so groß wie Texas und tobte dreißig Stunden lang über Florida. Es war reiner Zufall, dass er kein Sturm der Kategorie 5 mehr war, als

TEUFLISCHE KREATIVITÄT

er die US-Küste erreichte. Wenige Tage später zog der Hurrikan Ivan, ebenfalls ungewöhnlich groß, von der Karibik herauf und erreichte die Golfküste mit Windgeschwindigkeiten von 210 Kilometern pro Stunde und mehreren schrecklichen Tornados im Gefolge. Ganz gewöhnliche Menschen begannen, merkwürdige Fragen zu stellen:

- Handelt es sich bei dieser Kette von Stürmen um einen Zufall oder steckt etwas anderes dahinter?
- Wendet sich die Natur gegen uns?
- Bricht dieses Unheil über Florida herein, weil dort während der Präsidentschaftswahlen im Jahr 2000 infame politische Machenschaften getrieben wurden?
- Sagt Gott damit: Macht das nie wieder!?

Im Grunde läuft es auf eines hinaus: Verursachen wir Veränderungen auf der Erde? Die spirituelle Antwort lautet: Natürlich sind wir die Urheber, denn Mutter Natur ist erschrocken über unseren Mangel an Liebe und Respekt für sie. Die wissenschaftliche Antwort lautet: Natürlich sind wir die Urheber, jedoch nur indirekt durch jahrzehntelange rücksichtslose Umweltverschmutzung. Alles hängt davon ab, welche Bewusstseinsebene Ihr Erleben beherrscht. Alle Antworten sind miteinander verwoben, doch ich bin davon überzeugt, dass die Wissenschaft dieses Netz eines Tages entwirren und die Erdveränderungen mit menschlichem Erleben in Verbindung bringen wird. Naturkatastrophen sind keine Botschaft Gottes, sondern eine Botschaft von uns selbst.

Die großen spirituellen Traditionen haben eindeutig aufgezeichnet, wie ein Mensch den Rang eines Schöpfers wiedererlangen kann. Sobald diese Macht zurückkehrt, wird sich alles auf Weisen ändern, die man sich im Zustand der Entfremdung und Trennung nicht vorstellen kann.

## Ein Weg zur Schöpfung
*Wie alles besser wird, während sich das Bewusstsein
entwickelt*

- Sie können wieder fühlen, die Taubheit löst sich auf.
- Sie gewinnen ein Gefühl des Freundlich- und Gütigseins zurück. Sie gehören hierher und werden geliebt.
- Ihre Sehnsüchte sind nicht mehr selbstzerstörerisch, sondern selbstbefähigend.
- Ihr Denken hat einen günstigen Einfluss auf Ihre Umgebung.
- Die Realität bewegt sich in eine evolutionäre Richtung für alle anderen.
- Unter der Kontrolle des menschlichen Bewusstseins treten die Gesetze der Schöpfung wieder zutage.
- Es ist nichts Ungewöhnliches mehr, von der Seelenebene aus zu leben.

Alle diese Veränderungen vollziehen sich allmählich und werden immer stärker, je tiefer sich der Einzelne nach innen bewegt. Die spirituelle Evolution dient nicht lediglich dazu, dass Sie sich besser fühlen. Sie ist da, damit Sie Ihre Kraft und Authentizität wiedererlangen können. Der Spruch »Sie erschaffen sich Ihre eigene Wirklichkeit« ist zwar zu einem Klischee geworden, aber er trifft trotzdem nach wie vor zu. Ein Schöpfer, der sich machtlos fühlt, ist trotzdem für die Realität verantwortlich, doch es herrscht eine solche Verwirrung

## TEUFLISCHE KREATIVITÄT

im Innern, dass der ganze Prozess verhüllt ist. Wenn jemand fragt: »Warum werden meine Träume nicht wahr?«, lautet die Antwort, dass die Träume durchaus wahr werden, aber wenn man Träume hat, die einander widersprechen, die Fantasie mit wahrer Vision vermischen, die von Furcht und Zorn durchdrungen sind, dann ist es kein Wunder, dass die Ergebnisse verwirrend sind. Wir alle sind als Schöpfer auf die Welt gekommen, doch was nützt uns das, wenn wir vor unseren eigenen diabolischen Schöpfungen zurückschrecken?

Spirituell zu sein bedeutet nicht, der Wissenschaft und Technik den Rücken zuzukehren. In den 1970er Jahren, als die Roten Khmer Kambodscha überrannten und Pol Pot als Diktator einsetzten, starben eine Million Menschen in einer gewaltigen Rebellion gegen den Fortschritt. Jeder, der bekanntlich eine Universität besucht hatte, wurde hingerichtet. Autos und andere Maschinen, die mit dem dekadenten Westen in Verbindung gebracht wurden, wurden zertrümmert. Die Stadtbevölkerung wurde aufs Land deportiert. Um den Reis zu zerstoßen und die Spreu zu trennen, wurden Ochsenkarren über gepflasterte Straßen gezogen – alle landwirtschaftlichen Maschinen waren zerstört worden. Die Rückkehr in die Vergangenheit wurde zu einer eigenen Höllenversion.

Es geht nicht darum, eine Wahl zwischen Vergangenheit und Zukunft zu treffen. Die Wissenschaft ist keineswegs im Begriff, in Bälde ihre Vorherrschaft zu verlieren. Um mit dieser Tatsache in Frieden zu leben, müssen wir ein Selbstbild wiederherstellen, das in seinem Kern spirituell und menschlich ist. Ein Heiliger ist nicht weniger heilig, nur weil er ein Auto fährt, doch ein Mensch verliert an Menschlichkeit, wenn er Staaten unterstützt, die Megawaffen bauen.

Solange wir unser Bild dessen, wer wir sind, nicht ändern, wird die Wissenschaft weiterhin neue Wege finden, um Tötungsmaschinen zu entwickeln. Es folgen einige der akzeptierten Prinzipien, allesamt Teil unserer gegenwärtigen Weltsicht, die der spirituellen Entwicklung im Wege stehen.

## Der Mensch als Tier
*Wie die Wissenschaft die menschliche Natur verzerrt*

- Wir sind im Grunde Tiere, höhere Säugetiere.
- Unsere tierische Natur, die über Jahrmillionen erhalten geblieben ist, bestimmt unser Verhalten.
- Die tierische Natur hat sich unseren Genen und daher auch unseren Gehirnen unauslöschlich eingeprägt.
- Wir tun, was immer die chemischen Reaktionen im Gehirn uns vorschreiben.
- Ein bestimmter Teil des Gehirns ist für unsere Rationalität verantwortlich und dieser höhere Teil bringt das Beste im menschlichen Verhalten hervor.
- Dank der Vorherrschaft der Vernunft über irrationale Impulse ist die Welt zu einem besseren Ort geworden.

Dies sind grundlegende Prinzipien, die wir alle übernommen haben, so haben wir es gelernt. Aber es sind gerade die Prinzipien, nach denen wir in Zukunft nicht mehr leben dürfen, wenn wir Krieg und Gewalt ein Ende setzen wollen, denn unter dem Vorwand von Rationalität und Objektivität hat diese Argumentationsweise zur Hervorbringung der höllischen Kriegsmaschinerie geführt.

TEUFLISCHE KREATIVITÄT

## Wir sind im Grunde Tiere, höhere Säugetiere

Sobald Sie sich als ein Tier betrachten, wird es leichter, einen Menschen zu töten. Die alte Weltsicht, die Menschen mit einer Seele versah, enthielt einen moralischen Imperativ, der heute keine Gültigkeit mehr besitzt. *Du sollst nicht töten* gilt eben nicht für Tiere. Nach Darwin ergaben sich religiöse Menschen entweder in die Tatsache, dass eine Evolution stattgefunden hat, oder sie ließen sich ein auf eine Verteidigungsschlacht für ihren vorwissenschaftlichen Glauben, dass Gott die Welt so erschaffen hat, wie sie heute ist, ohne Evolution. Doch dieser Konflikt ist eigentlich gesellschaftlicher Natur. Der wahre Kern der Sache liegt anderswo, nämlich in der darwinischen These, der zufolge sich die gesamte Evolution im Tierreich durch einen Kampf um Leben und Tod vollzog, was bedeutet, dass auch unsere Spezies sich auf diese Art entwickelt hat: Wir waren dadurch erfolgreich, dass wir gute Mörder wurden.

Ich glaube, niemand sollte vor den greifbaren Beweisen für die Evolution die Augen verschließen. Unsere Vorfahren mögen durch Gewalt erfolgreich gewesen sein – obwohl es zahlreiche Beweise dafür gibt, dass auch ihr Gemeinsinn dazu beigetragen haben muss –, doch seit jener Zeit haben wir eine ungeheure Entwicklung durchgemacht. Unsere menschlichen Vorfahren existierten fast 500 000 Jahre lang ohne Feuer. Erst mit dem Anbruch der Steinzeit wurden wir zu Geschöpfen, die Feuer benutzen und es als etwas Selbstverständliches betrachten. Die ganze Diskussion, ob wir Tiere sind, bedeutet wenig angesichts der entscheidenden Fortschritte des frühen Menschen – und dazu zählt nicht nur die Zähmung des Feuers, sondern auch die Erfindung des Rads, der Webkunst, der

Landwirtschaft und der Architektur. All dies sind gewaltlose Schritte der Evolution, von denen jeder Einzelne unabhängig von unserer Tiernatur stattfand. Wilde Tiere sind dazu bestimmt, draußen zu leben, nach Nahrung zu suchen und an zufälligen Unfällen oder Krankheiten zu sterben, doch das gilt nicht für uns. Die Evolution zum Frieden wird nichts an der Vergangenheit ändern. Vielmehr wird die Vergangenheit an Bedeutung verlieren, wenn diese Evolution gelingt.

---

Unsere tierische Natur, die erhalten geblieben ist,
bestimmt unser Verhalten

---

Wenn das erste Argument schon falsch war, kann auch dieses nicht der Wahrheit entsprechen. Die Gleichsetzung von menschlicher und tierischer Natur ist primitiv und in den meisten Fällen moralistisch. Kriminelle Straßenbanden werden als »Tiere« bezeichnet, ebenso Ehemänner, die ihre Frauen gegen jüngere, attraktivere Partnerinnen austauschen. Kriege werden als Ausdehnungen Fleisch fressender Raubtiere beschrieben, die friedliche weidende Tiere überfallen, oder als die Ausrottung einer alten Spezies durch eine neue in einem gnadenlosen Wettbewerb. Solche Vergleiche dienen nur dazu, uns in Scham zu versetzen. Sie erniedrigen uns *und* die Tiere. Ich kann das Animalische in mir erkennen, ohne mich dessen zu schämen. Ich esse, atme, scheide Kot und Urin aus, habe Sex und bewohne einen physischen Körper, denn das ist mein tierisches Erbe. Nichts davon steht in irgendeinem Widerspruch zu meinem spirituellen Sein. Das alte religiöse Vorurteil gegen den Körper zu Gunsten der Seele macht uns blind für eine simple Tatsache: Angesichts der Schönheit und des Wunders der Tierwelt ist es keine Schande, ein Säugetier zu sein.

Wenn Gewalttätigkeit als ein tierischer Zug hingestellt wird, muss man dem entgegenhalten, dass Tiere niemals zu ihrem Vergnügen töten, niemals aus rücksichtsloser Habgier ganze Populationen anderer Tiere ausrotten und auch niemals Gewalt anwenden, um sich wichtig zu fühlen oder das Gute zu vernichten. All dies sind menschliche Entwicklungen, und erst wenn wir dafür die Verantwortung übernehmen, haben wir das Recht, unserer animalischen Vergangenheit die Schuld zuzuschieben. Doch ist es ohnehin sinnlos, die Vergangenheit verantwortlich zu machen, denn Gewaltakte gehen immer auf Entscheidungen zurück, die in der Gegenwart getroffen werden.

---

Die tierische Natur hat sich unseren Genen und daher auch unseren Gehirnen unauslöschlich eingeprägt

---

Jedes Verhalten geht auf ein genetisches Muster zurück, nicht nur unsere so genannten »niederen Instinkte«. Auch Altruismus steckt uns in den Genen. Viele Geschöpfe unterhalb von uns auf der Evolutionsleiter opfern ihr Leben, um ihren Nachwuchs zu beschützen oder ihre Kolonie zu verteidigen. Die Biene stirbt, nachdem sie ihren Stachel eingesetzt hat, doch der Schwarm überlebt.

Gene unterscheiden nicht zwischen höherem und niederem Verhalten. Liebe und Fürsorge sind genetisch programmiertes Verhalten. Selbst Sprache existiert seit Zigmillionen Jahren. (Die Sprache der Wale wird seit Jahrzehnten erforscht. Einem australischen Schäferhund brachten Wissenschaftler bei, 200 Menschenworte zu verstehen, so viele, wie ein Schimpanse lernen kann.) Die neueren Sprachfunktionen des Menschen, zum Beispiel die Fähigkeit, Worte in einen Computer einzu-

tippen, wurzeln letztlich in unserer Hirnstruktur, und wahrscheinlich wird sich herausstellen, dass dies auch auf unsere
Spiritualität zutrifft. Wir erfahren alles Spirituelle in Form
von Gedanken, Gefühlen und Handlungen, die alle mit unserer DNA in Beziehung stehen. Wenn man also den Genen die
Schuld an der Gewalttätigkeit geben will, muss man ihnen
auch die Schuld an der Heiligkeit geben.

---

Wir tun, was immer die chemischen Reaktionen im Gehirn
uns vorschreiben

---

Wenn Sie glauben, Sie sind Sie selbst, sind Sie dann in Wirklichkeit vielleicht nur das Endprodukt chemischer Reaktionen? Diese Art von Determinismus wird von vielen Menschen
für wahr gehalten. Medikamente können Ihre Depression mil-
dern, indem sie den Serotoninumsatz im Gehirn ändern; Be-
klemmung, zwanghaftes Verhalten, Hyperaktivität und Schizophrenie können auf ähnliche Weise behandelt werden – die
Beweise scheinen sich zu häufen, dass unser *gesamtes* Verhalten in Gehirnchemie wurzelt.

Neurologen assoziieren verschiedene Verhaltensweisen mit
bestimmten Teilen des Gehirns, weshalb man meint, diese
Teile seien sozusagen die Steuerpulte, an denen unsere
Gefühle und Empfindungen ein- und ausgeschaltet werden
und unser Handeln eingestellt wird. Darin liegt der Irrtum,
denn dieselben Gehirnbereiche treten auch in Aktion, wann
wir oder andere es *wollen*. Wird ein an einer zwanghaften
Verhaltensstörung leidender Patient einem Gehirnscan unterzogen, zeigt sich in bestimmten Teilen des Gehirns eine Ano-
malie. Verabreicht man diesem Patienten ein Medikament
wie Prozac, kommt es zu einer weitgehenden Normalisierung

## TEUFLISCHE KREATIVITÄT

der betreffenden Bereiche. Begibt sich dieser Patient jedoch in Psychotherapie und verzichtet auf jegliche Medikamente, so verbessert sich sein Zustand in der Regel und auch das Gehirn wird wieder normal funktionieren. Die Gehirnchemie ist also nicht der primäre Grund für die Veränderung, sondern nur der Indikator.

Es ist bekannt, dass Frauen mit Brustkrebs ihre Überlebenschancen erhöhen können, indem sie zu Therapiegruppen gehen und über ihre Krankheit sprechen. Einfühlungsvermögen und das Gefühl des Verbundenseins verändern das Gehirn, das wiederum Signale aussendet, die den Körper verändern. Wenn Heilung eintritt, dann liegt das daran, dass wir Entscheidungen treffen können, die sich über die Gehirnfunktion hinwegsetzen. Natürlich sind wir auf ein gesundes Gehirn angewiesen, um am Leben teilhaben zu können. Sie können keine Musik hören, wenn Ihr Radio kaputt ist, aber das ist etwas anderes, als zu sagen, dass Radios Musik komponieren. Das gesunde Gehirn ist dazu da, Ihre Befehle auszuführen – Sie sind der Komponist, das Gehirn ist Ihr Instrument.

---

Ein bestimmter Teil des Gehirns ist für unsere Rationalität verantwortlich und dieser höhere Teil bringt das Beste im menschlichen Verhalten hervor

---

Niemand stellt in Frage, dass die Hirnrinde das Zentrum für höheres Denken ist, der Ort, an dem unser Verstand angesiedelt ist. Dennoch wäre es äußerst irreführend, zu sagen, das Großhirn sei die alleinige Quelle des Fortschritts, als müsse es das Kleinhirn in einem endlosen Krieg besiegen. Letzteres beherbergt unsere Instinkte und Gefühle. Auch bestimmte Sinne, zum Beispiel der Geruchssinn, sind direkt mit dem

FRIEDEN STATT ANGST

Kleinhirn verbunden. Das alles bedeutet jedoch nicht, dass das Großhirn mit seiner Fähigkeit zum rationalen Denken der Quell der Zivilisation sei.

Zum einen hat dieser Verstand uns schreckliche Waffen gegeben und den Krieg diabolisch gemacht, und das geschah eben deswegen, weil er sich von den Emotionen und Instinkten abgetrennt hat. Nicht Irrationalität ist unser große Feind, sondern Imbalance. Das menschliche Gehirn ist von Natur aus als Ganzes orchestriert. Durch moderne Gehirnscans können wir heute mit eigenen Augen sehen, dass jeder Gedanke wie eine Symphonie ist, wobei verschiedene Teile des Gehirns gleichzeitig aufleuchten, jedes in Übereinstimmung mit dem anderen. Es hat niemals einen neurologischen Revierkampf in uns gegeben. Sie können nicht einmal an ein einziges Wort wie Frieden denken oder sich ein einziges Bild vorstellen wie etwa das von einer Welt im Frieden, ohne Ihr ganzes Gehirn zu verwenden.

Das Kleinhirn ist der Hauptakteur in der Entwicklung zwischenmenschlicher Beziehungen. Wenn Sie jemandem in die Augen schauen und einen liebevollen Blick darin erkennen, ist dies ganz und gar irrational in dem Sinne, dass Ihr Gehirn die Hirnrinde übergeht und direkt seine Instinkt- und Gefühlszentren ansteuert. Diese Zentren verraten ihnen, ob Sie jemandem vertrauen können. Ganz ohne rationale Analyse wissen wir sofort, ob eine andere Person mit uns in Einklang steht. Diese intuitiven Signale gehen ständig ein, aber das Großhirn kann sie jedoch nach Belieben ignorieren. Sie werden vom Sinfonieorchester ausgeschlossen und bleiben ungehört. Dieses Ausschließen ist die eigentliche Ursache der Entfremdung. Eine entfremdete Person kennt nur ein alles beherrschendes Gefühl: Trennung.

Im Zustand der Trennung bietet das Großhirn keinen Ersatz für die verlorenen Funktionen. Moralisches Denken kommt nicht an gegen Empfindungen von Furcht, Isolation und Einsamkeit und das ständige unbestimmte Gefühl der Unsicherheit. Solche Gefühle nehmen überhand, wenn das Kleinhirn nicht vom Großhirn beruhigt wird. Wir fördern dieses Beruhigen nicht. Stattdessen schließen wir es aus. Indem wir die Kanäle der Gefühle und Intuitionen abschotten, geben wir dem Großhirn alle Freiheit, der diabolischen Seite der Wissenschaft nachzugehen.

Ein Freund von mir sah sich einen der lautstarken Kriegshetze betreibenden Falken im Fernsehen an und bemerkte: »So viele von denen sind wie Steine.« Das Kleinhirn verdient es nicht, als die Wurzel der Brutalität bezeichnet zu werden. Es umfasst die Sanftheit von Liebe und Empfindungen, das Gefühl, mit anderen Geschöpfen einig zu sein, das selbst Steine zum Schmelzen bringen kann.

---

Dank der Vorherrschaft der Vernunft über irrationale Impulse ist die Welt zu einem besseren Ort geworden

---

Kürzlich sah ich ein Video über ein verhaltensgestörtes Kind, dessen Benehmen so extrem war, dass seine Mutter sagte: »Ich kann mich nur schwer dazu überwinden, es auszusprechen, aber ich habe Angst vor meinem eigenen Kind. Seine Augen funkeln manchmal, als wäre er ein Dämon.« Das Kind, ein neunjähriger Junge, zeigte alle Symptome eines Psychopathen: Er legte heimlich Feuer, quälte kleine Tiere, war fasziniert von Messern und bekam Wutanfälle, bei denen er seinen Kopf gegen die Wand schlug. Zuweilen warf er mit Exkrementen um sich oder schmierte sie an die Wand. Er konnte ein lieber und süßer Junge sein, doch ohne Vorwarnung schlug seine Stimmung abrupt in rasende Wut um.

Die Eltern versuchten, verständnisvoll zu sein. Sie brachten ihren Sohn zu Ärzten und probierten eine Therapie nach der anderen aus. Kein Medikament schien zu helfen. Aber einem umsichtigen Psychiater fiel auf, dass die ganze Familiendynamik gestört war. Die Eltern bemühten sich sehr, ihr Kind zu lieben. Aber dies ging hauptsächlich vom Großhirn aus, das sagte: Ihr müsst, ihr solltet, es ist richtig so. Emotional wahrten sie einen riesigen Abstand zu ihrem Jungen. Sie waren unfähig, ihn wirklich zu lieben oder zu loben, ihm mit ungespielter Zuneigung zu begegnen und ihn zu tolerieren, ihm zu vergeben. Ausgehend von Unaufmerksamkeit zogen sie sich immer mehr von ihm zurück, worauf ihr Kind immer destruktiver wurde. Das Verhalten dieses Kindes erscheint wie eine Metapher für die Verbannung des Kleinhirns. Die Wissenschaft verdammte das Kleinhirn, während sie die Vernunft zum Schaden der Menschlichkeit pries. Wir haben aus der Unvernunft eine Dämon gemacht und jetzt verhält sie sich auch wie ein solcher.

Wie viele Menschen bereits entdeckt haben, findet man außerhalb des Großhirns ein wahres Zauberreich, sobald man die fehlgeschlagene Utopie der Wissenschaft hinter sich lässt. Dort herrscht nicht Irrationalität anstelle von Vernunft und Verstand. Ein erweitertes Bewusstsein ist immer noch rational, aber es umfasst viel mehr. Alle Werkzeuge, die ein Schöpfer benötigt, sind zur Stelle, und die Etikette Vernunft und Unvernunft haben keine Bedeutung. Von Bedeutung ist nur noch, seine Fähigkeit zur Schöpfung zu stärken. Wie Sie inzwischen sicher erkannt haben, ist der Weg des Friedens nur möglich, wenn Sie das Selbstvertrauen gewinnen, um zu

TEUFLISCHE KREATIVITÄT

sagen: Dies ist meine Welt, und hier läuft alles entsprechend meiner Vision von Vollkommenheit.

Das mag arroganter klingen als jeder Anspruch der Wissenschaft, doch die tiefe Wahrheit dahinter ist, wie ich meine, voller Bescheidenheit. Wenn wir erst unseren Anspruch, Eroberer der Natur zu sein, aufgeben, wird das Universum sehr freigebig sein mit den Dingen, die wir ihm mit Gewalt zu entringen versuchen. Das tiefste Geheimnis von allem ist, dass jeder Einzelne mehr Macht besitzt als die anscheinend eisernen Gesetze, die uns beherrschen. Eine Frau, der ich vertraue, erzählte mir die folgende Geschichte. Sie hatte sich ihr Leben lang zu Medien und Heilern hingezogen gefühlt. Ihr Umfeld in einem Vorort von Fort Worth unterstützte ihre Faszination nicht, aber irgendwie war der Samen gesät. Mit 22 Jahren war sie Grundschullehrerin und lebte mit ihrem Mann, einem Autohändler, in einem kleinen Haus. Mit 42 war sie geschieden, verdiente ihren Lebensunterhalt als ganzheitlich orientierte Therapeutin und widmete sich voll und ganz den Dingen, die ihre Eingebungen ihr nahe legten.

So beschäftigte sie sich eine Zeit lang intensiv mit der Huna-Praxis, der Heilmethode der hawaiischen Kahunas. Dieses System ist für Massagen und andere Formen der Körperarbeit bekannt, doch sie widmete sich den esoterischen Aspekten. Die Kahunas wiederholen immer wieder aufs Neue, dass unser Körper lediglich eine Projektion des Geistes ist und dass wir ihn sofort mittels des Geistes unmittelbar heilen können. »Ich hielt das für wahr«, erzählte sie. »Dann schnitt ich mir eines Tages beim Gemüseschneiden in die Hand. Aus der Wunde troff schon Blut. Mein erster Gedanke war: Das kann ich heilen. Ich erinnere mich nicht, irgendetwas getan zu haben, aber als ich wieder auf meine Hand schaute, war die

Schnittwunde verschwunden. Nichts deutete darauf hin, dass ich mich geschnitten hatte.

Seitdem hatte ich alle möglichen Schnittwunden und blauen Flecken. Ich heile sie nicht, denke nicht einmal daran. Manchmal halte ich inne und sage mir: Das ist doch dumm. Ich weiß doch, was möglich ist. Warum lasse ich diese Schnittwunde nicht einfach verschwinden? Ich wünschte, ich wüsste die Antwort.«

Die Antwort ist, dass wir zunächst nur in zufälligen Augenblicken einen kurzen Blick auf die tiefere Wirklichkeit erhaschen. Was die erste Wunde, von der sie erzählte, heilte, war der augenblickliche Impuls zu heilen, ohne jedes Zögern oder Zweifeln. Die Wunde und die Heilerin standen vollkommen miteinander im Einklang. Heilen ist also ein Ort innerhalb unseres Bewusstseins und sobald Sie Zugang zu diesem Ort haben, gelten die normalen Gesetze, denen der Körper unterworfen ist, nicht mehr. Später gelang es dieser Frau nicht mehr, ihren Geist mit dem Augenblick in Einklang zu bringen.

Zum Frieden gehören all die Dinge, die uns diese Geschichte lehrt. Friede wird erreicht sein, sobald wir unser Bewusstsein mit einem Anfall von Gewalttätigkeit in Einklang bringen und mit völligem Selbstvertrauen sagen können: Das kann ich heilen. Wie die Heilung einer Schnittwunde an der Hand rührt Frieden von einem Ort her, zu dem wir Zugang gewinnen müssen. Wir brauchen nicht auf irgendein zukünftiges Ereignis zu warten. Frieden ist eine Realität, die auf einer Bewusstseinswelle existiert, die sich näher beim Zentrum befindet, als wir es zurzeit sind. Ich möchte nicht esoterisch oder mystisch klingen, doch wir müssen von den Gesetzen des Bewusstseins wissen, bevor sich die Realität für immer verändert. Vorläufig wird es sicherlich immer mehr Eindrücke von

## TEUFLISCHE KREATIVITÄT

Frieden geben. Und mit jedem Eindruck erfahren wir mehr von den Gesetzen des Bewusstseins, bis wir sie schließlich ganz beherrschen. Zu diesen Gesetzen zählen:

- das Gesetz, dass die physische Realität ein Produkt des Bewusstseins ist,
- das Gesetz, dass die Macht umso größer wird, je mehr man sich dem Grundzustand des Seins nähert,
- das Gesetz, dass Massenereignisse Bilder im kollektiven Bewusstsein sind,
- das Gesetz, dass die physische Realität nur dann Wunder offenbart, wenn das Bewusstsein sie zum Vorschein kommen lässt.

Der Weg des Friedens ist ein neues Laboratorium zur Erforschung dieser Gesetze. Sie können sie so gründlich erforschen, wie Sie möchten. Sie brauchen nicht auf die Wissenschaft zu warten, Sie brauchen keine Techniker und Spezialisten. Dies ist das Labor des Geistes, in dem Ihre eigene Seele die Hypothese ist, die es zu überprüfen gilt.

# DIE POLITIK DER SEELE

»Glaubst du wirklich, deine Stimme würde irgendetwas ändern? Du überraschst mich, Deepak. Ich dachte, du wüsstest es besser.«

Andrew, ein alter Freund von mir, kam ziemlich verspätet zu unserem Treffen. In den 1970er Jahren – so lange kenne ich ihn schon – hatten ihn alle Andy genannt. Es war auch in den 70er Jahren gewesen, 1972, dass er das letzte Mal bei einer Präsidentschaftswahl seine Stimme abgegeben hatte. Ich weiß noch, wie lange es dauerte, bis er endlich den Aufkleber von seinem Auto abgekratzt hatte: GEBEN SIE NICHT MIR DIE SCHULD, ICH BIN AUS MASSACHUSETTS. Er lachte, als ich ihn daran erinnere. »Mann, sind wir wirklich so alt?« Besagter Aufkleber verkündete, dass der Fahrer in dem Jahr, als Richard Nixon in jedem Staat außer Massachusetts die Wahl gewann, für John McGovern gestimmt hatte. Ungefähr in dieser Zeit änderten sich auch andere Dinge in Andrews Leben. Vietnam, die Einberufung, Watergate und der Zeitgeist schlechthin brachten ihn dazu, der Politik den Rücken zu kehren und sich in eine spirituelle Richtung zu bewegen. Sein nächster Autoaufkleber las sich KATHOLIK AUF ENTZUGSTHERAPIE und der jetzige fordert uns auf: PRACTICE RANDOM ACTS OF KINDNESS (in etwa »Jeden Tag eine gute Tat«).

»Gestern Abend hat CNN eine üble Statistik gebracht«, erzählte er. »Wusstest du, dass 86 Prozent der Leute, die mindestens einmal die Woche in die Kirche gehen, Bush wählen

wollen?« Er beißt wütend in sein vegetarisches Sandwich.
»Und damit sind *alle* Kirchen gemeint, nicht nur die Fundis!«

»Wenigstens kannst du dich noch über Politik aufregen«,
erwiderte ich. »Aufregen? Ich bin durch und durch emotional.
Anhänglichkeit ist eines meiner großen Probleme.«

So kamen wir auf die Frage, ob spirituelle Menschen sich an
Wahlen beteiligen sollten. Ändert eine Stimme überhaupt
etwas? Tun wir nicht schon genug für die Welt, ohne uns an
diesem sinnlosen Ritual zu beteiligen? Wird man vom Wählen
zu einem guten Bürger, aber zu einem schlechten Heiligen?
Für Andrew sind Spiritualität und Religion zwei ganz verschiedene Dinge. Er sieht sich nicht mehr als praktizierenden
Katholiken, weshalb auch das Diktum »Gebt dem Kaiser, was
dem Kaiser gebührt« nicht mehr zu seinem Vokabular gehört.
Er steht im Morgengrauen auf, absolviert seine tägliche Meditation, isst Biogemüse, bekommt Massagen und liest – ziemlich
ernsthaft, auch wenn ich mich über ihn lustig mache – in den
Schriften aller erdenklichen Glaubensrichtungen. All dies hat
dazu geführt, dass er nun von mir enttäuscht ist, weil ich nach
all diesen Jahren immer noch brav in die Wahlkabine trotte.

Das Folgende habe ich ihm im Wesentlichen gesagt: Spirituell sein bedeutet, viele Dinge zu erkennen, und eines davon
ist, dass wir alle miteinander verbunden sind. Wenn du han-
delst, hat das Auswirkungen auf jeden Augenblick deines
Lebens. Und du beeinflusst damit jeden Augenblick im Leben
eines jeden anderen. Weil wir alle miteinander verbunden
sind, kannst du vor dieser Tatsache nicht die Augen verschließen. Dieses Verbundensein verleiht jedem Einzelnen eine
neue Art von Macht.

Der simple gesellschaftliche Akt, seine Stimme abzugeben,
mag einem wie eine winzige Geste vorkommen. In einer

DIE POLITIK DER SEELE

Atmosphäre der Intoleranz kann es einem sogar wie eine fruchtlose Geste vorkommen.

Doch so ist es nicht. Jede einzelne Stimme trägt ein Mysterium in sich. Das Mysterium liegt im Begriff der Seele verborgen und in dem, was es bedeutet, eine Seele zu haben.

Vom ersten Tag an, als ich mich hinsetzte, um dieses Buch zu schreiben, war mir klar, dass alle Themen, die ich darin behandle, heiße Themen sind. Fast jedes Kapitel könnte mit einem Zeitungsartikel über Krieg, Terrorismus, Nationalismus und so weiter beginnen. Was ich jedoch nicht erwartete, war, in einem Artikel in der *New York Times* eine Diskussion über die Seele zu finden. Die Überschrift des Artikels lautete: »Das Duell zwischen Körper und Seele«. Ich begann ihn mit regem Interesse zu lesen, denn der Autor, ein Psychologieprofessor an der Yale-Universität namens Paul Bloom, argumentierte gegen die Auffassung, dass Körper und Seele zwei verschiedene Dinge seien.

Im Rahmen der heftigen Auseinandersetzung in der US-Gesellschaft über Abtreibung wollen viele Menschen, die sich eines »Commonsense-Dualismus« bedienen, von Wissenschaftlern, dass diese ihnen genau sagen, wann ein befruchteter Zellhaufen im Mutterleib ein Mensch wird, als gäbe es einen präzisen Augenblick, in dem der Körper beseelt wird oder, um es moderner auszudrücken, in dem menschliches Bewusstsein beginnt.

Professor Bloom weist darauf hin, dass die Wissenschaft nie eine solche Antwort liefern könne, weil sowohl die kindliche Entwicklung als auch die Evolutionsgeschichte zeigen, dass sich das Bewusstsein durch einen äußerst langsamen Prozess heranbildet, der sich in fast unmerklichen Veränderungen vollzieht. Deshalb könne kein Biologe sagen, welches Ge-

151

schöpf auf Erden als Erstes ein Bewusstsein hatte oder in welchem Augenblick ein Fötus sich seiner bewusst wird.

Doch dann sank meine Stimmung, denn als Nächstes behauptete Bloom, dass die Seele eine Illusion sei. Der Geist sei nichts weiter als die Aktivität bestimmter Gehirnregionen, oder mit anderen Worten: Sie und ich sind lediglich das Produkt der Gehirnchemie.

Als Verfechter der Seele muss ich einen Weg aufzeigen, dass die Seele mehr ist Gehirnchemie. Jedoch ist hier eine feine Grenze zu ziehen, denn der religiöse Seelenbegriff wurde inzwischen so stark strapaziert, dass er nicht mehr nützlich ist. Ich wünschte, es wäre nicht so. Leider stelle ich fest, dass Voreingenommenheit am ehesten unter Anhängern von Religionen anzutreffen ist. Nicht etwa, weil sie rigide und fanatisch wären (solche Leute wollen sich nicht einmal auf eine Diskussion einlassen), sondern weil sie eine vorgefasste Meinung über Begriffe wie Gott und Seele haben. Sie suchen nach Beweisen, die bestätigen, was sie bereits als wahr erachten. Diese Haltung ist genauso bindend wie die wissenschaftliche Haltung. Die eine beruht auf blindem Glauben und die andere auf völliger Skepsis.

Warum ist dies relevant für ein Buch, das davon handelt, wie Krieg und Gewalt beendet werden können? Weil das Kernthema das Bewusstsein ist. Kriege brechen aus dem Bewusstsein von Menschen aus, aus einer Ebene, die tiefer liegt als das normale Leben. Ein Anschlag wie der vom 11. September ruft eine gefühlsbetonte, reflexartige Reaktion hervor, die sich in der gesamten Gesellschaft ausbreitet und fast keinen Raum für abweichende Meinungen lässt. Selbst diejenigen, die heute überzeugte Gegner des zweiten Irakkriegs sind, gelangten nur ganz langsam zu dieser Auffassung. Zuerst waren auch sie in dem Zorn und den Schuldzuweisungen verstrickt, die unser Land überrollten.

Die Seele liegt tiefer als Zorn oder Schuld. Wenn sie irgendeine Wirkung dabei haben soll, Frieden herbeizuführen, dann muss sie so zugänglich werden wie Zorn oder Schuld. Im Augenblick ist das nicht einfach. Nach den Ereignissen des 11. September empfanden die Menschen kein übermäßig starkes Mitgefühl, als ihr Zorn schließlich nachließe. Es gab auch nicht viele, die die Phase des Zorns und der Schuldzuweisung ausließen. Der Weg des Friedens besagt, dass kein Handeln machtvoller ist als ein Handeln, das der Seele entspringt. Doch dies ist eine theoretische Aussage, solange wir nicht wissen, was die Seele ist und wie wir sie erreichen können. Erst dann kann sich herausstellen, dass eine scheinbar simple Handlung wie eine Stimmabgabe wirkliche Macht hat.

Hier sind nun die üblichen Eigenschaften der Seele aus der Sicht der Religionen.

## Was ist die Seele?
### *Der religiöse Standpunkt*

- Die Seele ist ein göttlicher Funke.
- Sie existiert vor der Geburt und lebt nach dem Tod weiter.
- Sie lebt in Gott.
- Gott hat jedem Menschen eine Seele eingepflanzt.
- Die Seele ist rein und unberührt von weltlichen Umständen.
- Wir empfinden unsere Seele als eine Quelle höherer und erhebender Gefühle.
- Die Seele ist auf eine Weise heilig, wie es das Fleisch niemals sein kann.

FRIEDEN STATT ANGST

Der Wissenschaftler mag diese Sicht automatisch verwerfen, weil keine einzige dieser Aussagen objektiv bewiesen werden kann. Und falls die Seele etwas vollkommen Subjektives ist oder im mystischen Reich des Göttlichen existiert, liegt sie außerhalb des wissenschaftlichen Interesses. Natürlich lässt sich aus der Tatsache, dass die Wissenschaft etwas nicht sehen kann, nicht der Schluss ziehen, dass es unwirklich ist. Auch wenn noch nie jemand ein Neutrino gesehen hat, so hindert uns das nicht daran, an seine Existenz zu glauben. Wie bei allen Formen des Vorurteils neigt auch das wissenschaftliche Vorurteil dazu, in dem, was es akzeptiert und ablehnt, rigide zu sein.

## Was die Seele nicht ist
### *Warum die Wissenschaft ein höheres Bewusstsein ablehnt*

- Der Geist kann erklärt werden, ohne Verweise auf Gott heranziehen zu müssen.
- Niemand weiß, was vor der Geburt oder nach dem Tod kommt. Daher können wir uns nur im Hier und Jetzt mit dem Geist beschäftigen.
- Der Geist ist im Gehirn lokalisiert, nicht bei Gott.
- Es gibt keinerlei Hinweise dafür, dass sich im Gehirn irgendetwas anderes abspielt als komplexe chemische und elektrische Aktivitäten.
- Durch eine Veränderung des Gehirns wird gleichzeitig der Geist verändert. Kein Teil von uns ist unberührbar und unirdisch.
- Höhere Emotionen sind nichts anderes als eine übermäßige

Produktion bestimmter Neurotransmitter wie Serotonin und Dopamin.

- Der Körper, als das Zentrum aller chemischen Aktivität, *bringt* den Geist *hervor*. Die Seele kann nichts anderes sein als ein physisches Phänomen.

Wir erkennen hier einen tiefen Konflikt. Ganz simpel ausgedrückt: Der religiöse Mensch glaubt, Gott sei der Ursprung der gesamten materiellen Schöpfung, während der Wissenschaftler behauptet, die materielle Schöpfung könne sich selbst erhalten und bräuchte keine Hilfe von außen. Wie es bei den meisten unvereinbaren Widersprüchen der Fall ist, fühlen sich Außenstehende unter Druck gesetzt, sich für die eine oder andere Seite entscheiden zu müssen, daher der erbitterte Streit um Themen wie Abtreibung und Stammzellforschung. Die Fronten werden nicht auf der Grundlage von Fakten gezogen, sondern auf weltanschaulicher Basis. Wer ohnehin schon weiß, dass die Seele göttlich ist, wird niemals riskieren, sie durch die kalte Rationalität des Laboratoriums entheiligt zu sehen (wobei man in diesem Lager leicht vergisst, dass derselbe göttliche Funke Tag für Tag auf dem Schlachtfeld und in Gefängnissen ausgelöscht wird). Und wer weiß, dass eine Realität außerhalb der rationalen Realität nicht existiert, wird nie den Gedanken ernst nehmen, dass es unheilige Akte geben kann (wobei man hier lieber nicht davon spricht, dass die Wissenschaft auf die Frage, wo Bewusstsein eigentlich herkommt, nicht einmal ansatzweise eine Antwort bieten kann).

Der Weg des Friedens besagt, dass Sie niemals Zugang zur Macht der Seele finden werden, wenn Sie an diese Zweiteilung glauben. Die Seele ist ein lebendiger, dynamischer Teil jedes Menschen. Sie existiert als Bewusstsein und muss deshalb im Bewusstsein zu finden sein. Jede Erfahrung des Gehirns ist eine Manifestation der Seele. Die Seele durchdringt unsere Zellen, aber dennoch ist sie weder innen noch außen von irgendetwas zu finden. Wenn Sie Ihre Seele erfahren wollen, was durchaus möglich ist, müssen Sie über die oberflächlicheren Ebenen der Emotion und der Persönlichkeit hinausgehen. Diese Reise ist eine Reise des Wissens und der Macht. Wenn Sie sie antreten, wird Ihr alltägliches Tun nicht mehr Ihre Seele verhüllen, sondern vielmehr ihre dynamische, kreative Energie ausdrücken. Mit anderen Worten, die Seele zu berühren ändert die Wirklichkeit.

Der Weg des Friedens ist eine Seelenreise, um die Fähigkeit zu erwerben, die Wirklichkeit zu verändern. Doch wie könnte man jemanden, der nicht schon den ersten Schritt getan hat, von dieser Tatsache überzeugen? Ich stelle mir manchmal vor, wie ein großer Geiger auf einer Insel strandet, wo noch nie jemand Musik gehört hat. Seine Geige ist mit seinem anderen Gepäck untergegangen und die Kinder jener Insel fragen ihn:

»Du redest von Musik. Was ist das? Wir haben noch nie davon gehört.«

»Musik«, antwortet der Mann, »ist die schönste Erfahrung der Welt.«

»Ist es ein Geräusch?«, fragen die Kinder. »Ist es wie das Heulen des Windes oder das Brüllen eines Bären?«

»Ja«, antwortet er zögernd, »doch der Klang der Musik ist eher wie der Gesang der Vögel.«

So beginnen die Kinder, Vogelgezwitscher nachzuahmen. Eines von ihnen schlägt vor, ein paar Vögel abzuschießen, damit sie die Musik aus ihnen herausoperieren können. Vielleicht würde man sogar eine Musiksuppe daraus kochen, die dann alle essen können.

Der Geiger ist erschreckt. »Musik ist nicht in den Vögeln. Musik ist eine Kunst, die der Schönheit selbst entspringt.«

Die Kinder sind verwirrt. »Zeig uns deine Musik«, fordern sie ihn auf. Aber der Geiger hat kein Instrument und leider ist er an einem Ort gestrandet, an dem Gott das Singen verboten hat (wie er es einmal im mittelalterlichen Europa getan hat). Er verliert jede Hoffnung darauf, dass die Menschen auf der Insel jemals wissen werden, was Musik eigentlich ist.

Die Seele hat ihre eigene Musik, von der Worte nur eine blasse Ahnung vermitteln können. Ich rede nicht von religiösen Epiphanien, obwohl auch diese sehr real sind. Im Leben der meisten Menschen wird das Wachstum des Bewusstseins nicht durch Epiphanien vorangetrieben. Der eine oder andere mag einen Durchbruch oder Wendepunkt erleben, der ihm vorkommen kann, als ob ihn der Geist direkt berührte, doch meist wächst und entfaltet sich das Bewusstsein in kleinen Schritten. Die Seele ist kein Ding. Sie ist vielmehr einer Kunst gleich, die sich entwickelt und stärker wird, je mehr man sich ihr hingibt.

Was die Wissenschaft nicht erklären kann, sieht sie nicht. Sie sieht nicht, was Schönheit ist, Hingabe, Glaube, Inspiration, Edelmut, Mitgefühl und Nächstenliebe, Schicksal, Intuition und gar Liebe. Können wir wirklich behaupten, all diese Dinge seien nur Fiktion oder Einbildung – wo sie doch das Leben erst lebenswert machen?

Ich wage zu behaupten, dass die Ansicht, die ich soeben umrissen habe – die Seele als Ursprung des Bewusstseins –, in jeder spirituellen Überlieferung vorkommt. Die Tatsache, dass die Seele in den Religionen verzerrt und von der Wissenschaft verworfen wird, ist eine Frage der Politik, nicht der Beweise. Religiöse Denker ebenso wie Wissenschaftler sehen sich gezwungen, das, worüber sie nichts wissen, als trivial abzutun, obwohl ihr Unwissen sich über weite Bereiche erstreckt, und das gilt für beide. Die religiöse Seite weigert sich, sich eingehend mit dem Bewusstsein zu befassen, aus Angst, jemand könnte sie davon überzeugen, dass ihr ganzer Glaube Aberglaube ist oder etwas noch Schlimmeres. Die wissenschaftliche Seite weigert sich, ihre Unkenntnis von der Existenz einer nichtmateriellen Wirklichkeit einzugestehen, aus Angst, dies könne sie zu irrationalem, wirklichkeitsfremdem Denken verführen.

Der Weg des Friedens zielt auf den innersten Kern der Wirklichkeit. Niemand hat das Recht auf eine starre Meinung über das Ergebnis, denn jede Reise ist einzigartig. Der Musiker findet die Essenz des Schönen, der Wissenschaftler die Essenz der Vernunft. Die hingebungsvolle Mutter findet die Essenz der Mutterschaft, das verletzte Kind die Essenz des Mitgefühls. Alles ist so geformt, wie es zu Ihnen passt, je nachdem, wer Sie sind. Zugleich ist die Reise allgemein gültig. Da der Weg zur Seele im Laufe der Jahrhunderte Tausende Male beschritten wurde, hat er bestimmte Prinzipien offenbart.

## Wahr für Sie,
### wahr für uns alle
*Die Prinzipien des Bewusstseins*

- Bewusstsein hat Tiefe.
- Je tiefer man geht, desto mehr wird sich die Realität verändern.
- Unsere Wirklichkeit hängt von unserem Bewusstseinszustand ab.

DIE POLITIK DER SEELE

- Während das Bewusstsein tiefer geht, gewinnt es an Macht.
- Im Grunde erschafft Ihr Bewusstsein alles, was Sie erfahren.

Wenn ich diese Aufzählung lese, kann ich mir vorstellen, dass jemand sagt: Wenn das alles auf jeden zutrifft, dann muss es doch auf religiöse Menschen *und* auf Wissenschaftler zutreffen. Das stimmt zum Glück. Leute aus allen Gesellschaftsschichten treten in das unsichtbare Reich ein. Die wissenschaftliche Bezeichnung für diesen Ort ist die Quantenwelt, obwohl es angemessener wäre, von einer »etwas anderen« Quantenwelt zu sprechen. Der Unterschied ist, dass auch Menschen, nicht nur Quarks und Superstrings, in diesem unsichtbaren Reich ihren Platz haben.

Das eigenartige Verhalten der subatomaren Welt ist seit 100 Jahren bekannt, seit den großen Durchbrüchen Einsteins und seiner Generation von Wissenschaftlern, die zeigten, dass die physikalische Realität nicht im Entferntesten so ist, wie sie erscheint. Inzwischen ist allgemein bekannt, dass die Zeit eigentliche keine gerade Linie ist, dass Materie eigentlich nicht fest ist, dass Beobachter verändern, was sie beobachten, und dass jedes scheinbar festgelegtes Ereignis von Ungewissheit bestimmt wird.

Physiker bestehen hartnäckig darauf, dieses Reich den subatomaren Teilchen vorzubehalten, doch ich sehe keinen Grund, weshalb diese Vorbehalte der Wissenschaftler als Naturgesetze aufzufassen wären. Physiker mögen sich auf Quarks verstehen, doch Menschen allgemein erleben seit langer Zeit eine weitaus größere Welt, und aus dieser Welt erhalten wir Andeutungen von der Seele. Und wenn wir diese Andeutungen erlebt haben, möchten wir sie erklärt bekommen. Dies möchte ich anhand der Geschichte von Julian

159

erläutern, einem Mann in den Fünfzigern, der mir aus seinem Leben erzählte, als wir eines Tages bei einem gemeinsamen Freund zusammensaßen.

Julian stammt aus dem ländlichen Texas und genoss eine traditionelle baptistische Erziehung. Er beschreibt sich zwar selbst nicht als ein außergewöhnliches Kind, doch nach dem, was er als Nächstes erzählte, glaube ich nicht, dass er sehr gewöhnlich war. Als er Mitte dreißig war, wurde sein Vater bei einem Autounfall, den ein betrunkener Fahrer verursachte, schwer verletzt.

»Das nächste Mal sah ich ihn auf der Intensivstation«, erinnerte sich Julian. »Er war an alle möglichen Maschinen angeschlossen und bewusstlos. Die Ärzte schüttelten den Kopf und wollten nichts versprechen, bereiteten uns aber auf die Möglichkeit vor, dass mein Vater nicht mehr aus dem Koma erwachen würde. Ich besuchte ihn jeden Tag, und bei einem dieser Besuche, wir waren allein in seinem Zimmer, kam mir eine seltsame Idee – nun, eigentlich war es mehr als eine Idee.

Ich wusste plötzlich, dass mein Vater, wenn ich ihn berührte, aufwachen und sich vollständig erholen würde. Ich weiß nicht, woher diese Erkenntnis kam. Ich war kein Heiler, ich hatte mich auch nie für solche Dinge interessiert. Vielleicht dachte ich aus diesem Grund, dass ich mein Leben gegen seines austauschen würde. In dem Augenblick dachte ich tatsächlich, ich würde sterben, damit er leben kann.

Trotzdem zögerte ich nicht. Ich legte meinem Vater die Hand auf die Brust und in diesem Augenblick setzte er sich auf. Er blickte mich an und seine ersten Worte waren: ›Ich liebe dich, mein Sohn‹.

Das war das entscheidende Ereignis, das mein Leben änderte. Ich habe seitdem niemanden geheilt und auch keiner

## DIE POLITIK DER SEELE

Menschenseele erzählt, was passiert war, nicht einmal meinem Vater. Aber ich schlug danach einen anderen Weg ein.«

Julian begann auf Träume und scheinbare Zufälle zu achten. Er suchte nach Hinweisen, was er mit seinem Leben anfangen sollte. Eines Nachts hatte er einen Traum; darin sah er sich, wie er die Hände von Kindern hielt, in der Ferne waren schneebedeckte Gipfel zu erkennen. Am nächsten Tag ergab sich aus heiterem Himmel die Gelegenheit, nach Tibet zu reisen. Auf seiner Reise gründete Julian ein privates Waisenhaus. Ein anderes Mal veranlasste ihn eine andere Vision, veranlasste ihn, humanitäre Arbeit in Indien zu leisten. Das Leitprinzip seines Lebens war fortan, auf Botschaften zu achten, die von einem Ort tief unterhalb der Oberfläche von Persönlichkeit und Ego herrührten.

Mehr weiß ich nicht über diesen Mann, doch wie mir scheint, lebt er den Weg des Friedens. Nicht, dass dieser Weg immer zu humanitären Diensten und selbstloser Hingabe führen muss, doch wenn Sie auf die Impulse der Seele achten, werden Sie immer tiefer in den Kern der Realität gezogen werden. Sie werden sich der Werkstatt nähern, in der die Wirklichkeit erzeugt wird, und sowie Sie näher kommen, werden Sie erkennen, dass Sie allein der Schöpfer Ihrer Wirklichkeit sind.

Erinnern Sie sich an meinen Freund Andrew, der sich von der Politik und anderen weltlichen Dingen verabschiedet hat, um spiritueller zu werden? Ich hoffe, er liest diese Seiten, denn was er sucht, ist nicht allein in der Zurückgezogenheit zu finden. Das Bewusstsein berührt jeden Aspekt des Lebens. Die Trennung zwischen dem inneren und dem äußeren Sein ist nur eine Krücke, die uns helfen soll, eine scheinbar fragmentierte Welt zu verstehen. Am Ende wird jedoch alles verschmelzen, und wenn das geschieht, wird der Einzelne nicht mehr nur der Quell persönlicher Veränderung sein, sondern eine Kraft für universalen Wandel.

Was bringen Menschen mit, wenn sie sich in die Wahlkabine begeben? Sie bringen ihre politischen Überzeugungen mit, seien sie nun rechts oder links orientiert. Sie bringen ihren Sinn für Bürgerpflicht mit und ihre Emotionen. Doch bringen sie – auf einer tieferen Ebene – nicht auch ihr ganzes Leben mit? Wenn im Augenblick zu leben irgendetwas zu bedeuten hat, dann bedeutet es, dass jeder Augenblick der Existenz ein Punkt ist, in dem alles enthalten ist. Auf geheimnisvolle Weise bedeutet Handeln, das Universum zum Ausdruck zu bringen, und dem Ruhepunkt der sich drehenden Welt gleich, liegt jede Handlung sowohl innerhalb als auch außerhalb der Zeit.

Spirituelle Menschen wollen an beiden Orten zugleich sein – zeitgebunden und zeitlos. In Indien spricht man in diesem Zusammenhang von der »Lampe in der Tür«. Die Seele ist auf dem Sprung, gleichsam an der Schwelle zwischen den alltäglichen Geschehnissen, die sich in der Zeit ereignen, und dem Unveränderlichen, Unendlichen, Absoluten. Dies ist wichtig, denn wenn Sie Ihrer Seele gemäß leben können, tun Sie etwas ganz Außergewöhnliches. Es spielt keine Rolle, was Sie unternehmen. Wichtig ist nur, wie viel Bewusstsein Sie zur Gesamtheit der menschlichen Existenz beitragen, denn auf diese Weise drückt sich die Ewigkeit aus, wie eine Lampe, die durch das Fenster der Ewigkeit leuchtet.

Große Seelen wie Buddha und Jesus waren nicht nur Lampen in der Tür. Sie waren Leuchtfeuer. Sie und ich mögen uns geringer fühlen als Buddha oder Jesus, doch das ist nur eine Meinung, die sich unser Ego gebildet hat. Spirituell gesehen ist das ganze Licht, das durch einen Menschen ausgedrückt wird, von gleicher Qualität. Warum? Weil Licht ein Symbol für die Macht des Bewusstseins ist. Das Bewusstsein eines jeden nährt sich aus derselben zugrunde liegenden Realität. Es spielt keine Rolle, ob die Geschichte sich Ihrer als einer großen Seele erinnern wird. In diesem Augenblick, in der Gegenwart, drücken Sie durch Ihr Bewusstsein das ganze Universum aus. Der kosmische Plan, ob wir ihn nun als göttlich bezeichnen oder nicht, braucht weder Sie noch mich, um seine höchste Erfüllung zu finden. Trotzdem sind die Rollen, die Sie und ich spielen, einzigartig. Niemand kann sie kopieren. In jeder Sekunde unseres Lebens machen wir unsere eigene kosmische Geschichte.

Was wird also aus der Welt und was wird aus uns? Mir gefällt der Gedanke, dass wir zu einer neuen Menschheit werden, aber ich kann mich irren. Meine Stimme wird das Erstehen dieser neuen Menschheit weder beschleunigen noch verzögern. Aber meine Stimme wird das Bewusstsein in Gang setzen. Ich stelle das nicht als eine Tugend heraus, ich erhebe mich nicht über die wohlmeinenden spirituellen Menschen, die im Stillen ihre Arbeit verrichten und sich nicht darum scheren, was des Kaisers ist.

Ich bin mit allem auf der Welt verbunden. Diese Erkenntnis ist es, die mich zur Wahl gehen lässt. Ich betrete die Wahlkabine nicht als pflichtschuldiger Bürger, nicht als politisches Wesen und nicht als ein Bündel von Emotionen, obwohl ich all dies bin. Im Grunde bin ich ein Faden im Gewebe des Bewusstseins und wenn dieser Faden bebt, spürt es das Universum. Wählen ist ein Akt des Bewusstseins, und deshalb glaube ich, dass die Stimmen spiritueller Menschen einflussreicher sind als die unbewusster Menschen. Ihre Hand mit dem Wahlzettel beeinflusst die Welt so sicher wie Buddhas erhobene Hand in der Mudra des Friedens oder die Worte Jesu, mit denen er die Liebe als kosmische Kraft verkündete, es einst getan haben.

# (Immer noch) ungeheuer wütend

»Ich weiß nicht, wie lange Sie schon in Atlanta sind, aber offenbar wissen Sie nicht viel über den Süden.«

Der Mann hatte Recht. Er hatte einen schweren Südstaatenakzent und sprach mich eines Abends nach einem Vortrag an, den ich in Atlanta gehalten hatte. Er stieß sich an einer Bemerkung, die ich eingestreut hatte: dass alte Einstellungen und Ansichten sich ändern können. Als Beispiel hatte ich den »tiefen Süden« angeführt, wo die Menschen nicht mehr die Sklaverei und den Bürgerkrieg, der damals die Folge davon war, verteidigen.

»Wir haben nichts vergessen«, klärte der Mann mich auf, »wir haben nur gelernt, uns besser zu benehmen.« Ich sah ihn an und versuchte, hinter seinem freundlichen Lächeln zu ergründen, ob er wirklich meinte, was er sagte. War ich auf ein 150 Jahre altes Minenfeld geraten? Mir war klar, dass der Süden als der kriegerischste Teil der USA bekannt ist. Südstaatler unterstützen jeden Krieg, schicken die meisten ihrer Söhne und Töchter in die Schlacht und werden wütend, wenn sie das Wort »Friedensbewegung« hören.

»Sie meinen, Frieden ist ein Schimpfwort hier im Süden?«, fragte ich ihn.

»Fast«, antwortete er. Sein Lächeln war nun eher ironisch. »Sie müssen hier leben, um das verstehen zu können.«

FRIEDEN STATT ANGST

Lang gehegter Groll ist ein wichtiger Faktor in den meisten
Kriegen. Die Ursachen heutiger Konflikte lassen sich oft auf
alte Feindseligkeiten zurückverfolgen, die eigentlich längst
vergessen sein sollten. Doch das sind sie leider nicht. Alte Konflikte leben in der Erinnerung weiter und wie im Fall des amerikanischen Bürgerkriegs sind es stets die Verlierer, die noch
nach Generationen verbittert sind. Mir wurde gesagt, dass
niemand in Atlanta vergessen hätte, wie General William
Tecumseh auf seinem berüchtigten Marsch zum Meer im
Jahre 1864 auf Befehl Abraham Lincolns die Stadt niederge-
brannt hatte, um den Süden in die Knie zu zwingen. Dabei
gibt es heute keinen einzigen Überlebenden dieser Ereignisse
mehr und selbst die Kinder der Überlebenden sind inzwischen unter der Erde. Wer ist es also genau, der dafür sorgt,
dass nichts vergessen wird? Die Enkelkinder von Gespenstern?

Die Erinnerung hält den Zorn am Leben, das gilt für Familien, für Nationen und für die ganze Welt. Deshalb müssen wir
untersuchen, wie dieser Mechanismus funktioniert, wenn der
Weg des Friedens zum Erfolg führen soll. Denken Sie an Ihre
eigene Vergangenheit, denken Sie an einen Vorfall, der Sie
immer noch wütend macht, etwas, bei dem Sie sich sagen:
Mensch, darüber sollte ich doch längst hinweg sein. Ich sollte
darüber stehen und es auf sich beruhen lassen. Aber wenn ich
daran denke, werde ich immer noch fuchsteufelswild. Den
meisten Leuten fällt es nicht schwer, einen solchen Vorfall zu
finden. Vielleicht haben Sie eine bittere Scheidung oder einen
regelrechten Kampf ums Sorgerecht hinter sich. Wenn Sie
daran zurückdenken, welche Erinnerungen kommen Ihnen
dann? Wie sind sie miteinander verbunden und verstrickt?

Sie werden sehen, dass einige oder alle der folgenden Elemente am Werk sind.

## Die Kraft des Zorns
*Warum die Vergangenheit uns nicht loslässt*

- Ich komme nicht darüber hinweg, was man mir angetan hat.
- Es war ungerecht.
- Liebe und Vertrauen sind nur noch leere Worte.
- Ich bin meinen niedersten Instinkten gefolgt, aber die anderen haben das auch getan.
- Die Ereignisse haben sich verselbständigt.
- Ich war blind.
- Ich habe dumme Entscheidungen getroffen, weil ich so zornig und verletzt war.
- Niemand kümmerte sich darum, wie verletzt ich war.
- Sie waren darauf aus, mich zu demütigen.
- Ich hatte Angst, ich könnte die Kontrolle verlieren.

Das Erste, was wir aus dieser Auflistung lernen, ist, dass Zorn ein komplexer Zustand ist, in dem Demütigung (das wird Ihnen jeder bestätigen, dessen Land einen Krieg verloren hat), Rachefantasien, Sturheit, Selbstmitleid und Kontrollverlust zusammenspielen. Dies trifft sowohl auf den Einzelnen als auch auf ganze Nationen zu. Was uns in Erinnerung bleibt, ist keine bestimmte isolierte Emotion, sondern ein ganzer Komplex verwickelter Erfahrungen. Wenn wir also irgendwie über einen Aspekt hinwegkommen, entschärfen wir damit nur ein Problem, während viel andere uns weiterquälen und die Kraft des Zorns in Gang halten. Es ist verblüffend, wie das zufällige Zusammentreffen mit dem Expartner, schon die Erwähnung seines Namens oder das Lesen einer Speisekarte, auf der sein Lieblingsgericht aufgeführt wird, bereits ausreicht, all die schlimmen Erinnerungen wieder an die Oberfläche zu bringen. Wie kommt es, dass die Vergangenheit uns nach so langer Zeit noch einholen kann?

So, wie der menschliche Geist funktioniert, genügt schon ein einziges Bruchstück, um die Vergangenheit wieder aufleben zu lassen. In jedem dieser Teile ist das Ganze enthalten. Wenn Sie heute noch über etwas wütend sind, was vor Jahren geschehen ist, haben Sie die Tür zu einem umfassenden System miteinander verbundener Erinnerungen offen gelassen. Die Schlüsselwörter sind psychologisch unklar, und doch treffen sie auf uns alle zu, wenn bestimmte Erinnerungen uns nicht loslassen wollen:

Unbewältigte Gefühle
Einschneidende Ereignisse
Persönliche Beziehungen
Gewinnen und Verlieren
Gewinn und Verlust
Unwillkommene Veränderung
Erzwungene Entscheidungen
Bedauern
Unerfüllte Wünsche

Jedes dieser Elemente kann das gesamte System reaktivieren und uns in ein bestimmtes Bild der Realität zurückzerren. Betrachten wir zum Beispiel ein besonders problematisches Thema: persönliche Beziehungen. Bei vielen Menschen lässt allein die Erwähnung des Wortes *Mutter* oder *Vater* eine höchst emotionale Gestalt an die Oberfläche steigen. Plötzlich sind Sie wieder fünf Jahre alt und beziehen die Prügel für etwas, was Ihr Bruder getan hat. Plötzlich sehen Sie sich wieder an Ihrem Hochzeitstag und Ihre Mutter benimmt sich kalt und distanziert anstatt sich für Sie zu freuen. Oder vielleicht kommt Ihnen auch kein Bild in den Sinn; sie verschmelzen alle zu einem Gefühlszustand, der Sie schwächt, verwirrt und aus der Fassung bringt.

Eine Bekannte von mir erinnert sich an einen trivialen Vorfall vor einigen Jahren. Einige Zeit vor dem Bosnienkrieg war sie als Touristin an der wunderschönen Küste Dalmatiens unterwegs gewesen. »Wir waren mit dem Bus unterwegs. Alles sah so alt aus – zeitlose gepflasterte Gassen, Kirchen und Städte, die aus der zerklüfteten Felsenküste gewachsen zu sein schienen. Nach nur wenigen Tagen fand ich mich in einer idyllischen Traumwelt. Wie friedvoll muss es hier sein, dachte ich. Und dann, eines Abends auf der Fahrt zu einem Restaurant, griff die Reiseleiterin, eine Serbin, vorne im Bus zum Mikrofon und sagte: ›Gehen Sie lieber nicht allein durch die Gassen spazieren. Ich habe soeben ein paar Albaner gesehen.‹

Mein Mann und ich starrten einander an. Albaner? Na und? Weshalb sollten wir uns vor Albanern fürchten, Menschen, die wir nicht kannten und über die wir keine Meinung hatten? Für die junge Reiseleiterin bedeutete ›Albaner‹ dagegen Misstrauen und Furcht. Sie hatte offenbar keine Ahnung, wie lächerlich es für uns klang, dass man sich vor Albanern hüten sollte, doch für sie war es ›sehr real‹«.

Bald darauf sollte die Welt Zeuge werden, wie die Albaner im Kosovo verfolgt wurden. In den Nachrichten sahen wir Flüchtlingstrecks und Zeltstädte und hörten, wie serbische Milizen die Dörfer der Kosovo-Albaner rücksichtslos plünderten und niederbrannten. So hatten Erinnerungen zu furchtbarer Zerstörung geführt, weil eine Geschichte zu alt war, um sie vergessen zu können.

Derselbe Mechanismus, der uralte Vorurteile und Groll gegen eine bestimmte Volksgruppe am Leben erhält, ist auch in jedem Einzelnen am Werk. Wir sind von einem bestimmten Bild der Wirklichkeit überzeugt und verschließen uns damit vor neuen Informationen und Erfahrungen. Wir lassen zu, dass selbst die harmlosesten Kleinigkeiten des Lebens von Zorn beeinflusst werden. Wir lassen alte Wunden in uns schwären, bis sie zu eitern beginnen. Hinter dem simplen Wort ›Albaner‹ lauerten verborgene Denkprozesse, was der Ausbruch der Gewalttätigkeiten bewies.

Der Weg des Friedens fordert uns auf, nicht abzuwarten, bis es zu solchen Gewaltausbrüchen kommt. Auch wenn unser Ego sich bemüht, Erinnerungen unversehrt zu lassen, will das Leben das Bild auf eine dynamische, flüssige Weise verändern. In diesem Fluss kann ein Bild nicht stecken bleiben. Die Kraft des Zorns kann sehr stark sein, doch etwas noch Stärkeres zieht uns hin zu Heilung und Wachstum, zur Integration von alten Verletzungen und neuen Erfahrungen.

Krieg ist als eine extrem machtvolle psychologische Gestalt anzusehen, die tief in uns steckt. Der Weg des Friedens bietet dem Geist jedoch ein neues Bild, das ihn zufrieden stellen wird. Die Schlüsselworte sind:

Verbundensein
Reife Liebe
Selbstliebe
Innere Stärke
Erfüllte Wünsche
Erfolg
Geben
Inspiration / Vision

Im modernen Amerika muss sogar ein Kriegspräsident zumindest dem Anschein nach diese Qualitäten zeigen. Das sollte uns Hoffnung machen. Oberflächlich betrachtet scheint die Kriegsgestalt weiterhin allmächtig zu sein. Und indem ein Politiker die nationale Einigkeit, Landesverteidigung, militärische Entschlossenheit gegen den Feind und all die anderen bewährten Werte des Krieges beschwört, kann er jeden einschüchtern, der ihm widerspricht, und ihn des unpatriotischen Verhaltens beschuldigen.

In Wirklichkeit ist diese Strategie längst an Schlagkraft verloren. Ein Kriegspräsident kann die Nation nicht mehr mit bestimmten altbewährten Werten motivieren, weil diese inzwischen überholt sind: Eroberung, Expansionsdrang, imperialer Ruhm und »göttliche Bestimmung« rechtfertigten einst die Gewaltanwendung gegen andere Länder und Völker, ohne dass es großen Widerspruch gab. Der spanisch-amerikanische Krieg von 1898 stand ganz im Zeichen einer solchen Rhetorik, ebenso die Kriege gegen die »Indianer« im amerikanischen Westen, ganz in der Tradition der *Conquista*, die seit der Landung von Kolumbus 400 Jahre zuvor praktisch unverändert geherrscht hatte. Der zweite Irakkrieg gab Anlass zu dem Verdacht, der alte Eroberungsdrang könnte immer noch Amerikas Hauptmotivation sein. Was ich jedoch ermutigend finde, dass ist das Maß, in dem die Sprache des Friedens diesen bestimmten Krieg infiltriert hat.

**Verbundensein:** Amerikas öffentlich bekundete Absicht war, die Iraker in die Gemeinschaft der freien Nationen zurückzuholen, sie mit der modernen Welt zu verbinden und ihre Isolation zu beenden.

**Reife Liebe:** Die US-Regierung beteuerte ihre emotionale Solidarität mit denen im Irak, die sich nach Freiheit und

Demokratie sehnen; wir beteuerten unser Mitgefühl für die Opfer eines repressiven Regimes.

**Selbstliebe:** Die Amerikaner waren stolz und selbstbewusst, was ihre Identität anging – so selbstbewusst, dass sie glaubten, alle anderen würden diese Liebe für Amerika teilen.

**Innere Stärke:** Amerikanische Führer erklärten ihre Bereitschaft, das Richtige zu tun, und dass sie sich nicht von ihrem Ziel abbringen lassen würden, selbst wenn sich die äußeren Umstände gegen uns wenden würden.

**Erfolg:** Der Sturz des Saddam-Regimes, was immer er am Ende kosten mag, wurde von den Kriegsplanern als eine historische Errungenschaft betrachtet.

**Geben:** Amerika war der Auffassung, dass es Menschenleben und Geld für ein altruistisches Ziel opferte.

**Inspiration:** Die Einführung von Demokratie im Mittleren Osten galt als Inspiration für politischen Wandel in der ganzen Region.

**Vision:** Die Vision hinter dem Krieg im Irak war letztlich eine von Demokratie und Freiheit auf der ganzen Welt.

Es ist erschreckend, dass Werte, die so offenkundig zum Weg des Friedens gehören, zur Rechtfertigung eines Krieges dienen können, doch so ist es nun einmal in dieser Zeit der Mehrdeutigkeit. Ein amerikanischer Führer muss eine Vision der nationalen Einigkeit heranziehen, die auf Güte gründet, selbst wenn diese Güte den horrenden Verlust von Menschenleben bedeutet und die beschworene Einigkeit große Teile der Bevölkerung in Empörung versetzt. Denken Sie bitte keinen Augenblick, ich würde den Krieg gutheißen. Der Weg des Friedens kann nicht durch Krieg verfolgt werden, doch in einer Zeit des Übergangs kann man spüren, wie sehr sich jeder abmüht, gleichzeitig zwei gegensätzliche Weltbilder zu vertreten. Wir sind gut, indem wir die Menschen töten, die wir befreien. Wir sind gut, indem wir die Elektrizitäts- und Wasserversorgung reparieren, die wir zerstört haben.

Die orwellsche Logik solcher Aussagen kann nicht in alle Ewigkeit aufrechterhalten werden. Letzten Endes muss sich die verwickelte Hierarchie verändern. Erst dann werden wir ein Bild des Friedens als das Natürliche, Richtige und politisch Solide akzeptieren. Meiner Ansicht nach kann die Mehrheit der Amerikaner nicht einem Bild des Krieges anhängen und gut damit leben. Dies ist eines der Symptome eines größeren Wandels im Weltbild.

Die Welt kann nur den Sinn haben, den Menschen ihr zuschreiben. Das ist eines der geistigen Gesetze, die nicht im Widerspruch zu den Gesetzen der Biologie stehen. Das Gehirn steht jeden Tag vor der gleichen Aufgabe: Wie finde ich einen Sinn in den vier Milliarden Bit sensorischer Daten, mit denen ich jede Minute bombardiert werde? Das Gehirn stellt Realität nicht stückweise zusammen, etwa so, wie man ein Puzzle zusammensetzt und dazu aus einem Durcheinander von Einzelteilen die passenden finden muss. Das Bewusstsein arbeitet genau entgegengesetzt: Sobald es sich ein Bild der Realität gemacht hat, wird jedem und allem eine Bedeutung zugewiesen, die zu dem Bild passt.

Wenn Sie in Atlanta mit der Südstaatenfahne winken (oder mit der Nazifahne in Berlin oder mit einem Bild von Zapata in Mexiko-Stadt), werden die Leute auf eine Geschichte reagieren, die zwar alt, aber für sie immer noch lebendig ist. Doch das Symbol wird sich ändern, wenn es von neuen Menschen gesehen wird und neue Menschen aus ihrer eigenen Lebensgeschichte heraus darauf reagieren.

Die Zukunft hat ein Eigenleben, weil Menschen das Geheimnis *sind*, das in ihrem Herzen liegt. Der X-Faktor lebt in uns, und wenn wir es wollen, können wir dieses Geheimnis mit unserem Willen lenken. Das Ganze spielt sich im Gehirn ab und sobald wir mehr von solch grundlegenden Funktionen wie Gedächtnis, Wille, Intelligenz und Absicht verstehen, werden wir dem Weltfrieden näher kommen. Denken Sie an ein Ereignis, das sie geärgert (oder gedemütigt oder geängstigt) hat, aber an das Sie sich nun kaum noch erinnern können. Was hat Sie dazu gebracht, darüber hinwegzukommen?

## Die Kraft des Wandels
*Wie man sich von schlechten Erinnerungen befreit*

* Ich fand neue Möglichkeiten, glücklich zu sein.
* Ich lernte zu vergeben.
* Ich hörte auf, meine alten Wunden zu lecken.
* Ich verlasse mich nicht mehr auf andere,
  um meine Probleme zu lösen.
* Ich habe eine neue Vision gefunden.
* Ich nahm diese Vision ernst.
* Ich fand ein tieferes Selbstgefühl.
* Ich habe ein erweitertes Selbstgefühl.

Der Unterschied zwischen einer lastenden Erinnerung und einer, die mit der Zeit ihren Stachel verliert, ist folgender: Wenn eine Erinnerung zu einem Teil Ihrer Identität wird, fällt das Vergessen unerhört schwer. Wenn eine Erinnerung aber *nicht* Ihr Selbstbild beeinflusst, können Sie sie recht leicht vergessen. Krieg und Gewalt sind zu einem Teil unserer Identität geworden. Das zuzugeben ist äußerst wichtig, denn erst dieses Eingeständnis macht alle anderen Schritten umso dringlicher. Die Alternative wäre, als Gefangener der Erinnerungen weiterzuleben, die der Krieg uns zu akzeptieren gezwungen hat. Krieg ist nicht etwas, das anderen Menschen in weiter Ferne widerfährt. Krieg ist eine Erweiterung unserer persönlichen Gefühle und Erinnerungen im Hier und Jetzt. Hier sind also die Methoden, wie man den Krieg vergisst, indem man sich dem Hier und Jetzt öffnet.

---

### Neue Möglichkeiten, um glücklich zu sein

Unglückliche Menschen sind immer verlegen, wenn ihnen gesagt wird, zu versuchen, glücklich zu sein. Sie sind derart mit Beschwerden beschäftigt, dass kein Raum zu sein scheint für neue Erfahrungen, die erhebend sein könnten, und selbst wenn sich solche Ereignisse einstellten, würden sie sie durch die grauen Nebel des eigenen Elends sehen. Es geht also nicht darum, nach glücklichen Erfahrungen zu suchen, die ohnehin überall zugänglich sind. Vielmehr geht es darum, eine Öffnung zu finden, die es erlaubt, dass Glück zu Ihrer Erfahrung *wird*. Zu dieser Öffnung kommt es auf ganz andere Weise, als die meisten Leute vermuten. Die meisten Menschen versuchen, sich glücklich zu machen, indem sie ihre unglücklichen Gefühle unterdrücken, ihnen den Rücken zukehren oder so tun, als gäbe es sie gar nicht.

Wenn Sie einen Schrank voller Trödel haben, schaffen Sie am besten Platz für neue Sachen, wenn Sie ihn ausmisten. In diesem Fall steht der Schrank für das Nervensystem, das man nur auf der Ebene des Bewusstseins »ausmisten« kann.

Der Heilungsprozess hat nichts Mystisches an sich. Er besteht vielmehr aus wohlbekannten praktischen Schritten:

- Sehen Sie sich genau an, was Sie verletzt.
- Formulieren Sie Ihren Wunsch, sich von dieser Verletzung zu befreien.
- Bitten Sie um innere Führung, die Ihnen zeigt, was zu tun ist.
- Hören Sie auf Ihre Gefühle, aber ergeben Sie sich nicht in sie.
- Versichern Sie sich, dass Sie alte Verletzungen beseitigen können.
- Haben Sie Geduld, denn Sie werden noch oft zu dieser alten Verletzung zurückkehren müssen.

Die meisten Menschen fühlen sich als Gefangene ihres Grolls, weil ihr Verhalten diesen Schritten zuwiderläuft. Sie sehen sich ihre Verletzung nicht in aller Ehrlichkeit an, sondern konzentrieren sich lieber darauf, anderen die Schuld zu geben. Sie kommunizieren nicht den Wunsch, ihren Zorn zu überwinden, sondern hegen und pflegen ihn vielmehr. Sie hören nicht auf ihre momentanen Gefühle, sondern spulen immer wieder die gleichen abgenutzten Reaktionen aus der Vergangenheit ab. Anstatt Geduld zu zeigen, unternehmen sie willkürliche kurzlebige Versuche, sich zu heilen, nur um daraus den Schluss zu ziehen, dass sie nichts ändern können an ihrem Zustand.

Auch Nationen erliegen diesen Fehlern. Das ist der Grund, weshalb Friedensverhandlungen so oft scheitern. Niemand spricht wirklich über die Schritte zur Heilung, die zum Erfolg führen könnten. Der Prozess, den ich soeben beschrieben habe, funktioniert sowohl bei zornigen Nationen als auch bei zornigen und unglücklichen Menschen. Hundert Jahre Psychotherapie haben gezeigt, dass der Heilungsmechanismus real ist. Man muss es nur versuchen.

## Lernen zu vergeben

Die Betonung liegt hier auf dem Wort *Lernen*. Menschen können deshalb nicht verzeihen, weil der Zorn eine tiefe Furche in ihrem Bewusstsein hinterlassen hat, und so, wie Wasser immer bergab fließt, findet ihr Bewusstsein diese Furche mit solcher Leichtigkeit, dass sich neue Gefühlskanäle gar nicht erst bilden können. Vergeben ist ein Gefühl. Wir haben uns daran gewöhnt, Vergebung als eine moralische Pflicht oder ein Zeichen von Reife zu betrachten. Da mag etwas Wahres dran sein, doch Vergebung, die nicht als Gefühl erfahren wird, kann nicht echt sein.

Der Schlüssel besteht darin, zu lernen, einen neuen Kanal für Ihre Gefühle zu schaffen. Auch hier sind die Schritte dazu nichts Mystisches. Sie können jemandem, der Sie verletzt hat, vergeben, indem Sie folgende Maßnahmen beherzigen:

- Nehmen Sie sich bewusst vor, zu vergeben, auch wenn Sie noch immer verletzte Gefühlen hegen.
- Fassen Sie den Entschluss, neuen Gefühlen Einlass zu gewähren.
- Durchleben Sie noch einmal die alte Verletzung, den alten Groll, doch sagen Sie sich dabei stets: Das bin ich nicht, das will ich nicht mehr.
- Denken Sie an Gründe, weshalb die alte Verletzung ersetzt werden sollte.

FRIEDEN STATT ANGST

• Seien Sie geduldig und erlauben Sie sich, sowohl die alten
als auch die neuen Gefühle zu erfahren, bis die alten allmählich verblassen.

Dieser Prozess ist dem sehr ähnlich, um für sein eigenes Glück
zu sorgen, wenn man von Leid und Kummer belastet ist. In
beiden Fällen müssen Sie an sich selbst arbeiten, persönlich,
aber nicht allein. Unglücklichsein findet in der Einsamkeit
statt, Heilung nicht. Aus diesem Grund hängen Ihr Zorn und
Ihre Verletzung vollkommen von Ihrer Lebensgeschichte ab.
Es erfordert bestimmte Menschen, um die Erinnerung zu
schaffen, von der Sie nicht loskommen.

Heilung geht über die Persönlichkeit hinaus, sie ist etwas
Größeres. Wenn sich jemand geschnitten hat, sagen wir nicht:
*Wer weiß, vielleicht wird die Wunde verheilen, es hängt ganz
davon ab, welche Art Mensch er ist.* Ihre Wunde verheilt
unabhängig davon, wer Sie sind, and dasselbe gilt auch für
psychische Heilung. Sie brauchen nicht nett, gut, hervorragend oder verdienstvoll zu sein. Wie viele von uns glauben
trotzdem insgeheim, dass wir weiterleiden sollten, weil wir es
nicht anders verdient haben, oder weil wir nicht nett genug
waren, nicht gut genug oder nicht hervorragend genug, uns zu
ändern.

Der wesentliche Unterschied zwischen der Heilung der
Schnittwunde und der Heilung des Bewusstseins liegt darin,
dass Sie in letzterem Fall ein aktiver Teilnehmer sein müssen.
Dieser Unterschied ist jedoch kein Hindernis mehr, sobald die
Heilung erst einmal im Gange ist. Auf der Seelenebene exis-
tiert ein umfassender Heilungsmechanismus, der genauso
wirkungsvoll ist wie das Immunsystem des Körpers. Sobald
Sie die Absicht zur Heilung aufbringen, lassen Sie neue Ener-

gie in sich hinein, die Hindernisse aus dem Weg räumt. Genau das ist meiner Freundin Jean passiert.

Jean wuchs in einer Soldatenfamilie auf, in der der Vater von allen seinen Kindern, auch von ihr, dem einzigen Mädchen, Disziplin verlangte. Umgeben von vier Brüdern, merkte Jean, dass sie zu einem der Soldaten wurde, wie der Vater seine Kinderschar gerne nannte. Sie fühlte sich zu ihrer Mutter hingezogen, die ihre Rettung war. Aber in der Pubertät stellte Jean fest, dass sie Schwierigkeiten mit ihren Freunden hatte.

»Ich war unglaublich unsicher und machte den Fehler, mich emotional jedem Jungen an den Hals zu werfen, der das kleinste Signal von sich gab, dass er mich mochte. Ich rebellierte gegen meine Eltern und blieb abends lange aus – kein Wunder, wenn man bedenkt, wie streng mein Vater war. Ich war aber auch sexuell leichtsinnig, was schließlich zu einer Abtreibung führte, als ich siebzehn war. Meine Mutter schämte sich zutiefst und wir stimmten darin überein, die Abtreibung vor meinem Vater geheim zu halten.

Zehn Jahre und eine Scheidung später erkannte ich dann schließlich, was mit mir los war. Mein Zorn auf meinen Vater war offensichtlich. Wir sprachen kaum miteinander und ich wahrte Abstand zu ihm, und da er sowieso immer unerreichbar gewesen war, schien ihm das ganz gut zu passen. Meine Mutter war keine Hilfe und meine Zorngefühle, die vollkommen angebracht und berechtigt zu sein schienen, sagten mir immer wieder: *Warum soll ich etwas ändern? Er hat es so verdient.*

Aus irgendeinem Grund funktionierte dieses Argument nach 27 Jahren nicht mehr. Ich kann nicht genau sagen, was der Wendepunkt war. Ich schaffte es einfach, eine winzige

Veränderung herbeizuführen, und als mir das gelang, wurde mir auf einmal klar, dass ich die Einzige war, die durch mein Leiden zu Schaden kam. Von da an war es nicht einfach. Ich musste mich meinen eigenen Wunden stellen, und das ging nur mithilfe zahlreicher Freunde und Therapeuten. Es dauerte zehn Jahre, aber ich wusste, ich würde niemals Frieden finden, wenn ich mich nicht mit diesen Dämonen auseinander setzte.

Es kam nie der Tag, an dem ich morgens aufwachte und mir sagen konnte: ›Ich bin darüber hinweg‹. Doch meine Welt wurde nach und nach besser. Sowie ich mich aus dem Griff eines jeden kleinen Dämons losriss, verhielten sich die Leute mir gegenüber entspannter. Ich war offener, nicht mehr wie ein Kaktus, den man nicht anrühren durfte. Allmählich stellte die Welt für mich immer weniger eine Bedrohung dar, und ich lernte, dankbar zu sein. Nichts davon hatte einen direkten Bezug zu meinem Vater. Aber dann rief mich eines Tages meine Mutter an, um mir zu sagen, dass mein Vater gerade unterwegs zum Arzt sei wegen einer Biopsie; es bestand Verdacht auf Prostatakrebs. Kaum hatte ich den Hörer aufgelegt, als ich in Tränen ausbrach. Ich weinte um ihn. Es war das erste Mal, dass ich um ihn weinte und nicht um mich. Ich hatte keine Ahnung gehabt, dass sich Vergebung so anfühlen würde. In dem Augenblick hatte ich mich von der Vergangenheit befreit und mich einem neuen Leben geöffnet.«

---

### Aufhören, seine alten Wunden zu lecken

---

Wunden schreien um Aufmerksamkeit. Sind es körperliche Wunden, so drücken sich diese Schreie in Schmerz aus. Sind sie psychischer Natur, dann verursachen sie geistige Qualen.

Während des Heilungsprozesses bleibt dieser Schmerz bestehen, solange es nötig ist. Es ist jedoch ein Unterschied, ob man seinen Schmerz wahrnimmt oder sich bei ihm aufhält. Wir alle kennen Leute, die jede Möglichkeit nutzen, um die Aufmerksamkeit auf sich zu lenken, wozu auch gehört, sich auf ihr aktuelles Leid zu fixieren. Die Gefahr besteht darin, dass man die Heilung verzögert, wenn man sich mit seiner Verletzung identifiziert, wenn man sie als seine Visitenkarte benutzt, wenn man glaubt, dadurch sympathischer zu sein.

Einer der heimtückischsten Aspekte des Zorns ist, dass er so viel leichter zu empfinden ist als andere Emotionen. Ich meine nicht nur positive Gefühle wie Mitgefühl, sondern auch Gefühle wie Furcht, Sorge, Unsicherheit und Selbstzweifel. Zorn wird außerdem gesellschaftlich akzeptiert. Sportler benutzen ihn, um sich zu motivieren, und nicht von ungefähr werden Erfolge im Fußball oft eher wie eine gewonnene Schlacht gefeiert als das Resultat eines Spiels.

Der Weg des Friedens fordert Sie auf, einen feinen Unterschied zu machen: Nehmen Sie Ihre Verletzung wahr und schenken Sie ihr Beachtung, aber fixieren Sie sich nicht darauf. Es kann schwer sein, dies zu beherzigen. Es wird immer Augenblicke geben, in denen Sie nicht sagen können, ob Sie eine Verletzung loslassen, indem Sie sie zum Ausdruck bringen, oder ob Sie einfach nur Ihrem Zorn Luft machen. Letzten Endes läuft es darauf hinaus, welche Absicht Sie hegen. Wenn Sie Ihren Zorn abreagieren, mit dem Ziel, Ihre giftigen Gefühle zu verbreiten, wird das Ergebnis nichts mit Heilung zu tun haben. Ihr Zorn ist Ihre Waffe. Wenn Sie aber Ihren Zorn loslassen, so, wie man einen lästigen Stein aus einem Schuh entfernt, liegt mit Sicherheit Heilung in Ihrer Absicht. Sobald der Zorn ausbricht, können sich beide Möglichkeiten gleich anfühlen. Sie sind einfach wütend. Ist Ihre Absicht aber Heilung, dann wird zweierlei passieren: Sie werden sich friedvoller fühlen, nachdem Sie Ihren Zorn herausgelassen haben, und Sie werden das Gefühl haben, als ob eine alte, feste Überzeugung von Feinden und Ungerechtigkeit gerade in Bewegung geraten wäre.

---

### Nicht mehr von anderen abhängen

---

Verletzungen isolieren uns. Wenn Sie leiden, leiden Sie für sich allein, ganz gleich, wie nahe Sie jemandem stehen. Manche Menschen reagieren auf diese Isolation, indem sie sich noch mehr abkapseln. Sie lecken ihre Wunden im Stillen. Die Tatsache, dass sie es allein durchstehen, verleiht ihnen ein Gefühl der Stärke. Andere wiederum reagieren auf umgekehrte Weise und wollen so viele Leute wie möglich in ihr Leiden einbeziehen.

Beide Strategien verstoßen gegen das erste Gesetz des Heilens, nämlich dass sich die Heilung im Innern vollziehen muss. Das ist nicht dasselbe wie, ›es allein durchzustehen‹. Das ist die Interpretation des Ego, und wenn Sie sich etwas eingehender damit befassen, werden Sie herausfinden, dass es sich dabei lediglich um Widerstand handelt. Das Ego sagt: *Das habe ich nicht verdient! Ich bleibe jetzt einfach hier hocken, bis mich jemand bemerkt und Mitleid mit mir hat.*

Wir alle zeigen Ego-Reaktionen, die es zu überwinden gilt. Wenn Sie diese Reaktionen als das nehmen, was sie sind – nämlich vorübergehende Energien, die Ihr wahres Selbst blockieren –, werden Sie erkennen, dass dadurch, dass Sie an Ihr wahres Selbst – die Seele, das höhere Bewusstsein, die tiefere Achtsamkeit – appellieren, diese Hindernisse aus dem Weg geräumt werden können. Sobald Sie Zugang zu Ihrem wahren Selbst finden, auch wenn dies nur in geringem Maße möglich ist, werden Sie sich wieder verbunden fühlen.

Natürlich können andere Menschen in solchen Zeiten Trost und Hilfe bieten. Wenn Sie wieder mit sich selbst verbunden sind, werden Sie auch spontan Ihre Verbindung zu anderen wiederherstellen, denn diese anderen sind ein Spiegel Ihres Selbst. Sich auf andere zu verlassen, um Ihre Probleme zu lösen, kann dagegen nie zum Erfolg führen, denn selbst wenn Sie sich mit ihnen verbunden fühlen, kann es doch nur eine Verbindung zwischen Ego und Ego sein. Heilung vollzieht sich aber nicht auf der Ebene des Ego. Gleichgültig, mit wie viel Sympathie und Zustimmung Sie sich umgeben, gleichgültig, wie viele Menschen Ihnen sagen, dass Sie Recht haben, so haben Sie dennoch nicht die Hindernisse beseitigt, damit sich das neue Leben präsentieren kann, um Sie zu heilen.

Auch die Sklavenhalter im alten Süden hatten viele Freunde und Sympathisanten. Wie mühsam war es doch schließlich, mit diesen Sklaven fertig zu werden, sie dazu abzurichten, auf Befehl zu funktionieren, und sie an Fluchtversuchen und Rebellionen zu hindern. Der Umstand, dass jeder in einem sozialen System mit Ihnen übereinstimmt, heißt aber noch lange nicht, dass Ihre Handlungen richtig sind. Im Falle der Sklavenhalter war deren Überzeugung, ein anderes menschliches Wesen besitzen zu können, Ausdruck einer tiefen Ignoranz über Realität und das Selbst. In unserer heutigen Situation ist es ein Leichtes, eine Gruppe zu finden, die von ganzem Herzen davon überzeugt ist, dass der Krieg richtig ist, dass der Feind böse ist, dass Soldaten die Bürde der Erhaltung des Friedens tragen und um jeden Preis unterstützt werden müssen. Der Weg des Friedens greift diese Denkweise zwar nicht an, er scheut sich aber auch nicht vor der Wahrheit, dass sie in jedem Einzelnen geheilt werden muss.

## Eine neue Vision finden

Wir werden mit Informationen geradezu überflutet, sodass fast jeder Zugang zu neuen Sichtweisen hat. In jeder Stadt kann man öffentliche Bibliotheken oder Buchläden besuchen und sich mit dem tibetanischen Buddhismus, Sufismus, christlicher Esoterik oder den Lehren zahlloser weiser Männer und Heiliger befassen. Alles ist jederzeit zugänglich.

Wie gelangt man aber zu einer Sichtweise, die nicht nur das Resultat einer vorübergehenden Begeisterung ist? Wie kommt man zu einer Vision? Eine Vision wird die Ihre, wenn Sie sich selbst darin sehen können. Damit meine ich nicht, dass Sie sich als das fertige Produkt sehen, als den, der Sie einmal sein werden. Eine Vision hat nichts mit der Zukunft zu tun. Vielmehr geht es darum, sich auf das einzulassen, was wirklich das Ihre ist, direkt hier und jetzt. Wenn Veränderung nicht jeden Tag stattfindet, ist sie nichts weiter als ein Ideal, das immer hinter dem Horizont, unerreichbar, bleiben wird.

Eine wahre Vision ist eine, die Sie in Bewegung hält. Der Weg des Friedens ist für mich wahr, weil ich auf diesem Weg ständig fortschreitende Veränderung erlebe.

Leider entscheiden sich viele Menschen für eine Vision, die sie mit Sicherheit nie vor Herausforderungen stellen oder Veränderung hervorrufen wird. Religionen sind besonders empfänglich dafür, weil man zu den Gläubigen gehören und zugleich wissen kann, wen man zu hassen hat, wer Gott auf falsche Weise huldigt, wer ein Sünder ist und wer kein Mitleid verdient.

Eine Vision, die Sie veranlasst, sich für eine bestimmte Seite zu entscheiden, ist keine wahre Vision, klarer kann ich es nicht ausdrücken. Sie mögen auf ein Glaubenssystem stoßen, das Ihnen voll und ganz zusagt, doch nach einer Weile bemerken Sie, dass Sie immer noch voller Groll sind und sich eingeengt fühlen. Sie bemerken, dass es bei dem ganzen System nur darum geht, zu einer festen, geschlossenen Gruppe zu gehören. Das System hält Sie zu einer bestimmten »rechten« Lebensweise an, weil alle anderen Lebensweisen falsch sein sollen. All dies sind Zeichen, dass Sie sich von diesem System verabschieden sollten. Eine wahre Vision verlangt niemals von Ihnen, das Richtige zu tun. Sie wird niemals Außenstehende wegen ihrer Unwissenheit und Sünde verdammen. Unsere Egos sind bereits sehr gut in diesen Dingen; wir brauchen keine spirituelle Vision, um gerade die Gewohnheiten zu fördern, die verändert werden müssen.

---

### Ein tieferes Selbstgefühl finden

---

Die Sprache stellt uns unentwegt kleine Fallen, die zuschnappen, sobald wir Worte wie *höheres Selbst, tieferes Selbst* oder *wahres Selbst* benutzen. Sie klingen harmlos, vielleicht sogar hilfreich, doch in Wirklichkeit gibt es nur ein Selbst, und das ist das Selbst, das Sie in diesem Augenblick erfahren. Sie können nicht einfach von der Bühne treten und sich an einen höheren, tieferen oder wahreren Ort begeben, um ein anderes Selbst zu finden. Alles, was dem Selbst je widerfahren wird, erscheint auf dem Bildschirm Ihres Geistes, ebenso wie das Verlangen nach einem Hamburger, die Erinnerung an Ihren Namen oder die Träumerei von einem Strand in der Karibik. Das Programm auf diesem Bildschirm besteht aus Gedanken,

Gefühlen, Hoffnungen, Träumen, Fantasien und Impulsen jeder Art.

Hinter dem Bildschirm verbirgt sich jedoch noch etwas anderes, und an diesem Punkt kommt die Veränderung ins Spiel.

Der Bildschirm ist zweidimensional, egal ob Sie darauf einen billigen Zeichentrickfilm oder das größte Gemälde aller Zeiten projizieren. Das Gemälde weist jedoch auf eine dritte Dimension hin. Es gibt Ihnen das Gefühl, als ob Sie von Schönheit, Genie, Inspiration, Erhabenheit oder gar von Gott berührt würden.

Diese Gefühle, die uns trotz der Beschränkungen des geistigen Bildschirms erreichen, sickern auch durch die Welt der alltäglichen Ereignisse zu uns durch. Es ist, als wollten die Dinge hinter dem Bild unsere Aufmerksamkeit erregen. Und dies ist nur über die physische Realität möglich. Um spirituell zu wachsen, müssen Sie nicht von vornherein ein positives Bild von sich selbst haben. Ihr Selbstbild muss jedoch durchlässig sein, es muss geistige Energie aufnehmen können wie ein Schwamm. Es muss so flexibel sein, dass Sie wissen, wenn Schönheit und Wahrheit Sie berühren. Wenn Ihr Selbstbild nicht diese Flexibilität aufweist, spielt es keine Rolle, ob es gut oder schlecht ist. Selbstgefälligkeit und Eigendünkel sind ebenso unzugänglich für den Geist wie Scham und Furcht. Wir alle sind schon einmal von billigem Kitsch gerührt gewesen, während uns große Kunst kalt ließ. Wahrheit ist nicht, was Sie sehen, sondern, wie Sie sehen. Das Geheimnis liegt in der Betrachtung.

Die Betroffenheit, die jemand beim Anblick eines Kindes in Not empfindet, kann der Gewalt ein Ende setzen, wenn die richtige Person dieses Kind sieht. Sie können Ihr Leben lang einen Mord nach dem anderen im Fernsehen beobachten, doch deshalb werden Sie sich nicht entschließen irgendeine Gewalttat zu verhindern, solange Sie sich gegen solche Anblicke emotional abgeschottet haben.

Der Schlüssel liegt in der Bereitschaft, immer und immer wieder gerührt zu sein. Ich kenne Leute, die nach einem ergreifenden Film aus dem Kino kommen und murmeln: »Mir gefielen die Darsteller nicht. Das Ganze hat mich nur deprimiert. Ich weiß nicht, warum ich überhaupt dafür bezahle, mich schlecht zu fühlen.« Diese Verschlossenheit kann die Seele akzeptieren, denn es wird unter den Zuschauern auch immer einen geben, der offen zeigt, wie sehr ihn der Film berührt hat. Solange diese Fähigkeit erhalten bleibt, wird seine Verbindung mit dem Geist immer stärker. Die Einzigen, die mir Sorgen machen, sind diejenigen, die sagen: »Das weiß ich doch längst alles, wieso muss ich mir das noch mal anschauen? Das ist doch alles nichts Neues.« Diese Menschen scheinen vollkommen unempfänglich zu sein für die Tiefe des Lebens und können nur die zweidimensionalen Bilder verstehen, die ohne Gefühl auf dem Bildschirm des Geistes flimmern.

## Ein erweitertes Selbstgefühl haben

Jede neue Identität, die Sie auf Ihrer Lebensreise finden, wird auf Ihrem weiteren Weg in eine andere Identität übergehen. Alle diese Identitäten können zwar gesund sein, aber dennoch ist es nicht zu leugnen, dass die Entwicklung von einer Identität zur nächsten Zerstörung einschließt. Die Gewohnheiten des alten Selbst müssen den Gewohnheiten des neuen Selbst Platz machen.

FRIEDEN STATT ANGST

Die Natur gestaltet diesen Akt der Zerstörung so schmerzlos wie möglich. Stellen Sie sich vor, was geschieht, wenn sich ein Zweijähriger in einen Dreijährigen verwandelt: Dies ist die denkbar schmerzloseste Art von Verwandlung. Wie macht die Natur das? Denken Sie an die Zeit zurück, als Sie noch ein kleines Kind waren. Jeder Wandel ist so subtil, dass ihn kaum jemand bemerkt.

- Die Natur lässt Sie derjenige sein, der Sie sind.
- Sie belastete Sie nicht mit voreiligen Projektionen in die Zukunft.
- Sie hielt Sie nicht in der Vergangenheit gefangen.
- Sie schenkte Ihnen neue Wünsche.
- Diese neuen Sehnsüchte führten Sie in die richtige Richtung.

Wenn Sie sich auf diese Weise auch spirituell entwickeln können, haben Sie den absolut wahren Weg gefunden, egal für welchen Lehrer oder welches Glaubenssystem Sie sich entschieden haben. Als Kind war Ihnen das Mysterium des Wandels nicht bewusst. Ihr Verhalten entsprach eben dem eines Zweijährigen, und mit drei Jahren ergaben sich neue Wünsche. Als Eltern staunen wir über diese wunderbare Metamorphose, und doch sind wir nicht bereit, dieses Wunder in uns selbst für möglich zu halten. Stattdessen basteln wir uns ein Schema erzwungenen Wandels zurecht, motiviert durch den Hass auf die unangenehmen Teile unseres Selbst, das Gefühl der Unsicherheit und Unzulänglichkeit, immer auf der Suche, jedoch nicht nach den Dingen, die direkt vor uns liegen.

Wenn Sie sich einen spirituellen Lehrer oder Führer suchen, der diese negativen Gefühle in Ihnen noch verstärkt, dann

## (Immer noch) ungeheuer wütend

fürchte ich, bewegen Sie sich in die falsche Richtung. Ich weiß natürlich von spirituellen Schulen und ihrer strengen und anspruchsvollen Disziplin. So wird von Ihnen verlangt, dass Sie Nacht für Nacht in einer kalten Zelle auf dem Boden schlafen, Ihr Ego niederringen und Ihrem niederen Selbst und all seinen sündigen Eingebungen entsagen. Aber der Weg des Friedens nicht so anspruchsvoll. Seine *Disziplin* bedeutet lediglich Standhaftigkeit, Geduld, wiederhergestelltes Vertrauen in das, was wirklich ist im Gegensatz zur Selbsttäuschung.

Tatsache ist, dass Sie ein Leuchtfeuer des Bewusstseins sein können. All die Irrtümer, denen Sie im Hinblick auf Ihr Selbstbild erlegen sind, sind nicht von Dauer. Ihre wahre Identität ist unantastbar und unverletzlich geblieben. Sie haben sich nicht an ihr versündigt oder sie beschmutzt, Sie haben lediglich die Verbindung zu ihr verloren. Und diese Trennung ist für uns alle das Hauptproblem, nichts anderes. Jeder Weg, der von Ihnen verlangt, sich zu ändern, vernachlässigt die Tatsache, dass es kein Selbst gibt, das zu ändern wäre. Es gibt nur Masken, die wir für eine Weile tragen und dann wieder ablegen. Wenn Sie sich ehren können, selbst wenn Sie Ihre aktuelle Lieblingsmaske fallen lassen, leben Sie vollkommen im Einklang mit dem Weg des Friedens.

# GOTT UND KRIEG

Heute bin ich so frustriert, dass ich kaum zur Ruhe kommen kann. Ich habe soeben eine Debatte mit Vertretern vier verschiedener Religionen auf *Larry King Life* hinter mir. Die Gesichter hatte ich nicht sehen können, denn die vier saßen in den USA und ich befand mich in einem engen Fernsehstudio in Quito in Ecuador. Vielleicht trug das dazu bei, dass ich nicht glauben konnte, was ich gehört hatte.

»Es wird erst Frieden auf Erden geben, wenn der Prinz des Friedens zurückkehrt«, sagte eine Stimme durch das Rauschen und Knacken in meinem Ohrhörer. Das war der Südstaatenbaptist. »Wir sind alle Sünder, Gott weiß das, Gott sagt uns das in der Offenbarung. Es kann keinen Frieden geben, solange jeder von uns ein Sünder ist.« Der Baptist hatte noch einiges mehr zu sagen, was Sünde betrifft. Ich verzog das Gesicht und wartete.

Das nächste Brummen klang wie ein Schwarm wütender Hornissen. »Es ist absurd, die Religion für Kriege verantwortlich zu machen«, krächzte eine andere Stimme. »Religionskriege haben nur einen Bruchteil der Opfer gefordert, die gottlose Mörder wie Hitler und Stalin umgebracht haben. Wir brauchen Religion, sonst würden wir uns ununterbrochen gegenseitig umbringen.« Das war der jüdische Radio-Talkshowmaster. Ich rutschte auf meinem Stuhl herum: *Was machen wir hier eigentlich? Geht es nur darum, unsere Ansichten zu vergleichen, welche Art Massenmord akzeptabel ist und welche*

191

*nicht?* Ich gab zu bedenken, dass Religionen während der gesamten Geschichte für Kriege verantwortlich gewesen waren; und sprach nicht auch Hitler ziemlich oft von Gott?

Die Hornissen wurden noch wütender. »Nein, nein! Ohne Religion wäre es noch viel schlimmer. Nur mit Hilfe von Gott erinnern wir uns daran, dass wir den Nächsten lieben sollen – Väter und Mütter, Mann und Frau.« Aha, da sprach der gütige Priester. All das baptistische Gerede von Sünde schien ihn erschöpft zu haben. Jetzt will er, dass wir alle über Jesu Christi Liebe erfahren. Ich fand es bedrückend, wie müde er klang, als wüsste er, dass es nichts nützte, die Trommel für die Liebe zu rühren.

Das Geschrei ging weiter und nach fünf Minuten war mir vollkommen klar, dass keiner von ihnen einen Weg aufzeigen würde, wie man den Krieg beenden kann. Es war deprimierend. Sie alle nahmen im Grunde nur aus einem Grund an der Show teil: um zu erklären, ob schreiend oder murmelnd, zu argumentieren, zu überzeugen, sich in Tiraden zu ergehen und deutlich zu machen, dass ihre Religion besser sei als alle anderen. Der Moslem in der Runde, der am leisesten sprach (er hatte natürlich von Anfang an keine Chance, irgendeinen von Larry Kings Zuhörern zu überzeugen), musste sich in Geduld üben, während die anderen sich nicht scheuten, öffentlich über seinen »Kriegerglauben« herzuziehen. Nicht, dass irgendjemand ihn in seinem Glauben erschüttern konnte: In der dunkelsten Stunde des Islam war er sich der Überlegenheit seiner Religion ebenso sicher wie die anderen.

Das letzte Wort war dem jüdischen Talkshowmaster vorbehalten, der einen Anfall von Kameradschaft zu haben schien: »Sehen Sie? Nur in Amerika ist es möglich, dass wir uns als Vertreter ganz verschiedener Religionen wie Freunde zu-

GOTT UND KRIEG

sammensetzen und so diskutieren können.« Wie bitte? Der
Mann schien tatsächlich zu denken, in Schweden oder Hol-
land oder in irgendeiner anderen Hochburg der Intoleranz
wäre die Polizei gekommen und hätte den Sender abgeschaltet!

Jetzt ist die Show vorbei und in dem Fernsehstudio in Quito
nimmt mir ein hübsches, lächelndes Mädchen den Hörer ab.
Morgen werde ich in einem anderen Land sein, um einen Vortrag zu halten, also ab ins Bett. Ich trotte in die warme Tro-
pennacht. Warum rege ich mich so auf über das Minikonzil,
an dem ich gerade teilgenommen hatte? Gott wird sich niemals gegen unsere gewaltsamen Konflikte hier auf Erden aussprechen.

Krieg ist zum Teil auch deshalb so bedrückend, weil es keiner der Religionen je gelungen ist, ihn zu beenden. Dabei lehren sie alle, dass Töten etwas absolut Schlechtes ist. Man kann
Gott nicht lieben, wenn man seine Mitmenschen nicht liebt
und in Ehren hält. Religion existiert, um uns unsere Gewalttätigkeit und Habgier vor Augen zu führen und uns zu helfen,
diese Eigenschaften zu überwinden. Wie es einmal jemand so
schön ausgedrückt hat: Die Religion pflanzt einen Samen in
unsere offenen Wunden, und aus diesem Samen wird ein
Baum des Friedens erwachsen.

Dieses hohe Ideal macht es umso tragischer, dass die Religionen in dieser Hinsicht vollkommen versagt haben. Ganz zu
Recht ist die Religion heute für Millionen von Menschen
bedeutungslos geworden. Manche mögen noch zur Kirche
gehen, um sich der tröstenden Rituale zu erfreuen, oder weil
man es eben tut, doch eigentlich wissen sie seit langem, dass
die Kirchen kaum oder nichts dazu beitragen, das Problem
des Krieges aus der Welt zu schaffen. Gott scheint sich nicht
zu kümmern um unser tiefes Leiden. Er erscheint nur noch

FRIEDEN STATT ANGST

wie ein entfernter Großvater, der händeringend zusieht, wie seine Enkel sich gegenseitig umbringen. In Michael Moores polemischem Film *Fahrenheit 9/11* handelt die herzzerrei-ßendste Szene von einer Mutter in Flint in Michigan, die den Irakkrieg zunächst zu befürworten scheint.

Diese Unterstützung beruht nicht auf Feindseligkeit gegen die Araber, sondern auf einem bestimmten moralischen Ge-fühl. Sie weist darauf hin, dass die kleinen Leute, die Arbeiter in einer kleinen Industriestadt wie Flint, immer ihre Schuldig-keit tun, wenn es um Patriotismus geht. In ihren Augen liest man die Überzeugung der aufrechten Kirchgängerin, der konservativen Republikanerin, der Verfechterin von Famili-enwerten. Durch eine herzzerreißende Laune des Schicksals wird sie eine der unzähligen Mütter, die ein Kind auf dem Schlachtfeld verlieren. So wurde ihr der Sohn entrissen, den sie so stolz in den Krieg geschickt hatte, und nun hat die Trauer all die Überzeugungen in ihr zerstört, die sie einmal dazu veranlasst hatten, den Krieg zu verteidigen.

Sie ist nun nicht mehr die gestandene Patriotin, sie ist viel-mehr verbittert über die Lügen und Falschheiten, die in ihren Augen zur Invasion des Irak geführt haben. Sie zermartert sich den Kopf über das grausame Schicksal, das ein unschul-diges Leben gefordert hatte. Sie leidet, wie nur eine Mutter lei-det, die ihr eigenes Kind begraben muss, wo die Natur doch vorsieht, dass es anders herum sein sollte. Schließlich sehen wir sie in Washington auf einer Konferenz. Sie hoffte, ein Besuch im Weißen Haus würde ihr wieder Kraft oder wenig-stens etwas Trost geben, doch das Gegenteil ist der Fall. Vor dem Weißen Haus strauchelt sie, bricht weinend zusammen und flüstert: »Ich wusste nicht, dass es so schwer sein würde.« Überlegen Sie sich nur, was die Religion Menschen wie ihr angetan hat. Ihre Religion hatte sie davon überzeugt, dass die Autoritäten immer im Recht sind, dass es die Rolle des kleinen Mannes ist, der Nation seine Pflicht zu zollen, ohne Fragen zu stellen oder Zweifel zu hegen. Die Religion hatte sie gelehrt, dass Leute, die gegen den Staat protestieren, schlecht und fehlgeleitet sind (sie redete gar davon, wie sie die Antikriegsbewegung verabscheute). Die Religion hatte sie gelehrt, dass Gott in einem guten Krieg – und jeder Krieg, in den Amerika zieht, ist ein guter Krieg – auf unserer Seite sei.

Und was hat ihre Religion sie nicht gelehrt? Ihre Religion hatte sie nicht gelehrt, dass wir uns dem finstersten Aspekt der menschlichen Natur stellen müssen, um ihn zu ändern.

Ihre Religion hatte sie nicht gelehrt, in spirituellen Dingen selbständig zu denken. Und vor allem hatte ihre Religion sie nicht das wahre Wesen Gottes gelehrt, denn Religionen üben schlimmsten Verrat an der Wahrheit, wenn sie Gott als eine strenge Autorität mit kriegerischen Instinkten und einer Vorliebe für Blutvergießen darstellen.

Manch einer könnte nun dagegenhalten, ich würde diese Frau nicht kennen und hätte nie ihre Kirche besucht. Das ist wohl wahr, aber man kann trotzdem zwischen den Zeilen lesen. Als ich die hilflose Trauer und Verwirrung dieser Mutter sah, hatte ich keinen Zweifel: Die Religion hatte sie im Stich gelassen. Aus folgenden Gründen hat die Religion Gott auf die Seite des Krieges gestellt:

## Warum Gott für den Krieg ist

- Die Wahrheit muss verteidigt werden.
- Unheilige Akte besudeln Gott und müssen bestraft werden.

# FRIEDEN STATT ANGST

- Ketzerei ist ein Verbrechen, das wahre Gläubige nicht unbestraft lassen dürfen.
- Rache gehört zu Gottes Natur.
- Manchmal ist ein geringeres Übel notwendig, um ein größeres aus der Welt zu schaffen.
- Für uns Menschen ist der Weg zu Gott ein unablässiges Ringen, wozu auch Kriege gehören.
- Gott mischt sich nicht ein in die Angelegenheiten der Menschen und gab kein Zeichen, dass er gegen Krieg ist.

Vor Jahrhunderten, in einem Zeitalter des Glaubens, erschienen alle diese Argumente vollkommen sinnvoll, doch heute klingen sie beunruhigend und falsch. Welcher vernünftige Mensch würde schon einen anderen Menschen töten, weil Ketzerei und Unglauben zu vereiteln sind? Kann man heute noch glauben, Gott würde eine Seite als ausschließlich böse bezeichnen, damit die Seite der Gläubigen sicher sein kann, sie sei ohne jede Sünde? Gottes Gedanken lesen zu wollen ist der Gipfel der Arroganz und Einbildung, eine Illusion unseres Ego.

Der offensichtliche Umstand, dass Gott sich nicht in unsere Angelegenheiten einmischt, macht es unmöglich, zu behaupten, er sei für den Krieg. Gott mischt sich nicht ein, weil wir Menschen für unsere menschlichen Angelegenheiten verantwortlich sind. Gott steht vollkommen über dem Begriff des Krieges. Er lässt jedoch zu, dass wir unsere Kriege führen, was die Kriegstreiber dann als ein Zeichen stummen Einverständnisses ausgeben.

Das Argument, dass Krieg zu einem umfassenderen spirituellen Ringen gehören soll, wird seltener vorgebracht, meist in einem Kontext von Fatalismus als Beweis dafür, dass Sünde universal ist und zu Gewalt führen muss. Da wir geborene Sünder sind, ist es unser Schicksal, zu kämpfen, bis wir endgültig erlöst werden. Dasselbe Argument hört man jedoch auch in einer weniger direkten New-Age-Version. Manche spirituelle Lehrer beschreiben die Reise zur Erleuchtung als eine Art inneren Krieg. Jeder Durchbruch würde im Kampf gegen Hindernisse gewonnen, die uns unser Karma oder Ego in den Weg stellten. Einen solchen Lehrer habe ich tatsächlich sagen gehört: »Dein Ego wird niemals aufgeben, bis du es getötet hast.«

Ich glaube jedoch, die meisten Menschen, die an Gott glauben, ziehen freiwillig in den Krieg, weil sie ein Übel verhindern oder aufhalten wollen. Das ist das wohlmeinende Argument, für das der Zweite Weltkrieg das beste Beispiel darstellt. Dieser Krieg wird stets als ein guter Krieg angeführt, weil es ein viel größeres Übel gewesen wäre, wenn man den Nazis erlaubt hätte, ihre Endlösung erfolgreich abzuschließen. Pazifismus stand unter Strafe in jenem Krieg und manche Moralisten argumentieren heute noch, Pazifismus wäre mit Mord gleichzusetzen, denn wer nicht bereit sei, einem Völkermord mit Gewalt entgegenzutreten, würde ihn damit gutheißen. Die Möglichkeit eines guten Krieges ist jedoch kein Grund, dem Krieg an sich nicht ein Ende setzen zu wollen. Dem Tod von Millionen von Juden waren zwei Jahrzehnte vorausgegangen, in denen Hitler offen seinen Antisemitismus gepredigt hatte, ohne dass andere Länder etwas dagegen unternommen hätten. Die Idee eines guten Krieges wird von jedem Aggressor angeführt, und wären die Unterlegenen aus diesem oder irgendeinem anderen historischen Konflikt als Sieger hervorgegangen, so hätten bestimmt auch sie behauptet, sie hätten nach Gottes Willen gehandelt.

FRIEDEN STATT ANGST

Zu jedem dieser Argumente, die Gott zu einem Kriegsbefürworter machen wollen, gibt es Gegenargumente von großem
spirituellem Gewicht, die ebenso überzeugend klingen.

## Warum Gott gegen den Krieg ist

- Gott ist seinem Wesen nach friedliebend.
- Töten ist eine Sünde.
- Menschliches Leben ist heilig.
- Gott verabscheut Gewalt gegen seine Schöpfung.
- Krieg bedeutet Verrat an unserem höheren Wesen, dem
  Teil unseres Selbst, der Gott am nächsten ist.
- Kriege brechen den Bund mit Gott, nach dem alle seine
  Kinder gleich sind.

Diese Argumente haben noch keinen Krieg verhindert, sie
haben jedoch zweifellos dazu beigetragen, dass wir uns als
sündige und schuldige Kreaturen betrachten. Die Religion
versagt also in ihrer Mission, uns Gottes Willen zu Eigen zu
machen. Statt uns von Krieg zum Frieden zu führen, vermittelt uns die Religion lediglich ein schlechtes Gewissen. Ein
guter Krieg ist ein gottgefälliger Krieg, was uns jedoch nicht
von der Sünde der Morde freispricht, die wir im Krieg begehen. Die Religion versichert uns, dass Gott die Sünder zur
Hölle schicken wird, doch ist das nicht dasselbe, als wenn man
die Mörder ermordet? Wie kann Gott dieselbe Sünde begehen, die er bestrafen will?

Aus diesem inneren Widerspruch gibt es keinen bequemen
Ausweg. Man kann sich eine Art »Gotteskreis« denken, nach
der die Sünder mit ihrem Morden fortfahren und dann Gott

GOTT UND KRIEG

um Vergebung bitten, eine Logik, nach der der Krieg niemals
enden wird. Oder man kann sich einen Gott mit zwei Gesichtern vorstellen, so, wie es in der Religion meiner Vorfahren
üblich ist: Dem einen Gesicht wird Schöpfung und Liebe
zugewiesen und dem anderen Zerstörung und Tod. Die Dualität zwischen Jahve und Christus zeigt diese Entweder-oder-
Tendenz ebenso wie die zwischen Krishna und Schiwa.

Der Weg des Friedens behauptet nicht, dass Gott Pazifist
sein muss. Die Kluft zwischen Pazifisten und Kriegstreibern
existiert in unserer Psychologie, nicht im Wesen Gottes. Die
göttliche Schizophrenie kann überwunden werden, wenn
man bestimmte spirituelle Wahrheiten erkennt und sich an sie
hält:

- Gott ist keine Person.
- Wir können nicht Gottes Gedanken lesen.
- Gott ist dem Wesen nach Bewusstsein.
- Bewusstsein kann sowohl der Gewalt als auch dem Frieden
  dienen. Es ist unsere Entscheidung.
- Erweitertes menschliches Bewusstsein entscheidet sich für
  Gewaltlosigkeit, da Liebe nur in Gewaltlosigkeit möglich ist.

Nach diesen Prinzipien braucht Gott nicht in unseren Angelegenheiten mitzumischen. Er repräsentiert vielmehr die
Essenz des Lebens und der Liebe. Wenn ich meinen persönlichen Schmerz angesichts des Krieges überwinden will, muss
ich mein Bewusstsein so weit verändern, dass Gewalt nicht
mehr denkbar ist. Dies ist heute ein bekanntes Argument, das
von Millionen von Menschen verstanden wird. Was sollte die
Religionen also davon abhalten, sich diesen Millionen anzuschließen?

Die Antwort ist: Nichts. Wenn eine Religion zu derselben Entscheidung käme, die unzählige Menschen sich Tag für Tag treffen, und sich dem Weg des Friedens anschlösse, würde der Glaube and diese Religion wieder zu einer vitalen Kraft werden. Doch welche Veränderungen sind dazu notwendig? Sie kennen die Antwort schon, denn sie gilt auch für jeden Einzelnen von uns, doch wollen wir noch einmal festhalten, worum es geht:

* Jede Religion muss die Verantwortung für Gewalt dort belassen, wo sie hingehört, im Bewusstsein jedes einzelnen Menschen.
* Sie muss aufhören, andere außerhalb ihres Glaubens als von Gott verdammte Sünder zu verurteilen.
* Sie muss aufhören, Kriege wie auch immer zu verteidigen.
* Sie muss aufhören, sich als den einzigen wahren Weg zu Gott darzustellen.
* Sie muss ihre Arroganz und ihren Autoritätsanspruch aufgeben.
* Sie muss ihrer unterschwelligen Habgier und Machtsucht entsagen.
* Sie muss herausfinden, wie sie der Liebe wieder zu ihrer rechtmäßigen Vorrangstellung verhelfen kann.

Selbst wenn sich diese Veränderungen nicht mehr zu unseren Lebzeiten vollziehen werden, dürfen wir nicht so tun, als handele es sich hier lediglich um eine Option unter anderen. Ebenso wenig handelt es sich um das Gemurre eines Kirchenfeindes. Ich habe in meiner Jugend viele Jahre lang in religiösen Schulen zugebracht. Die tiefe Religiosität meiner Eltern hat mich nicht unberührt gelassen. Meine Mutter besuchte jeden Morgen den Tempel und betete zu Rama. Mein Vater wurde nach dem jahrtausendealten hinduistischen Ritual bestattet. Meine Identität ist wahrscheinlich tiefer in religiösem Denken verwurzelt als die vieler anderer Menschen, die sich als Verfechter traditioneller Werte betrachten. Ich bin aber auch ein moderner Mensch und was ich seit den Tagen meiner religiösen Erziehung erlebt habe, macht einen Umstand so offensichtlich, dass ich ihn nicht verleugnen kann: Im gegenwärtig herrschenden Menschenbild haben die Religionen keinen Platz mehr.

Dieses Menschenbild ist im Grunde ein wissenschaftliches. Es erklärt Gewalt auf vollkommen religionsfreie Weise. Während meines Medizinstudiums wurde ich zu einem Anhänger des wissenschaftlichen Weltbilds. Ich kenne also die Macht der Überzeugungen, die das wissenschaftliche Denken beherrschen. Eine dieser Überzeugungen – sie geht auf Freud zurück – ist, dass unsere Gewalttätigkeit aus unserem Unterbewusstsein herrührt. Demnach existiert in jedem von uns ein dunkles Reich, das C. G. Jung als den Schatten bezeichnete. In diesem Reich herrschen die atavistischen Triebe Zorn und Furcht. Im alltäglichen Leben berührt uns dieses Schattenreich nicht. Wir geben vor, es existiere nicht, doch diese Einstellung macht uns leider zu Sklaven. Wenn Kriege ausbrechen, dringt der Schatten an die Oberfläche und sorgt für Tod und Verderben.

Die psychologische Sicht der Gewalt macht Religionen irrelevant, weil wir der Versklavung durch den Schatten nur entkommen können, indem wir ihn erforschen und ans Licht des Bewusstseins bringen. Religiöse Menschen lehnen es ab, den Schatten zu erforschen. Sie leben lieber in ihrer dramatischen Welt der Sünde und Erlösung, wo alles so viel einfacher erscheint: Du tust etwas Schlimmes und Gott verdammt dich. Du tust etwas Gutes und Gott belohnt dich. Im Grunde ist dies die klassische Eltern-Kind-Beziehung. In der Familie funktioniert das System von Belohnung und Strafe, da Kinder lernen müssen, was recht und was unrecht ist. Doch wenn man es in die Erwachsenenwelt überträgt, zeigen sich unbestreitbare Schwächen darin. Ein Erwachsener, der seine Moralentscheidungen einem väterlichen Gott überlässt, gibt seine Verantwortung auf, persönlich und aktiv für das Gute einzutreten. Ein Erwachsener, der denkt, verborgene Triebe des Zorns und der Furcht seien angeborene Sünde, vernachlässigt seine Verantwortung, die Finsternis zu erhellen. Krieg und Gewalt wurzeln im Bewusstsein jedes einzelnen Menschen, das behaupten im Grunde alle Religionen, und wenn eine Religion dazu benutzt werden kann, dass man sich nicht selbst ins Gesicht schauen muss, dann ist sie tatsächlich tot.

Die zweite vorherrschende Erklärung für unsere Gewalttätigkeit ist genetischer Natur. Die Genetik basiert auf Darwins Gesetzen des Überlebens. Verhilft ein bestimmtes Merkmal einer Spezies zum Überleben, so setzt sich dieses Merkmal durch und wird dem genetischen Material der Spezies einverleibt. Macht ein Merkmal eine Spezies schwächer, verringert es also seine Fähigkeit zu überleben, dann verschwindet dieses Merkmal wieder mitsamt den dazugehörigen Genen. Gewalt hat demnach keine moralische Bedeutung. Um das zu werden, was wir sind, standen wir vor der einfachen Wahl: Töte oder werde getötet. Um sich fortpflanzen zu können, hatten Männer ihre Partnerinnen ihren Konkurrenten wegzuschnappen, natürlich mit Gewalt. Der Geschlechtsakt bestand wahrscheinlich in der brutalen Vergewaltigung der Auserwählten. Verschiedene Stämme mussten sich im Krieg gegen andere

Stämme behaupten, die es auf ihr Land, ihre Nahrung und ihre Frauen abgesehen hatten.

Die Genetik macht Religion bedeutungslos, weil wir im Sinne der Genetik nichts als Tiere sind, Abkömmlinge der Primatenfamilie, entfernte Vettern von Gorillas und Schimpansen. Wir haben dieses Menschenbild schon früher angesprochen. Da sich nur ein Prozent der Gene des *homo sapiens* von denen des Gorillas unterscheidet, lässt sich dieses Argument kaum zurückweisen. Daher ist man heute so überzeugt davon, dass es bestenfalls sentimental zu sein scheint, wenn wir uns mit Engeln vergleichen. Der verzweifelte, dem Selbstmord nahe Hamlet sagt in Shakespeares Drama dennoch vom Menschen: »In Gestalt so engelsgleich, im Begreifen wie ein Gott!« Die Genetik würde nüchtern darauf hinweisen, dass wir in Gestalt nur ein paar genetische Ecken vom Neandertaler entfernt sind, und im Begreifen sind wir wahrscheinlich auch nicht viel weiter.

Wenn es die Wissenschaft nicht gäbe, könnten die Religionen vielleicht trotz ihrer inneren Schwächen irgendwie überleben, aber mit der Wissenschaft gegen sie sehe ich da keine Hoffnung. Freuds Durchbrüche sind nun ein Jahrhundert her, Darwins anderthalb Jahrhunderte. Seit jenen Zeiten haben die Religionen immer mehr an Glaubwürdigkeit verloren. Die Religionen können nur dann wieder eine Überlebenschance haben, wenn man schleunigst etwas unternimmt. Dabei ist jedoch nur eine von zwei entgegengesetzten Richtungen möglich:

1. Man verteidigt die traditionellen Religionen »bis zum letzten Mann«, ganz gleich, wie sehr sie der Vernunft widersprechen.

2. Man drängt die Religionen, sich so weiterzuentwickeln, dass sie eine Relevanz erreichen, die mit wissenschaftlichen Argumenten nicht mehr zu schlagen ist.

Auf den ersten Blick mag es so aussehen, als hätte sich die Mehrheit der religiösen Menschen für erstere Alternative entschieden, doch diesen Anschein halte ich für trügerisch. Menschen mit spiritueller Zielsetzung haben neue Wege gefunden, wie sie eine im Grunde religiöse Denkweise wieder relevant machen können. Sie berufen sich auf die Quantenphysik und bieten damit eine Erklärung der Wirklichkeit, nach der Wunder und die Existenz der Seele noch glaubwürdiger erscheinen als in den traditionellen Religionen. Die Religion erlebt ein Comeback, jedoch nicht als blinder Gehorsam gegenüber einem Kanon von Glaubenssätzen, sondern als persönliche Erforschung des Bewusstseins. Wir stellen weiterhin die gleichen uralten Fragen: Wer sind wir und woher kommen wir? Und wir kommen auch zu den gleichen uralten Antworten: Wir sind spirituelle Wesen, die ihren Ursprung in Gott haben. Nur kommen wir heute mit offenen Augen und offenem Geist zu diesen Antworten, nicht durch steifes Festhalten am Dogma.

Und was ist mit dem Krieg? Gott kann uns zeigen, wie wir aus unserem Jammertal emporsteigen können, indem wir die Schritte zurückverfolgen, durch die wir darin versunken sind. Gott weist uns den Weg durch das Bewusstsein, denn Gott ist Bewusstsein. Ist Ihr Denken widersprüchlich, schuldbewusst oder gespalten, dann können Sie Gott nur durch diese Filter sehen. Ist ihr Denken aber organisiert, zusammenhängend und klar, dann sehen Sie Gott ebenso organisiert, zusammenhängend und klar. Es gibt eine fundamentale Tatsache, der niemand entkommen kann: In jeder Phase Ihrer persönlichen Evolution sehen Sie sich selbst als Wirklichkeit. Die biblische Geschichte, wie Gott den Menschen in seinem eigenen Abbild erschuf, wird erst schlüssig, wenn wir erkennen, dass der

Mensch den Gefallen erwiderte, indem er Gott nach seinem Abbild schuf.

Es gibt so viele Versionen von Gott, wie es Menschen auf der Welt gibt. Alle diese Versionen können jedoch auf sieben Stufen zurückgeführt werden, die den sieben Ebenen des Bewusstseins entsprechen. Sie sind wie Brillen, die uns eine bestimmte Weltsicht vermitteln. Im Verlauf unserer Evolution erfährt auch unser Bild von Gott eine Evolution. Die Bewusstseinsebene, die Gott zu einem Kriegsbefürworter macht, einer Quelle von Furcht, wird in eine höhere übergehen und durch diesen Übergang wird unser Gott zu einem Gott der Liebe und des Friedens. Dieser Gott ist jedoch nur lebensfähig, wenn Ihr Bewusstsein sich so wandelt, dass es ihn unterstützen kann. Dies ist eines der Gesetze der Spiritualität: So, wie Sie sich weiterentwickeln, wird auch das Göttliche sich weiterentwickeln. Der Weg des Friedens hängt davon ab, dass wir diese Wahrheit lebendig machen, Schritt für Schritt.

## Gott offenbart sich in sieben Phasen
### *Phase 1: Chaos, Konflikt und Krieg*

In dieser am wenigsten entwickelten Phase Gottes herrscht dieser oder eine Göttin über eine Welt unvorhersehbarer Katastrophen. Die Menschen sehen sich der rohen Natur gegenüber, wozu auch die rohe Natur des Menschen gehört. Eine Welt der wilden Tiere, die einander angreifen und auffressen, setzt sich in einer Gesellschaft fort, wo der Mensch gleichzeitig Jäger und Beute ist. Das Verhalten ist urzeitlich und steht noch im Zeichen der primitiven Wahl zwischen Kampf und Flucht.

FRIEDEN STATT ANGST

Auf dieser Ebene wird die verwickelte Hierarchie von folgenden Begriffen beherrscht:

Furcht
unvorhersehbare Ereignisse
blinde Reaktion
Kampf oder Flucht
Feinde überall
Unterdrückung
Depression
Sünde

Diese Stufe des Bewusstseins ruft eine entsetzliche Unsicherheit hervor, wie sich in den Tagen nach dem 11. September zeigte. Die amerikanische Öffentlichkeit fühlte sich von Wellen des Schocks und der Furcht überrollt. Der Terror barg potenzielles Chaos in sich. Die Lösung bestand darin, sich zu organisieren und zu kämpfen. Diesen Wandel verkörperte zum Beispiel der New Yorker Bürgermeister Rudolph Giuliani, der sich am ersten Tag durch seine hervorragende Eloquenz hervortat. Er brachte die Öffentlichkeit näher zusammen durch eine aufrichtige Reaktion tiefer Bestürzung – so sagte er beispielsweise, die Verluste wären so schwer, dass es ihnen allen das Herz brechen würde. Später wurde Giuliani zu einem militanten Falken im Krieg gegen den Terrorismus, den es unter allen Umständen zu gewinnen gälte, selbst unter größten Opfern.

Politische Führer müssen den Eindruck erwecken, als würden sie nie von der Furcht gepackt, die die Öffentlichkeit empfindet. Ihre erste Reaktion ist stets, der gesamten Gesellschaft bestimmte Freiheiten zu nehmen, mit der Begründung, dass

206

GOTT UND KRIEG

Terrorismus dort am besten gedeiht, wo zu viel Freiheit herrscht. Das ist natürlich das komplette Gegenteil von der Wahrheit, was jedoch geflissentlich ignoriert wird. (Nach dem Terroranschlag auf die Schule in Beslan forderte der russische Präsident Putin, wie nicht anders zu erwarten, mehr Vollmachten für die Regierung, härteres Vorgehen gegen den Feind und ein allgemein militanteres Auftreten – genau wie Präsident Bush nach den Anschlägen im September 2001.)

Auf dieser Ebene spiegelt Gott diese ängstlichen Haltungen wider. Er ist streng und gnadenlos. Er verdammt seine Feinde, gegen die er absolute Vergeltung verlangt. Es wäre falsch, ihn völlig mit einem alttestamentarischen Gott gleichzusetzen, obwohl Jahwe alle diese Züge zeigt. Denn selbst in Bezug auf Christus finden sich einige Textstellen über Sünder, die mit Geheul und Zähneknirschen in den Abgrund geworfen werden.

Wie in jeder Phase des Bewusstseins muss Gott der Welt entsprechen, die er erschaffen hat. Eine Welt der unvorhersehbaren Katastrophen erfordert also einen launenhaften, willkürlichen Gott. Er will gefürchtet und besänftigt werden, sonst lässt er uns seine Rache spüren. Wir beten um Vergebung unserer Sünden, erwarten aber das Schlimmste, da diese Sünden niemals vollständig getilgt werden können. Deshalb haben wir alles verdient, was immer uns zustößt.

Das Chaos, vor dem die Menschen so tiefe Furcht empfinden, ist in Wirklichkeit jedoch in uns selbst, in unserem Bewusstsein, und alle Versuche, es auf unsere Feinde zu projizieren, müssen vergeblich bleiben. So ist der Krieg gegen den Terrorismus zum Scheitern verurteilt, denn wenn man nur überall Feinde sehen will, ist man dazu verdammt, sich immer mehr Feinde zu schaffen.

207

Diese erste Phase der Evolution endet erst, wenn ein Bewusstseinswandel eintritt. Ein Gott, der uns mit Katastrophen straft und zugleich erwartet, dass wir ihm als Erlöser aus unseren Ängsten huldigen, ist ein Widerspruch in sich. Ist dieser Gott nicht auch die Quelle unserer Ängste? Die aussichtslose Taktik in dieser Phase besteht darin, die Angst zu besiegen, indem sie in Zorn verwandelt wird. Hinter jeder militärischen Reaktion verbirgt sich die magische Transformation von Angst in Zorn. Armeen verkörpern den Wunsch, hart, sicher, stark und aggressiv zu wirken – scheinbar das Gegenteil von Furcht, in deren Klauen wir uns schwach, unsicher und gelähmt fühlen. Doch nur wenn wir unsere Furcht als das angehen können, was sie wirklich ist, können wir sie entschärfen. Wenn uns das gelingt, gelangen wir endlich über die erste Stufe hinaus und Gott erhält ein neues Gesicht.

### Phase 2: Recht, Ordnung und Leistung

Auf der nächsten Stufe herrscht Gott über eine geregelte Welt. Das Chaos der ersten Phase ist der Ordnung gewichen. Wir blicken auf eine Welt, in der die Natur in ihren Grenzen bleibt, geleitet von ihren eigenen berechenbaren Prinzipien. Diese Welt ist gutmütiger und bringt deshalb auch einen gutmütigeren Gott hervor – nennen wir ihn den »Gott der Normalität«. Im Alten Testament erscheint dieser Gott nach der Katastrophe, die zu Adams und Evas Vertreibung aus dem Paradies führt. Die Menschheit steht unter einem grausamen Fluch, doch das normale Leben muss nun einmal weitergehen. Also beginnt in der Bibel nun die lange Aufzählung und Erklärung der vielen Gesetze, die das Alltagsleben regeln, angefangen mit den Zehn Geboten, die jedoch bald um Hunderte von detaillierten Regeln erweitert werden. Gott scheint es nun darum zu gehen, seinen Kindern ein gutes und tugendhaftes Leben zu gewähren.

In dieser Phase herrschen in der verwickelten Hierarchie die folgenden Konzepte vor:

Organisation
Ordnung
Kooperation
Gesetz
Geld
Bürgerlichkeit
Wettbewerb
freie Märkte

Nichts davon klingt nach Religion, und doch haben diese Begriffe in jede spirituelle Tradition Eingang gefunden. Die Gesetze des Manu in Indien sind ein Spiegelbild der mosaischen Gebote. Beide Regelwerke liefern einen Plan, nach dem die Menschen zusammenleben und etwas Bleibendes schaffen können. Dies ist die Stufe, auf der Krieg zu etwas Rationalem wird, zu einem Mittel zum Zweck für Stämme und Nationen, die mehr Land, mehr Geld und mehr Macht fordern. Die Menschen leben immer noch in Furcht, die sich jetzt aber hinter der Maske des geregelten Lebens verbirgt. Gott ist nicht mehr ganz so launenhaft. (Das letzte Spielchen, das er mit den Menschen treibt, ist wohl im Buch Hiob beschrieben, das damit beginnt, dass Jahwe mit dem Teufel darum wettet, dass der Glaube eines tugendhaften Menschen nicht gebrochen werden könne, selbst wenn man ihn unsägliche Prüfungen erleiden lässt. Jahwe gewinnt zwar diese Wette, benimmt sich aber ebenso manipulativ wie Satan.) Er folgt von nun an bestimmten Gesetzen, sodass man nicht mehr ständig raten muss, welche Absicht er hegt. Das Bedürfnis, das er damit erfüllt, ist natürlich eher menschlich als göttlich und die menschliche Gesellschaft gedeiht entsprechend unter diesem Regime.

Ordnung ist jedoch nicht dasselbe wie Liebe und Vergebung. Wenn wir gegen Gottes Gesetze verstoßen, müssen wir bestraft werden, in manchen Fällen mit dem Tod. Es gibt also immer noch keine Lösung für Zorn und Angst. Im Wettstreit mit der rohen Natur werden die Menschen weiterhin ihre Vernichtung fürchten. Ebenso fürchten sie, vor den Richter gezerrt zu werden, sei er nun Gott oder ein Mensch, der ebenso mächtig ist wie die Natur.

Der Widerspruch in dieser zweiten Phase besteht darin, dass Gewalt und Ordnung nebeneinander existieren, ohne dass es zu Spannungen zu kommen scheint. Selbst die rationalsten Gesellschaften ziehen noch in den Krieg. Sie entwickeln nur wirksamere Methoden, Zerstörung zu verbreiten. Der Gott der zweiten Stufe mag seinen Kindern ein gutes Leben wünschen, hat jedoch auch nichts gegen Gewalt.

Krieg bleibt also eine Option, wenn auch eine gefährliche, wenn er den Wohlstand einer Nation gefährdet. Die Führer müssen deshalb die Kosten ihrer Kriege herunterspielen und gar vorgeben, Wohlstand und Krieg könnten Hand in Hand gehen.

Die aussichtslose Strategie in der zweiten Phase ist der Materialismus, der Glaube, dass das Leiden ein Ende nimmt, wenn man nur genug gute Dinge besitzt. Als typischen Vertreter dieser Stufe kann man sich einen privilegierten Studenten vorstellen, dem es dank seiner Herkunft gelingt, seine Einberufung aufzuschieben. Erziehung und Privilegien dienen als

Beleg, dass man über dem Krieg steht. In Wahrheit sind Kriege jedoch der Ausbruch unbewusster Triebe. Solange man diese Triebe nicht bewusst angeht, wird die Gewalt kein Ende nehmen. Materieller Status spielt dabei keine Rolle. Arme Länder ziehen in den Krieg, reiche Länder ziehen in den Krieg. Diese Phase der Bewusstseinsentwicklung findet ihr Ende, sobald die Menschen erkennen, dass materieller Erfolg das zugrunde liegende Problem der Gewalt nicht aus der Welt schaffen kann.

*Phase 3: Harmonie, Fürsorge und Innerlichkeit*

Auf der nächsthöheren Stufe ist Gott versöhnlich. Er herrscht über eine Welt ohne Sünde. Die Menschen erfreuen sich hier eines besseren Selbstbilds. Die Welt ist ein Ort der Harmonie, eher ein Spielplatz als ein Schlachtfeld. Alles ist entspannt und die Menschen beginnen, die Möglichkeit zu erkunden, dass die Natur nicht durch Gott festgelegt ist. Sie entwickelt sich; Dinge verändern sich und können daher sogar verbessert werden.

In dieser dritten Phase der Evolution sind die folgenden Elemente der verwickelten Hierarchie vorherrschend:

Blick nach innen
Stabilität
Frieden
Dankbarkeit
Nachsicht
Offenheit
Selbstakzeptanz
Vorurteilslosigkeit
Fürsorge

In diesem Stadium dämmert es den Menschen, dass sie die Hüter des Planeten sind. Indem wir lernen, uns um uns selbst zu kümmern, lernen wir auch, uns um Gottes Schöpfung zu kümmern. Auch Gott hat einen Wandel zu mehr Güte erfahren. Von seinem Rachedurst ist keine Spur mehr. Er blickt auf die Welt hinab und ist froh, dass seine Kinder ihr eigenes Leben führen. Er gibt sich damit zufrieden, der Menschheit eine harmonische Umgebung für ihr Wachstum zu bieten.

In dieser Phase blicken wir nach innen, weil wir keine so große Angst mehr davor haben, was wir dort finden könnten. Der reißende Wolf in uns gehört der Vergangenheit an. Es gibt nur noch wenige innere Bestien, obwohl wir noch viele Schatten und beunruhigende Triebe in uns finden. Diese vermögen jedoch nicht uns das Gefühl zu nehmen, dass im Grunde alles in Ordnung ist: Zum ersten Mal scheint es möglich, uns selbst zu akzeptieren. Unser Selbstwertgefühl ist endlich stärker als alle Sünde.

Auf dieser dritten Stufe drängt es niemanden mehr in den Krieg. Alles dreht sich um Frieden als den Normalzustand des Lebens. Der Mensch hat einen Zustand der Reife erreicht und erkennt schließlich, dass man Frieden nur finden kann, indem man seine Brüder und Schwestern respektiert und sie als seinesgleichen behandelt. Eine Gesellschaft geht in diese Phase über, sobald sie zum Beispiel bereit ist, ein feindliches Land wiederaufzubauen. Dies ist auch die Phase des moralischen Bewusstseins, wo man die Sünde verabscheuen, aber den Sünder lieben kann. Mit anderen Worten, jemand, der Schlechtes tut, wird nicht unbedingt als schlechter Mensch verurteilt.

In dieser Phase sind Führer Friedensstifter und Wohltäter. Ihr Verhalten ist nicht mehr durch Wettbewerb oder Kriegshunger gekennzeichnet, sondern durch Unterstützung.

GOTT UND KRIEG

(Lincoln war unterstützend im Vergleich zu General Grant und Bill Clinton war unterstützend im Vergleich zu George W. Bush.) Ihr Handeln ist stets voller Milde und Nachsicht und ihre Politik bringt die verschiedensten Interessen zusammen.

Was auf dieser Stufe auch noch nicht stimmt, hat mit dem jungschen Schatten zu tun, dem Teil unseres Selbst, in dem sich der Zorn, die Furcht und die Zerstörungswut der Vergangenheit verbergen. Der Blick nach innen bringt stets diesen Schatten zum Vorschein, ohne dass sich ein praktikabler Weg anböte, mit ihm fertig zu werden. Menschen auf dieser Bewusstseinsstufe geben oft vor, friedlicher, toleranter und nachsichtiger zu sein, als sie in ihrem tiefsten Inneren tatsächlich sind. Sie sind keine Heuchler, doch die Entdeckung, dass Friede möglich ist, ist ihnen zu kostbar, als dass sie sie aufgeben könnten, und für die meisten Menschen ist es keine friedvolle Erfahrung, sich mit ihren inneren Dämonen auseinander setzen zu müssen.

Die meisten Gesellschaften haben nun den Punkt erreicht, an dem sie sich einen friedvollen Gott wünschen. So viel hat die Evolution schon gebracht, auch wenn wir immer noch in frühere Entwicklungsstufen zurückfallen können, wenn der Druck von Furcht und Zorn allzu stark wird. Religionen der Intoleranz sind jetzt Minderheitskulte. Für die überwältigende Mehrheit ist das Predigen von Hass und Furcht nicht mehr akzeptabel. Die Evolution des Bewusstseins ist jedoch noch lange nicht abgeschlossen. Der Gott dieser dritten Stufe ist noch nicht ganz der Gott der Liebe und der Nächstenliebe. Er hat die Menschen noch nicht als Mitschöpfer ihrer eigenen Wirklichkeit in die Arme geschlossen. Die Grundlagen sind jedoch vorhanden – für den nächsten Schritt.

213

*Phase 4: Einsicht, bewusstes Wachstum, Zeuge werden*

Auf dieser Stufe der Evolution ist Gott der Meister der Offenbarung verborgener Wahrheiten. Seine Welt ist eine Welt voller Geheimnisse. Wer Gott kennen will, muss nun gewillt sein, seinen Materialismus aufzugeben, denn die Geschenke der Offenbarung liegen nicht im Materiellen, sondern in den verborgenen Schichten der Realität. In Indien ist dieser Bereich als der *subtile Körper* (Shuksham Sharir) bekannt. Ich bevorzuge den Begriff *subtiler Körper* gegenüber dem modernen westlichen Begriff des Unbewussten, weil man sich darunter eher eine Art Finsternis und blinden Instinkt vorstellt. Der subtile Körper ist die Weisheit selbst und wenn ein Mensch Zugang zu ihm findet, empfängt ihn ein Strom von Einsichten. Der Gott der vierten Phase ist zwar geheimnisvoll, will aber auch bekannt sein.

In dieser Phase stehen die folgenden Elemente der verwickelten Hierarchie im Vordergrund:

Intuition
Geheimnis
innere Wahrheit
Zeuge sein
Distanz
verstärkte Akzeptanz
Ichbezogenheit

Gott spiegelt sich in der plötzlichen Entdeckung wider, dass die Quelle der Realität in uns selbst liegen könnte. Die Andeutung dieser Möglichkeit verleiht der inneren Welt ihre Faszination. Seine eigene Wahrheit zu finden wird zum wichtigsten

GOTT UND KRIEG

Unterfangen überhaupt. Da kein anderer Ihnen Ihre Wahrheit zeigen kann, distanzieren Sie sich von äußerer Autorität. Auch Gott will in diesem Stadium keine Autorität mehr sein. Er ist vielmehr eine verborgene Gegenwart, die sich Stück für Stück offenbaren wird.

In den seltenen Augenblicken, wenn ein zutiefst einsichtsvoller Mensch wie Vaclav Havel, der erste Präsident der freien Tschechoslowakei, Macht erlangt, kann es zu außerordentlichen, gewöhnlich sehr kurzen Perioden nationalen Erwachens kommen. Auch Gandhi und Lincoln leiteten solche Phasen ein, selbst in Zeiten großer gesellschaftlicher Unruhe. Dieses Stadium verlangt nach Führern, die vollkommen aufrichtig und vielschichtig sein und zugleich das seltene Talent besitzen, im öffentlichen Leben etwas zu bewirken. Sie führen durch ihre Präsenz, die von allen um sie herum als weise, wenn nicht gar heilig empfunden wird.

Der Gott der vierten Stufe ist in jeder Hinsicht unserer Liebe wert. Er ist die Essenz des Verständnisses. Jeder, der sich dieser Version Gottes nahe fühlt, hat zu einem gewissen Grad die Qualität eines Zeugen erreicht, also eines Menschen, der fähig ist, außerhalb seiner selbst zu stehen. Zeuge sein heißt, sich zu lösen, ohne die Berührung zu verlieren.

Menschen, die dem Tod nahe waren, zum Beispiel im Krieg oder nach einem Verkehrsunfall, reden von der plötzlichen Ruhe, die sich auf sie senkte. Ganz gleich, welche Art von Gewalt um sie herrschte, sie hatten das Gefühl, außerhalb davon zu stehen, als würden sie von einem anderen Ort aus das Geschehen beobachten. Von diesem Ort kümmert man sich um alles. Es gibt keinen Widerstand gegen äußere Ereignisse.

Auf der vierten Stufe wird Spiritualität erstmals praktikabel, denn hier sind Sie bereit, dem Leben seinen Lauf zu lassen, ohne einzugreifen. Das verzweifelte Verlangen, die Kontrolle zu haben, ist schwächer geworden. Denn nun sind Sie Zeuge, Ihr Leben hängt nicht mehr ab vom alltäglichen Geschehen. Gewinn und Verlust sind kein Gegensatz mehr, sie sind nur noch Teil eines größeren Plans. Sie sehen die reale Möglichkeit, Ihren Willen mit Gottes Willen in Einklang zu bringen. Krieg erscheint in dieser Phase als etwas Fremdes und Sinnloses, als etwas, das nur der Ignoranz entspringen kann. So nehmen Sie sich vor, dieser Ignoranz ein Ende zu bereiten.

Die vierte Stufe ist insofern unvollkommen, als immer noch keine gemeinsame Lösung für Krieg und Gewalt gefunden ist. Sosehr Sie sich auch danach sehnen, Ihre Distanz zu anderen Menschen macht es nicht leichter, sie zu erreichen. Auch anderen fällt es schwer, eine Beziehung zu Ihnen zu haben. Sie scheinen sich für all ihre Ambitionen nicht zu interessieren. Sie nehmen keinen Anteil an ihren Sorgen.

Schließlich erkennen Sie, dass Einsicht nicht genügt, wenn Sie die Welt ändern wollen. Sie sind bereit für die fünfte Phase.

### Phase 5: Kreativität, Entdeckung und Innovation

Gott ist in dieser Phase der reine Schöpfer. Er schaut auf eine Welt, die sich von Grund auf erneuern will. Die Sehnsucht nach einem verlorenen Paradies hat ein Ende gefunden, da die Menschen sich nun stark genug fühlen, eine Welt zu schaffen, die ihrem eigenen Schöpferdrang Ausdruck verleiht. Dies ist ein Stadium neuer Macht. Damit geht so viel Energie und Vitalität einher, dass Distanz schließlich zum nützlichen Schirm gegen Ablenkungen von außen wird.

Die verwickelte Hierarchie der fünften Stufe ist durch folgende Begriffe geprägt:

GOTT UND KRIEG

Kreativität
Kunst und Wissenschaft
Erkundung
Rebellion
Bestehen auf Freiheit
Fokus
Ausbrüche von Inspiration
kein Dulden von Einschränkungen
Ablehnung von Autorität

Alle diese Attribute lassen sich auf die großen Vorreiter in der Menschheitsgeschichte anwenden, von Galileo bis Einstein. Es sind die Erforscher des Bewusstseins, die keine Einschränkungen dulden. Gott selbst ist in diesem Stadium wie diese Pioniere, jedoch im Maßstab der Unendlichkeit. Anstatt die Welt zu erschaffen und sich dann rar zu machen, ist dieser Gott unentwegt mit seiner Schöpfung beschäftigt und bringt Neues hervor. Die Schöpfung ist ein ewiger Prozess in unendlichen Dimensionen.

Die Führer dieser Phase sind vorbildliche Menschen, die Zeit und Ort bedeutungslos machen. Ein Newton oder ein Mozart inspiriert viele Generationen, über die Jahrhunderte hinweg, ungeachtet der Landesgrenzen. Wahre Schöpfer haben eine solche Macht, dass die Politik mit ihrem wilden Gerangel um konkurrierende Interessen sie nicht aufhalten kann.

Napoleon war ein selbsternanntes Mitglied dieser Ebene. Er verbrachte jede wache Minute damit, Frankreich nach seinem Bild zu formen, vom Rechtssystem bis zu den Rockknöpfen seiner Soldaten, von öffentlichen Bauwerken bis zu Kochkunst und Mode. Diese unvergleichliche Periode fand ihr Ende, als er zum ungeheuren Egomanen mutierte und sich selbst zerstörte. Da er allen Dingen auf der Welt seinen Namen aufprägen wollte, verlor er die kreative Verbindung, die ihn zwei Jahrzehnte lang zum Übermenschen gemacht hatte. (Napoleon endete schließlich als ein sehr gewöhnlicher Mensch, nämlich in seiner Badewanne auf St. Helena beim Diktieren der Memoiren verflossenen Ruhmes. Ihm war klar, dass er die kreative Verbindung für immer verloren hatte.)

Auf dieser fünften Stufe liegt das Problem darin, dass ein Einzelner, wie inspiriert er auch sein mag, keine neue Welt erfinden kann. Große Künstler leben in einer Fantasie vollkommen ungehinderter Kreativität, doch ihre Macht endet auf dem Papier oder auf der Leinwand. Andererseits ist Inspiration ein machtvoller Antrieb und in den Augenblicken, in denen wir uns in der Gegenwart der großen Schöpfungen eines Genies befinden, fühlen wir uns auf eine neue Ebene der Wahrheit erhoben.

Und es gibt noch zwei andere Probleme auf dieser Stufe: Anarchie und Isolation. Schöpferische Menschen hassen Beschränkungen und verabscheuen Autorität. (Man muss nur Michelangelos endlose Klagen über Papst Julius lesen – die Unterwerfung selbst der höchsten Kirchenautorität war dem Künstler emotional nahezu unmöglich.) Eine Welt entfesselter Kreativität wäre jedoch pure Anarchie. Große Schöpfer enden schließlich in Isolation, unfähig, die Welt zu ändern, unfähig aber auch, an ihr teilzuhaben. Gott ist in dieser Phase so rein in seiner Kreativität, dass er das menschliche Verständnis fast übersteigt. Er kann die Menschheit nicht nach seinem Bild verändern, solange es noch menschliche Schwäche gibt.

## GOTT UND KRIEG

### *Phase 6: Vision, Mitgefühl und Liebe*

Gott liebt auf dieser Stufe die Menschheit in allen ihren Aspekten, und diese Menschheit ergibt sich ihm, selbst wenn er es nicht von ihr verlangt. Machtverhältnisse werden auf den Kopf gestellt. Macht beruht nicht mehr auf Drohungen, sondern auf Liebe, sie verlangt nichts und inspiriert zu vollkommener Hingabe. Ein Mensch, der diese Stufe erreicht hat, ist zum Visionär geworden. Er kümmert sich nicht mehr um sich selbst als Individuum. Jeder Gedanke und jede Tat ist Ausdruck seiner Liebe für die Menschheit selbst. Die Etiketten Gut und Böse sind fast bedeutungslos. Er umfängt alle Lebewesen in seinem Mitgefühl.

Auf der sechsten Stufe der Evolution stehen die folgenden Elemente der verwickelten Hierarchie im Vordergrund:

Vision
Mitgefühl
Wunder
vollständige Verwandlung
Ende der Persönlichkeit
Zukunftsorientierung
Tod des Ego
Hingabe

Der Gott der sechsten Phase ist kaum noch mit Zeit und Raum verbunden. Er inspiriert Visionäre, die für den Wandel leben, der eines Tages den Himmel auf Erden bringen wird. Visionäre interessieren sich nicht für alltägliche Ereignisse, haben aber die Gabe des zweiten Gesichts: Sie sehen das Nahen einer verwandelten Menschheit. Buddha und Jesus,

Sokrates und Laotse, Mohammed und Konfuzius stehen auf der Schwelle zwischen Zeit und Zeitlosigkeit. Sie bringen ewiges Sein in menschliche Reichweite.

Diese Schwelle, von der ich hier spreche, ist ein magischer Ort, wo die eisernen Gesetze von Materie und Energie aufgeweicht sind. Visionäre können Wunder vollbringen, können die Wirklichkeit an sich verändern. In diesem Sinn sind sie wie Metaschöpfer. Ihr Einfluss allein verändert die Zukunft, und dazu verwenden sie keine materiellen Hilfsmittel: *Dies sind die Menschen, die die Wirklichkeit auf Erden herbeiführen.*

Gott ist nun reine Seligkeit, reine Gnade. Sein Licht antwortet auf die Gebete, indem es die grobe Wirklichkeit mit seiner göttlichen Präsenz durchwirkt. Dies spürt man, wenn man sich an die heiligsten Plätze begibt. An diesen Plätzen finden sich stets spirituelle Gemeinschaften zusammen, denn Menschen, die diesen Duft der Gottheit wahrnehmen können, wollen so lange wie möglich in seiner Nähe bleiben. In dieser Phase werden die verehrten Lehrer der Menschheit zu Heiligen, zu reinen Medien für Gottes Gnade.

Das Leben auf dieser sechsten Bewusstseinsstufe ist frei von jeder Dualität. Das Problem des Urteils gibt es nicht mehr. Niemand wird als böse oder unannehmbar angesehen. Kein Geschehnis ist unberührt von Gottes Absicht. Die schlimmsten Aspekte des menschlichen Lebens sind gesegnet, sodass sie verwandelt werden können. Es sind noch Spuren eines Kampfes um die Seelen der Menschen vorhanden, doch das ist nur ein Symbol, der Überrest einer niederen Anschauung. Licht zieht nicht in den Krieg. Es durchdringt die gesamte Schöpfung und wartet mit unendlicher Geduld, bis es bemerkt wird. Die Evolution ist jedoch noch nicht am Ziel, eine Stufe steht noch bevor, die Domäne der Unendlichkeit, jenseits von

Transformation und Wandel, wo Vergangenheit, Gegenwart und Zukunft eins sein werden.

### Phase 7: Einheit, Sein und Ewigkeit

Auf dieser letzten Stufe der Evolution verliert Gott alle Eigenschaften. Er ist nicht hier oder dort, innen oder außen, nah oder fern. Er ist pures Sein. Sein einziges Attribut drückt sich in der Stimme aus dem brennenden Busch aus, die zu Moses spricht: *Ich bin, der ich bin.* Die Welt dieses Gottes ist vollkommen vereinigt. Alle Unterschiede sind weggeschmolzen. Es gibt keine Evolution mehr. Der Suchende ist am Ziel, nicht am Ende, nicht am Anfang, sondern an der Quelle.

Auf der siebten Stufe ist auch die verwickelte Hierarchie verschwunden. Für diesen Endzustand gibt es keine Worte, sodass er sich am besten damit beschreiben, was er nicht ist:

ungeschaffen
ewig
grenzenlos
zeitlos
jenseits aller Gegensätze
jenseits des Denkens
unbegreiflich

Also bleibt nur noch ein höchstes Adjektiv: Die siebte Stufe ist *wirklich*. Ein Mensch, der diese Stufe erreicht hat, ist frei von jeder Illusion. Er erfährt nur, was ewige Wahrheit ist. Ich kann nicht behaupten wollen, diesen Zustand in Begriffen der Gefühle zu beschreiben, die ein solcher Mensch empfinden muss. Ich bin nicht einmal sicher, wer je diesen Zustand erreicht hat, zumal die ältesten spirituellen Schriften, etwa die *Rig Veda*, ohne Autor sind. Die Quellen dieser urzeitlichen Dokumente werden mit Namen wie Vyassa und Vashistha bezeichnet, doch die Identitäten hinter diesen Namen sind längst von den Fluten der Geschichte hinweggespült.

Trotzdem ist der Zustand der Einheit kein Mythos, sondern bildet vielmehr den Kern aller spirituellen Überlieferungen. Man hört davon, wann immer ein großer Lehrer sich gedrängt sieht, die große Frage zu beantworten: *Wer bin ich?* Auf diese Frage gibt es sechs verschiedene Antworten, eine für jede der Hauptstufen unseres Bewusstseins. Am Ende will der Suchende jedoch die *wirkliche* Antwort wissen, welche lautet: *Du bist es*, die ungeschaffene, reine Essenz, der alle Schöpfung entspringt. »Es« ist der Lehm, aus dem Gott alles formt. Es ist da, bevor es Licht und Finsternis gibt, bevor es Gut und Böse gibt. Dualität entsteht aus ihr, so, wie eine Statue aus Lehm entsteht. Dualität verschwindet wieder, so, wie die Statue wieder in Lehm übergeht.

Nun, da uns eine umfassende Darstellung der Evolution des Bewusstseins vorliegt, können wir genau definieren, was Krieg ist und welche Beziehung zwischen Gott und Krieg besteht.

## Gott und Krieg verstehen

- Stufe 1: Krieg ist ein Kampf, der aus Angst hervorgeht. Gott ermutigt zu diesem Kampf und schlägt sich auf eine Seite.
- Stufe 2: Krieg ist ein Wettbewerb um Land, Geld und Macht. Gott ist auf der Seite der Sieger.
- Stufe 3: Krieg ist ein Ringen um Frieden. Gott steht auf der Seite des Friedens.

- Stufe 4: Krieg ist der Prozess, um aus Differenzen Harmonie hervorzubringen. Gott schließt alles in Harmonie ein.
- Stufe 5: Krieg ist der inspirierte Versuch, Grenzen zu überwinden und eine neue Welt zu schaffen. Gott ist der Urschöpfer aller neuen Welten.
- Stufe 6: Krieg ist der letzte Überrest des Konflikts zwischen Gut und Böse. Gott ist eine Vision des wiedererlangten Himmelreichs.
- Stufe 7: Es gibt keinen Krieg. Gott lebt in jedem Augenblick des Seins.

Diese Aufzählung lehrt uns, dass in der verwickelten Hierarchie niemand im Unrecht war mit seiner Sicht Gottes, wenngleich auch niemand vollkommen im Recht war. Wir leben alle im Raum der sieben Ebenen des Bewusstseins. Selbst wenn eine dieser Ebenen uns besonders anzieht und unser Denken dominiert, heißt das nicht, dass die anderen uns unzugänglich sind. Selbst der Leidende kann in seiner Furcht Augenblicke erleben, in denen er sich von der höchsten Stufe der Einheit umfangen fühlt, das wissen wir alle von uns selbst, wenn wir in unsere Seele schauen. Mit der großzügigsten Sichtweise können wir Geduld haben mit den vielen Gesichtern des Krieges und den vielen Gesichtern Gottes. Wichtig ist nur die ewige Reise der Verwandlung. Auf dieser Reise befindet sich niemand jemals im Krieg mit irgendjemand anderem.

# Die Metaphysik des Schreckens

Heute hat es wieder eine Enthauptung gegeben. Ein amerikanischer Zivilist namens Eugene Armstrong, ein Mann mittleren Alters mit schütterem Haar und gestutztem grauem Bart, saß sich wiegend auf dem Boden, die Augen verbunden, während seine maskierten Peiniger in die Kamera sprachen. Das Filmen dieser Enthauptungen zur Veröffentlichung im Internet scheint inzwischen zum Ritual geworden zu sein. Armstrong war eine Woche zuvor aus seinem Haus mitten in Bagdad entführt worden, einer von zwei Amerikanern und einem Briten, die in die Hände einer Dschihadistengruppe fielen. Diesmal fordert die Gruppe die Freilassung irakischer Frauen, die in von Amerikanern verwalteten Gefängnissen festgehalten werden. Die US-Armee behauptet, es gäbe diese Frauen nicht, sondern nur zwei Zivilistinnen, die anderswo im Gefängnis säßen, weil sie im Verdacht ständen, an Saddam Husseins biologischem Waffenprogramm mitgearbeitet zu haben. Niemand sagte etwas darüber, ob diese beiden Frauen, die von den Amerikanern in Anspielung auf die Vorwürfe »Doctor Germ« und »Mrs. Anthrax« genannt werden, freigelassen werden. Wenn nicht, so drohen die Terroristen, würden am nächsten Tag auch die beiden anderen Geiseln hingerichtet werden.

An den Wänden des Zimmers, in dem Armstrong saß, hingen Fotos von Verhafteten, die in den Gefangenenlagern an der Guantanamo-Bucht auf Kuba festgehalten werden. Die

FRIEDEN STATT ANGST

Rede der maskierten Männer auf dem Video will kein Ende nehmen, es ist eine ausschweifende Beschimpfung der Amerikaner. Die Hinrichtung, die schließlich folgt, ist von unaussprechlicher Grausamkeit. Armstrong wurde auf barbarischste Weise mit einem Messer enthauptet. Sein Leichnam wurde dann auf die Straße geworfen, wo er gefunden und später identifiziert wurde.

Ich beschreibe diese Szene nicht aus Sadismus. Ich habe das Video nicht einmal selbst gesehen. Ich schildere sie nur, um Ihnen das unsägliche Grauen, das solche Terrorakte hervorrufen – und hervorrufen sollen –, möglichst nahe zu bringen. Präsident Bush hat erneut geschworen, die Terroristen würden niemals Amerikas Willen brechen, wie damals, als diese Welle von Enthauptungen ihr erstes Opfer in Pakistan forderte, als der amerikanische Journalist Daniel Pearl ermordet wurde. Bush brandmarkte die Terroristen als Ideologen des Hasses. Wie jede Ideologie gründet Terror auf seinem eigenen Glaubenssystem. Die Lehrsätze dieses Glaubenssystems erscheinen friedliebenden Menschen als unglaublich grausam:

- Mord ist ein legitimes Werkzeug der Politik.
- Terror ist das einzige Mittel, um das Gewissen der Welt aufzurütteln und die Welt auf massive Ungerechtigkeiten aufmerksam zu machen.
- Es ist entscheidend, dass man Zivilisten ins Visier nimmt, da deren Tod den größten Schrecken hervorruft.
- Terror ist das Einzige, worauf Regierungen hören.
- In dem durch Terror erzeugten Chaos können unterdrückte Menschen die Macht ergreifen und das Ende ihres Leidens erzwingen.

DIE METAPHYSIK DES SCHRECKENS

Es fällt nicht leicht, das Glaubenssystem Al-Qaidas und anderer Terrorgruppen zu erklären, denn gewissermaßen wäre es zu viel der Anerkennung, wenn man diese Lehren als das Ergebnis vernünftiger Überlegung hinstellte. Terrorismus operiert außerhalb der Moral, kennt weder Gesetze noch Regeln. Terrorismus widerspricht jedem Toleranzempfinden und benutzt Intellekt, um etwas zu rechtfertigen, was nicht zu rechtfertigen ist. Die Gesetze, die er verletzt, halten schließlich die zivilisierte Gesellschaft zusammen:

* Mord ist ein Verbrechen; die Ermordung Unschuldiger ist schlimmste Verbrechen.
* Chaos ist der Feind der Glückseligkeit. Chaos führt zu nichts.
* In einer geordneten Gesellschaft unter der Autorität des Gesetzes darf Barbarismus nicht geduldet werden.
* Der Versuch, Leiden zu beenden, indem man eine andere Art von Leiden herbeiführt, ist zutiefst unmoralisch.

Zum Schutz dieser Regeln ist Amerika der erklärte Feind des Terrorismus geworden, und für viele Leute ist schon das Infragestellen dieses Engagements an sich unmoralisch. Doch wir alle müssen uns schließlich mit dieser neuen Ideologie der Dschihadisten und ihresgleichen auseinander setzen, denn alles deutet darauf hin, dass staatenloser Terror die größte Bedrohung im neuen Jahrhundert sein wird.

Der Weg des Friedens kann die Existenz von Extremismus und seiner unmenschlichen Grausamkeit als politische Kraft nicht ignorieren. Die Macht der Liebe muss einen Weg finden, ihr Gegenteil zu überwinden, ob man dieses Gegenteil nun als Hass, Furcht oder »das Böse« bezeichnet.

FRIEDEN STATT ANGST

Meiner Überzeugung nach ist der Konflikt zwischen Terrorismus und Liebe die wichtigste Auseinandersetzung, der wir uns heute gegenübersehen. Für viele wird diese Feststellung an sich schon nach Kapitulation klingen. Liebe ist schließlich zart, weich, verletzlich, feminin, nachgiebig, versöhnlich und gewaltlos. Terrorismus ist dagegen hart, unversöhnlich, brutal, maskulin, aggressiv und intolerant. (Die Begriffe »maskulin« und »feminin« sollen in diesem Zusammenhang eine Gesinnung beschreiben. Natürlich können auch Männer lieben und Frauen Terroristinnen sein.) Aus physischer Sicht scheint der Terrorismus so stark zu sein, dass es nur eine vernünftige Möglichkeit gibt, wie man ihm entgegentreten kann: mit ebenso großer Gewalt, Intoleranz und unversöhnlicher Entschlossenheit. Kann man mit Liebe einen Selbstmordattentäter aufhalten? Kann Liebe eine einzige Enthauptung verhindern? Wenn wir darauf mit Nein antworten, dann kann Liebe nicht die Lösung sein angesichts eines Dschihadisten, der entschlossen ist, in den Tod zu gehen und dabei möglichst viele Zivilisten mitzunehmen.

Der Weg des Friedens lehrt uns jedoch, dass solche Beweise irreführend sind. Macht findet sich auf tieferen Ebenen als der physischen. Die Ideologie der Dschihadisten ist entwurzelt und verzweifelt. Sie kann nicht die wahre Macht auf dem Planeten ergreifen, denn diese Macht wurzelt in den Hoffnungen und Sehnsüchten der Menschen. Die Liebe steht auf der richtigen Seite und wird von der Seele und der Bewusstseinserweiterung überall unterstützt.

Der Kampf gegen Terroristen ist im Grunde Polizeisache. Die Polizei kann jedoch nur erfolgreich sein, wenn ein Krimineller aufgibt, statt sich töten zu lassen. Das klassische Ultimatum der Polizei – *Hände hoch oder ich schieße* – läuft ins

DIE METAPHYSIK DES SCHRECKENS

Leere, wenn man jemanden vor sich hat, dessen Motivation gerade der Tod ist. In dieser Hinsicht ist die Strategie des Terrorismus in eine neue Phase eingetreten, ähnlich wie die Kamikaze, die japanischen Flieger, im Zweiten Weltkrieg: Die normalen Regeln sind außer Kraft gesetzt und normale Lösungen funktionieren nicht mehr.

Einer spirituellen Redensart zufolge steigt die Dunkelheit auf, um das Licht zu treffen. Damit ist gemeint, dass jeder Schritt vorwärts, den unser Bewusstsein tut, sein Gegenteil anzieht. Es ist nicht so, dass wir die Feinde bekommen, die wir verdienen. Wir bekommen die Feinde, die gezwungen sind, sich zu zeigen, wenn das Licht heller wird, Ungeziefer gleich, das unter einem Stein hervorkriecht, wenn man ihn umdreht. Bevor man den Stein umdrehte, war es außer Sicht, doch sobald es aufgedeckt wird, kann man sich mit ihm auseinander setzen. Hier hört die Analogie jedoch auf, denn die Dunkelheit, die der Terrorismus freigelegt hat, wird nicht enden, wenn man ihn ausrottet. Das Licht ist ein heilendes Licht. Seine Aufgabe besteht darin, jeden Menschen auf eine höhere Stufe der Evolution zu führen.

Die Macht der Evolution ist niemals auf der Seite des Hasses. Wenn wir uns also über das Schreckgespenst des Terrorismus hinaus entwickeln wollen, müssen wir uns auch mit den Reaktionen beschäftigen, die der Terror in uns auslöst, hauptsächlich mit den folgenden:

- *Diese Leute repräsentieren das Böse, wahrscheinlich das absolut Böse.*
- *Wenn ich das Grauen sehe, das sie anrichten, möchte ich sie umbringen.*

Je brutaler die Terrorakte sind, desto leichter fällt es einem, zu glauben, die Anhänger der Al-Qaida wären lauter Bestien. Besonders schockiert war ich daher, als ich die Geschichte von Ayman al-Zawahri las, der oft als bin Ladens rechte Hand bezeichnet wird, sein Denker, der wahre Urheber fast aller Terroranschläge im Mittleren Osten und Ostafrika. Die erste Überraschung hatte ich, als ich las, dass al-Zawahri Augenchirurg ist. Er stammt aus einer prominenten Familie von Ärzten und Gelehrten in Kairo. Sein Vater war bis zu seinem Tod im Jahre 1995 Professor für Pharmakologie.

Al-Zawahri hätte sich für ein behagliches, privilegiertes Leben entscheiden können, doch schon im Alter von 15 Jahren wurde er wegen illegaler Aktivitäten im Zusammenhang mit seinen fundamentalistischen Überzeugungen zum ersten Mal verhaftet. Er hatte sich der Moslemischen Bruderschaft angeschlossen, einer alten und etablierten Gruppe von Fundamentalisten. In den Jahren darauf, während seines Medizinstudiums und danach, sorgte al-Zawahri weiterhin für Unruhe und wurde immer radikaler. Wie kann ein scharfer Verstand pervertieren? Unterdrückung durch die existierenden Mächte spielt gewiss eine Rolle. Sympathie für einen Glauben, den der Staat zu unterdrücken sucht, und für die Armen, die den größten Teil der Gefolgschaft der Fundamentalisten ausmachen, ist ebenfalls eine wichtige Voraussetzung. Armut und Politik sind eine explosive Mischung.

Dieser Mann erlaubt mir nun, dem Terror ein Gesicht zu verleihen, obwohl ich seinem Denken nur bis zu einem gewissen Punkt folgen kann. Vielleicht ist al-Zawahri ein Psychopath. Wahrscheinlich war er der Kopf der Anschläge vom 11. September. Mit Sicherheit unterzeichnete er bin Ladens berüchtigte Fatwa im Jahre 1998, in der er zu Angriffen auf

DIE METAPHYSIK DES SCHRECKENS

westliche Touristen aufrief. Man sieht ihn in verschwommenen Videos, die in bin Ladens Versteck in den Bergen irgendwo in Pakistan oder Afghanistan aufgenommen wurden und in denen er den Vereinigten Staaten Rache schwört. Als Arzt diente er als Freiwilliger an der Seite der moslemischen Freiheitskämpfer im Krieg gegen die Russen in Afghanistan, wo zur gleichen Zeit auch bin Laden sein Vermögen für humanitäre Zwecke in diesen Kampf steckte.

Die Geschichte ist voller Beispiele für große Geister, die dem Terrorismus verfallen sind. Stalin und Trotzki regierten ein ganzes Land durch Terror. Die Gründung Israels war eng verknüpft mit den Terrortaktiken der zionistischen Untergrundkämpfer des Irgun. (Der Anschlag auf das Hauptquartier der britischen Streitkräfte im King David Hotel in Jerusalem 1946 war ein Schlüsselereignis im Geburtstrauma des zukünftigen Staates Israel.) Die Geschichte entscheidet schließlich, wer als skrupelloser Mörder verschrien und wer als ruhmreicher Freiheitskämpfer verehrt wird. Yasser Arafat und andere Terroristen mögen sich als Freiheitskämpfer bezeichnen oder bezeichnet haben, doch am Ende könnten sie dennoch als Kriminelle in die Geschichte eingehen.

Wenn ich aber al-Zawahris Gesicht betrachte, die dicke Gelehrtenbrille und der Gesichtsausdruck, den man als rücksichtslos entschlossen und herzlos interpretieren könnte, weiß ich, dass er sich selbst sicherlich nicht als Inkarnation des Bösen sieht. Er ist ein Ideologe, dessen analytischer Verstand ihn zu folgender Überzeugung geführt hat: Wenn man eine Supermacht gegen sich hat, wenn in den arabischen Heimatländern korrupte Diktatoren und königliche Familien an der Macht sind, wenn das System traditioneller Werte aufgrund von Armut und weit verbreiteter sozialer Ungerechtigkeit zusammenzubrechen droht, dann ist Terrorismus die einzige Alternative. Terror wird zur Medizin und zur Droge, Medizin gegen Ungerechtigkeit und Droge, die einem das permanente Hochgefühl vermittelt, mit dem ein aufregendes Rebellendasein verbunden ist.

Ganz gleich, was man uns erzählt: Chaos, nicht das Böse, ist der wahre Feind des Friedens. In einem Zustand des Chaos, wie ihn die Terroristen hervorrufen wollen, zerfällt die Gesellschaft. Chaos ist nicht dasselbe wie das Böse. Es wirkt sich auf Menschen auf unvorhersehbare Weise aus. Als Bagdad fiel und Saddams Armee über Nacht verschwand, plünderte die Bevölkerung alles, was nicht niet- und nagelfest war, nicht nur in den Palästen und Villen der Baath-Partei, sondern auch in jeder Schule und Universität. Psychiatriepatienten wurden aus ihren Betten geworfen, damit die Plünderer sie wegschleppen konnten, zusammen mit allen verfügbaren Medikamenten und Vorräten. 1996, während der Rassenunruhen in Los Angeles, plünderten Schwarze ihre eigenen Viertel und setzten sie in Brand. Chaos ist irrational. Die Plünderer in Irak schnitten sich ebenso ins eigene Fleisch wie die Aufrührer in Los Angeles zuvor. (Nach den Unruhen weigerten sich viele Banken und Geschäfte, jemals wieder dort aufzumachen.)

In größerem Maßstab war der Absturz Russlands ins Chaos nach der Auflösung der Sowjetunion noch bestürzender. Die russische Mafia erblühte unter dem neuen Kapitalismus und nahm sich alles, was sie wollte, indem sie Einschüchterung und Gewalt einsetzte. Skrupellose Oligarchen machten Milliarden in der Rohstoff- und Energieindustrie, die früher dem Staat gehört hatte. Das Geld landete dann oft auf Schweizer Bankkonten. Gewöhnliche Bürger verweigerten einfach die Zahlung aller direkten Steuern, sodass die Staatskasse nur

## DIE METAPHYSIK DES SCHRECKENS

über zehn Prozent der Einnahmen verfügte, die ihr zustanden. 2002 verkündete Präsident Putin dann, Russland könne in einem Jahrzehnt den Lebensstandard Portugals erreichen, des ärmsten Landes der NATO, falls die Russen sich mächtig anstrengten und den Gürtel enger schnallten.

Daran sehen wir, dass jeder, vom großen Industrieboss bis zum kleinen Normalbürger, dem Chaos verfallen und in selbstzerstörerisches Verhalten abgleiten kann. Der Begriff *böse* hilft hier nicht weiter. So unglaublich es klingen mag, aber auch Terroristen sehen sich selbst nicht als böse. Sie sehen sich als Revolutionäre und, noch wichtiger, Idealisten, die zu enormen Opfern bereit sind, um eine bessere Welt zu schaffen.

In den Augen des Westens war das Taliban-Regime unheimlich grausam und fanatisch. Frauen, die des Ehebruchs verdächtigt wurden, wurden routinemäßig gesteinigt oder im Fußballstadion von Kabul öffentlich hingerichtet. Frauen war es verboten, für Geld zu arbeiten. Ehemalige leitende Angestellte des staatlichen Rundfunks sahen sich über Nacht zu Straßenbettlerinnen und Prostituierten degradiert. Frauen hatten kein Recht auf medizinische Versorgung, nicht einmal für die Geburt ihrer Kinder, oder auf irgendeine Form der Bildung. Und dennoch wurde Afghanistan unter den Taliban in der arabischen Welt als islamisches Paradies verehrt.

War das, was dort geschah, die monströse Wiedergeburt des Bösen? Hatten die Taliban die dünne Schicht der Zivilisation abgetragen und den Kräften des Barbarismus freien Lauf gelassen?

Beides könnte man denken, aber es scheint mir, dass die Taliban sich als tugendhaft, sogar utopisch in ihren Zielen betrachten. Das Erzeugen eines solchen falschen Selbstgefühls ist die Hauptwirkung von Ideologie.

Während der berüchtigten Schauprozesse unter Stalin in den 1930er Jahren gestanden Hunderte von hoch gebildeten Leuten, darunter prominente Künstler und Intellektuelle, öffentlich ihre Sünden gegen den wahren Weg des Kommunismus. Trotz ihrer Unschuld hinsichtlich der völlig falschen Beschuldigungen gegen sie brachte eine Kombination aus Furcht und ideologischer Gehirnwäsche sie dazu, freiwillig in ihr Unheil zu rennen, denn ihre Geständnisse retteten ihnen am Ende auch nicht das Leben. Von ihrer Sünde befreit, wurden sie entweder ins Gulag oder zur Exekution geschickt. Der Sowjetstaat war ein Erzfeind der Religion, und doch gelang es ihm, das Surreale der spanischen Inquisition nachzuahmen, wo Ketzer auf jeden Fall auf dem Scheiterhaufen verbrannt wurden, doch hatten sie ihre Sünden gestanden, wurde ihnen die besondere Gnade zuteil, vor dem Verbrennen stranguliert zu wurden. Nach dem Chaos ist also die Ideologie der nächstgrößte Feind des Friedens, denn in den Klauen einer Ideologie sind selbst zivilisierte Menschen in der Lage, sich mit rationalen Argumenten ihrer Menschlichkeit zu berauben.

Ideologie ist besonders tückisch, weil sie das Gegenteil von dem bringt, was sie verspricht. Für jeden, der einigermaßen bei Verstand ist, war das islamische Paradies in Afghanistan so trostlos wie das Arbeiterparadies unter Stalin oder das maoistische Paradies in China. Was die gegenwärtige Epoche so einzigartig macht, ist, dass die Hauptgegner des Islams ebenfalls von Ideologie getrieben werden, wenn auch aus einer ganz anderen Ecke. Für viele fundamentalistische Christen ist der Krieg gegen den Terrorismus ein heiliger Krieg. So sah sich ein Drei-Sterne-General namens William Boykin nach einer Predigt, die er 2003 in einer Kirche gehalten hatte, in der ganzen arabischen Welt als religiöser Fanatiker verdammt.

DIE METAPHYSIK DES SCHRECKENS

Boykin, ein streng gläubiger Fundamentalist, fühlt sich keiner Schuld bewusst. Es ging um Äußerungen, die er in einer Predigt über den Glauben des Soldaten an Gott machte. Er hatte sich an seine Erfahrungen während der unglückseligen Invasion in Somalia 1993 erinnert, wo die Amerikaner mit dem erklärten Ziel gelandet waren, die korrupten Kriegshäuptlinge zu stürzen, die das ganze Land in Chaos und Hungersnot gestürzt hatten. Als ein Gefolgsmann eines dieser Kriegsherren Boykin trotzig erklärte, er stände unter dem Schutz Allahs, war Boykins Antwort: »Ich wusste, mein Gott ist größer als seiner. Ich wusste, mein Gott ist ein wirklicher Gott und seiner nur ein Götze.«

In dem Skandal, den seine Äußerungen auslösten, wurde Boykin als antiislamischer Fanatiker dargestellt. Er versuchte einen Rückzieher, indem er erklärte, mit dem Götzen, von dem er gesprochen hatte, hätte er die verzerrte Sicht von Allah gemeint, die der Feind vertrat, nicht den wahren Allah. Was mich jedoch aufhorchen ließ, war, dass der General den Krieg in Somalia als ein spirituelles Unterfangen betrachtete. »Gott zeigte mir, dass der Feind nicht der Feind war, den ich sehen konnte, dass sich der Feind im spirituellen Reich befindet.« Der General mag diesen Vergleich noch so sehr zurückweisen, doch das ist genau die Einstellung, die den christlichen und den islamischen Fundamentalismus zu zwei Seiten derselben Medaille macht: Beide sehen den aktuellen Krieg gegen den Terrorismus als etwas Außerweltliches, als eine Schlacht um die Seelen. Und in einer solchen Schlacht besteht ein guter Grund, keine Gnade zu zeigen.

Wie General Boykin sagt: »Der Feind ist ein spiritueller Feind. Er wird der Prinz der Finsternis genannt. Es ist ein Typ namens Satan.«

FRIEDEN STATT ANGST

Wir haben uns inzwischen daran gewöhnt, dass die Dschihadisten Amerika als den großen Satan bezeichnen, doch zu
hören, dass auf die gleiche Rhetorik zurückgegriffen wird, ist
zutiefst bestürzend. Die Enthauptung eines unschuldigen
Amerikaners im Namen Gottes ist ein barbarischer Akt der
Grausamkeit. Wir schütteln uns vor Abscheu und Grauen,
auch wenn es uns nicht ganz so entsetzt oder erschüttert, wenn
wir sehen, wie unschuldige irakische Kinder von dem Schrap-
nell amerikanischer Streubomben zerfetzt werden. Wenn wir
dann den nächsten Schritt tun und sagen, der Tod und die
Vernichtung, die wir anrichten, gehören zu Gottes Plan, dann
sind wir dazu verdammt, in dieselbe unwirkliche Welt hinab-
zusteigen wie die Dschihadisten.

Unsere Version jener höllischen Welt bietet Klimaanlagen
und Hunderte von Kabelprogrammen, doch solche kosme-
tischen Unterschiede werden uns nicht retten. Voriges Jahr
wurde ich eingeladen, einen reichen Unternehmer in der
Ölbranche kennen zu lernen, der sich mit mir in einem teuren
Golfclub treffen wollte. Er begrüßte mich herzlich, behauptete, mich zu bewundern, und sagte ganz offen, er wolle mich
für das Bush-Team gewinnen. Er gehörte zum innersten Kreis,
wie er erklärte. Wir begannen eine Runde Golf zu spielen und
sobald er sich wohl zu fühlen schien, sagte er: »Natürlich müssen Sie uns zeigen, dass Sie Jesus Christus als Ihren Herrn und
Retter sehen.«

Ich versuchte, kein erschrockenes Gesicht zu machen, und
entgegnete, dass ich Christus als eine erleuchtete Seele und als
großen Lehrer verehren würde (und das sagte ich nicht nur
aus reiner Höflichkeit; schließlich habe ich als Kind in Indien
eine christliche Schule besucht, wo die Lektüre des Neuen
Testaments mich tief beeinflusste). Doch meine Antwort war

DIE METAPHYSIK DES SCHRECKENS

nicht gut genug. Er wartete ein paar Augenblicke, während wir unsere Bälle auf das Grün trieben, und dann meinte er: »Aber Sie müssen den Gesamtzusammenhang sehen. Diese Moslems sind böse. Wir müssen sie ausradieren, jeden Einzelnen von ihnen.«

Die derzeitige ideologische Strömung ist besonders beunruhigend, da Fanatismus heute im Geschäftsanzug auftritt und sich aalglatte Redenschreiber leisten kann. Die fundamentale Intoleranz kommt dennoch offen zum Vorschein. Wie General Boykin würde auch dieser Unternehmer in der Ölbranche den Vorwurf, ein Fanatiker zu sein, weit von sich weisen. Seiner Meinung nach sprach Boykin nur eine einfache, tief empfundene Wahrheit aus, als er seine Meinung über die umstrittene Präsidentschaftswahl des Jahres 2000 zum Besten gab. »Warum ist dieser Mann [Bush] im Weißen Haus? Die Mehrheit der Amerikaner hat nicht für ihn gestimmt. Er ist im Weißen Haus, weil Gott ihn in einer Zeit wie der heutigen dort sitzen haben will.«

Eine Zeit wie die heutige? Was ist das wohl für eine Zeit?

Für die Dschihadisten ist es eine Zeit, in der der wahre Glaube vor der Bedrohung durch die Ungläubigen gerettet werden muss. Der korrupte Westen hat die Glaubenssätze des Islam besudelt und missbraucht. Er hat die heiligsten Orte des Islam gestohlen und unterstützt Israel in seiner unerträglichen Herrschaft über Jerusalem. Der Modernismus verbreitet seine profanen Lehren und unterdrückt die Befehle Gottes. Wenn diesen Befehlen weiterhin nicht Folge geleistet wird, werden unschuldige Moslems in der Hölle enden. Gott weiß das und hat deshalb seine wahren Söhne und Töchter bewaffnet, damit sie durch ihr Märtyrertum ins Paradies gelangen können.

Für den glühenden evangelikalen Christen ist dies die Endzeit, das wilde Durcheinander, welches das große Drama der Apokalypse ankündigt. Was auf dem Spiel steht, ist von kosmischer Dimension, denn bald wird sich im Nahen Osten der Antichrist erheben. Es folgt eine Schlacht auf Leben und Tod, hinter den Kulissen angeführt von Satan und Christus. Tausende werden sterben, doch am Ende wird Gott am Tag des Jüngsten Gerichts die Seinen finden, die in ihren Körpern auferstehen werden, um sich Christus im Himmel anzuschließen.

Das ist ein fantastischer, jenseitiger Glaube – fantastisch aber nur, wenn Ihr Bewusstsein nicht davon geprägt ist.

Viele Erklärungen wurden vorgebracht, um herauszufinden, warum das apokalyptische Denken gerade in der heutigen Zeit eine solche Anziehungskraft ausübt. Die moderne Lebensart wird dafür verantwortlich gemacht, gewöhnliche Menschen aus ihrer »Kuschelecke« zu verdrängen. Wenn die Massenmedien uns mit Bildern der Gewalt überfluten, wird dies als allzu große Bedrohung empfunden. Wir sehnen uns danach, in eine andere Welt zu entkommen, wie Gott es versprochen hat. Und wir sehnen uns nach Erlösung, einer Kraft, die so alt ist wie die Religion. Die Banalitäten des Alltagslebens sind für die Fundamentalisten zutiefst beunruhigend. Chaos auf den Hauptstraßen aufgrund des täglichen Staus. Amerikaner, die rastlos von Stadt zu Stadt ziehen, anstatt an einem Ort Wurzeln zu schlagen. Auf der globalen Ebene spiegelt sich dies in beispiellosen Zahlen von Flüchtlingen und Obdachlosen auf der ganzen Welt wider. Wir haben mit Übervölkerung und der unerträglichen Überfüllung verschmutzter Städte zu tun. Dazu kommt die ökonomische Unsicherheit, der plötzliche Überschuss an unzufriedenen, arbeitslosen jungen Männern im Mittleren Osten (in manchen arabischen Ländern ist die Mehrheit der Bevölkerung unter achtzehn) und vieles mehr. So flammen uralte religiöse Feindseligkeiten wieder auf, der Fundamentalismus hat einen großen Zulauf zu verzeichnen und, weniger auffällig, es kommt zur stillen Abkehr vieler gebildeter Mittelständler von den religiösen Überzeugungen, mit denen sie aufgewachsen sind.

Betrachtet man alle diese Phänomene für sich allein, so findet man keinen Grund, der den Nagel wirklich auf den Kopf träfe. Es klingt eher wie eine Aufzählung im Bericht einer Beraterfirma oder aus einer Soziologiearbeit. Trotzdem ist *etwas* passiert, das fühle ich und ich bin mir sicher, Sie fühlen es auch. Was immer die Gründe sein mögen, wir alle sind in diese Veränderung verstrickt. Nur wenn wir das begreifen, entziehen wir uns dem automatischen Reflex, der uns denken lässt: »*Diese Leute sind böse*«, oder: »*Die sind so bösartig, dass ich sie am liebsten umbringen würde*«. Mitgefühl ist sein eigener Lohn. Wenn Sie sich in demselben Kontext sehen können wie diejenigen, die Sie bedrohen, dann werden Sie einen Weg freimachen zur Vernunft und der stetigen Abnahme von Angst.

Extremismus hat menschliche Wurzeln. 1961 gelang es Israel, den »Mann in der Glaskabine« vor Gericht zu bringen, den berüchtigten Nazi Adolf Eichmann. Die Nürnberger Prozesse der Nachkriegszeit waren längst vorüber, doch manche der prominenten Nazis waren entkommen. Eichmann zählte zu den wichtigsten. Er wurde in Argentinien aufgespürt und von israelischen Agenten entführt – dies geschah im Rahmen eines Feldzugs, jeden, der Verbrechen gegen die Menschlichkeit begangen hatte, vor den Richter zu bringen.

Eichmanns Verbrechen waren zweifellos ungeheuerlich, doch der Mann selbst war langweilig und gewöhnlich. In ihm

entdeckte man die *Banalität des Bösen*, was nicht bedeuten
soll, dass Eichmanns Taten banal gewesen wären, sondern,
dass sich Übeltaten aus alltäglichen Umständen entwickeln.
Die Welt stand nun vor der Frage, wie ein einfacher Handelsvertreter, der seinen Job verloren hatte, zu einem Oberstleut-
nant in der SS werden und als Leiter der Judenabteilung der
Gestapo das Kommando über die hitlersche Massenvernich-
tungspolitik erlangen konnte.

Da der Aufstieg des Terrorismus uns vor die gleiche Frage
stellt, will ich etwas näher auf Adolf Eichmanns Geschichte
eingehen. Er stammte aus einer bürgerlichen Familie, aber leider erging es ihm schlechter als seinem Vater. Seinem Vater
gehörte ein kleines Bergwerksunternehmen, aber Adolf war
schließlich nur als Bergarbeiter tätig. Eine Zeit lang arbeitete
er im Familienbetrieb, doch dann verließ er sein Elternhaus,
um Handelsvertreter in Elektrogeräten zu werden. Als er 1932
der österreichischen Nazipartei beitrat, war er schon Ende
zwanzig. Er war einer von unzähligen jungen Männern, die
durch den Ersten Weltkrieg entfremdet waren und durch die
Weltwirtschaftskrise ins Chaos gestürzt wurden. Diese Männer brauchten nichts nötiger als einen Sündenbock für ihre
Gefühle der Ohnmacht und des Zorns, und Hitler bot ihnen
das perfekte Ventil.

Nachdem er seinen Vertreterjob verloren hatte, erhielt
Eichmann eine einjährige Militärausbildung durch die SS;
das war 1933 bis 1934. Sein wirkliches Talent lag jedoch in
der Verwaltung. Er hatte eine außerordentliche Begabung
für Papierkram und Organisation, Fähigkeiten, die auch ein
Terrorregime zu schätzen weiß. Er wurde schließlich Heinrich
Himmlers Sicherheitsdienst zugeteilt, wo er sich zum Experten für Judenfragen entwickelte. Eichmann lernte sogar ein

DIE METAPHYSIK DES SCHRECKENS

paar Brocken Hebräisch und Jiddisch. 1937 stattete er Palästina einen Besuch ab. Zu jener Zeit erwogen die Nazis die Möglichkeit, alle Juden in ihr zionistisches Heimatland zu verfrachten. (Ähnlich hatte Abraham Lincoln mit der Idee geliebäugelt, die amerikanischen Sklaven nach Afrika zurückzuschicken, doch in beiden Fällen nahm die Geschichte einen weniger gewaltlosen Gang.)

Zuerst war Eichmann nur ein Funktionär, der die Ausreisegenehmigungen absegnete, die Juden brauchten, um Österreich und die Tschechoslowakei verlassen zu können. Doch dann zog sich die Schlinge zusammen, denn er wurde zum Referent in der Dienststelle für »Zwangsemigration« ernannt, eine Politik, die dafür sorgte, dass 150 000 Juden, die nicht auswandern wollten, aus ihren Wohnungen geworfen wurden. Im Rahmen der Endlösung, die man dann umzusetzen begann, wurde aus der Zwangsemigration die Zwangsevakuierung. Hier entwickelten sich Eichmanns bürokratische Fähigkeiten voll und ganz zum Bösen, als es darum ging, Millionen von Juden zusammenzutreiben, abzufertigen und in die Konzentrationslager zu transportieren. Eichmann gelang es in unglaublich kurzer Zeit aufzusteigen. 1939, vier Jahre nachdem er Himmler zugewiesen worden war, war er schon der perfekte Massenmörder. Er wirkte bei der Entwicklung von Vergasungstechniken mit, die den Völkermord effizient machen sollten. Zeugen erinnerten sich, wie er am Fenster saß und in die Gaskammern schaute, um sicherzustellen, dass der Tod möglichst vieler Opfer möglichst schnell herbeigeführt wurde.

Dass dazu auch gehörte, schreiende Frauen und Kinder zu beobachten, die sich in dem verzweifelten Versuch, dem Gas zu entkommen, gegenseitig schoben und drückten, berührte

241

Eichmann nicht, obwohl deren Gesichter zweifellos sehr nah
an sein Fenster gekommen sein müssen. Wie heutige Terroristen war Eichmann durch die Ideologie abgeschirmt. Für ihn
war dies tatsächlich die Lösung für ernste gesellschaftliche
Missstände. Das Reich war heilig in seiner Mission, die Rasse
zu reinigen. Eichmann konnte sich nie als das Ungeheuer
sehen, das der Rest der Welt in ihm sah. (Die Verhandlungs-
protokolle der NS-Kriegsverbrecherprozesse enthalten so gut
wie kein Eingeständnis von Schuld oder Reue.) Eichmann
ging sogar so weit, zu erklären, persönlich sei er gar kein Anti-
semit, es wäre ihm nur um Effizienz und Organisation gegan-
gen. Er beklagte sich nicht über die Entbehrungen seiner Arbeiter in den Todeslagern oder über seine eigene Rolle. Wenn
er sich beschwerte, dann darüber, dass die monatliche Quote
an Menschentransporten nicht erreicht worden war.

Eichmanns Gesichtslosigkeit rettete ihm für eine Zeit das
Leben. Da ihn niemand erkannt hatte, als er bei Kriegsende
in Gefangenschaft geriet, konnte er 1946 aus der amerikanischen Internierungshaft entkommen. Die nächsten 14 Jahre
lebte er dann unter falschem Namen, bis israelische Geheim-
agenten ihn in einem Vorort von Buenos Aires aufspürten.
Sein Prozess im Frühjahr und Sommer des Jahres 1961 endete
mit dem Todesurteil. Am 1. Juni 1962 wurde er durch den
Strang hingerichtet, seine Asche verstreute man über dem
Meer.

Das Leben dieses Mannes verdeutlicht viele der Kräfte, von
denen ich gesprochen habe: Wirtschaftliches und gesellschaft-
liches Chaos zerrüttete sein Leben. Eine Ideologie zog seine
Loyalität an und machte ihn blind für die Wirklichkeit. Er ver-
fiel einem apokalyptischen Denken, das ein Utopia durch Einsatz von Gewalt versprach. Andere entscheidende Faktoren

DIE METAPHYSIK DES SCHRECKENS

spielten ebenso eine Rolle (und sind auch heute aktuell): der Aufstieg eines charismatischen Führers, Hass auf einen gemeinsamen Feind, der Drang nach rassischer Einheit und gedemütigter Mannesstolz. Und trotzdem gibt es keine einfache Erklärung dafür, wie sich ein gewöhnlicher Mensch in eine solche Bestie verwandeln kann. Oder doch? Erinnern wir uns an das berühmte Experiment, das der Yale-Psychologe Stanley Milgram vor 40 Jahren durchgeführt hat. Er ließ Freiwillige in einen Raum führen, wo ihnen erklärt wurde, dass es bei dem Experiment darum ginge, den Zusammenhang zwischen Bestrafung und Lernerfolg zu untersuchen. Jedem Teilnehmer wurde eine Versuchsperson zugeordnet, die mit Kabeln verbunden war, über die ihr Stromschläge verpasst werden konnten. Diese Versuchsperson wurde als »Schüler« bezeichnet, dessen Lernfähigkeit zu testen sei. Der Versuch sah vor, dem Schüler eine Reihe von Fragen zu stellen, und jedes Mal, wenn er eine falsche Antwort gab, sollte der Freiwillige (der »Lehrer«) einen Kippschalter betätigen und somit einen Elektroschock auslösen. Jede falsche Antwort führte zu einem stärkeren Stromschlag. Der Lehrer saß vor einer Instrumententafel mit Kippschaltern, die mit verschiedenen Voltzahlen bis zu einer Stärke von 450 Volt beschriftet waren. Der letzte Schalter war mit der Aufschrift »XXX« versehen.

Wie schwer wäre es wohl, Sie dazu zu bringen, einem anderen Menschen 450 Volt durch den Körper zu jagen? Milgrams Versuchspersonen stammten aus der Yale-Community und der umliegenden Stadt, trotzdem waren 65 Prozent bereit, einen Stromschlag mit den maximalen 450 Volt zu verabreichen. Sie fühlten sich nicht wohl dabei. Ihre Opfer, die »Schüler«, schrien vor Schmerzen, wimmerten um Gnade und brachen schließlich bewusstlos zusammen. Aber dennoch sagte der Versuchsleiter im weißen Kittel, der sich mit dem Lehrer im selben Raum aufhielt, dass keine Antwort als falsche Antwort gelte und der Schüler mit einem stärkeren Stromschlag bestraft werden müsse.

Keine Sorge, die Elektroschocks waren nicht echt und die »Schüler« waren Schauspieler. Milgram interessierte sich bei seinem Experiment auch nicht für die Beziehung zwischen Schmerz und Lernen. Vielmehr wollte er die Bereitschaft durchschnittlicher Personen testen, Autoritätspersonen Folge zu leisten. Die Ergebnisse waren beunruhigend, doch spätere Experimente bestätigten Milgrams Schlussfolgerung, dass die Grenze, die ein normaler Mensch zu überschreiten hat, um zu einem Ungeheuer zu werden, viel durchlässiger ist, als wir uns vorstellen.

In einem Experiment an der Stanford University 1971 wurde ein Gefängnis simuliert, in dem bestimmte Studenten die Rolle von Wärtern spielten, während andere die Rolle von Häftlingen übernahmen. Die Wärter konnten ihre Gefangenen behandeln, wie sie wollten, doch nach einer Woche musste das Experiment abgebrochen werden, da das Verhalten der Wärter die schlimmsten Befürchtungen übertraf. In ihrem Rollenspiel schienen die »Wärter« in gespenstischer Weise die furchtbaren Ereignisse im Gefängnis Abu Ghraib im Irak vorwegzunehmen: Sie demütigten ihre Häftlinge, ließen sie sich nackt auszuziehen, zogen ihnen Kapuzen über die Köpfe und zwangen sie zu Sexualakten, und dies spielte sich trotz der Tatsache ab, dass weder ethnische Feindseligkeiten noch Klassenunterschiede oder erhöhte Feindseligkeit aufgrund einer Kriegssituation existierten. Der Psychologe, der das Gefängnisexperiment in Stanford geleitet hatte, wurde nach seiner Meinung über die Folterungen in Abu Ghraib durch US-Personal befragt. »Es ist nicht so, dass wir ein paar faule Äpfel in ein ansonsten gutes Fass legen. Wir legen gute Äpfel in ein verfaultes Fass. Das Fass verdirbt alles, was mit ihm in Berührung kommt.« Das Bewusstsein ist zweifellos formbar. Es kann dazu gebracht werden, sich auf Unwirklichkeit, Lüge und unmenschliche Bedingungen aller Art einzustellen.

Dennoch besteht Grund zur Hoffnung, denn die Kräfte, die jemanden zu einem Terroristen machen, sind nicht alltäglich. Um jemanden dazu zu bringen, die Grenze zu überschreiten, an der ein normaler Mensch zum Ungeheuer wird, muss man für folgende Bedingungen sorgen:

- Erlauben Sie ihm, sich nicht mehr um Moral zu kümmern.
- Setzen Sie ihm eine Autorität vor die Nase, die Grausamkeit ermutigt und sie zur Pflicht macht.
- Stellen Sie eine Hierarchie her, in der niedere Dienstgrade ihren Vorgesetzten unbedingten Gehorsam schulden.
- Schaffen Sie eine Atmosphäre der Furcht.
- Üben Sie Gruppenzwang aus, indem Sie deutlich machen, dass alle anderen mitmachen.
- Sorgen Sie dafür, dass dem Folterer keinerlei Strafe droht.
- Stellen Sie sicher, dass alles hinter verschlossenen Türen stattfindet.

Dies sind bestimmte Bedingungen, die rückgängig gemacht werden können, bevor es zu Missetaten kommt. Sie treffen auf die spanische Inquisition zu, auf die Hexenprozesse in Salem und auf die nationalsozialistischen Konzentrationslager. Diese Schrecken stellen jedoch die Ausnahme dar, weil es einfach nicht zur Folter kommen kann, wenn man die Atmosphäre der Furcht beseitigt oder eine Instanz einführt, die Grausamkeit verbietet. In Milgrams Experiment stellte sich heraus, dass geringfügige Veränderungen sehr große Wirkung zeigen konnten. Sobald der Mann im weißen Kittel das Zimmer verließ, verringerte sich die maximale Stärke der Elektroschocks, die die »Lehrer« ihren »Schülern« versetzten, sehr deutlich. Wenn der »Schüler« nicht durch eine Glasscheibe von seinem »Lehrer« getrennt war, sondern ihm gegenüber am selben Tisch saß, führte diese Nähe dazu, dass die meisten »Lehrer« von diesem Spiel sehr schnell genug hatten.

Die Metaphysik der Liebe erfordert dagegen keine besonderen Bedingungen und Autoritätsfiguren. Solange wir nicht unter dem Einfluss verderblicher Ideologien stehen, solange wir frei sind, unserer Natur zu folgen, wendet sich unser Bewusstsein der Liebe zu. Liebe ist stärker als Terror, weil alle Impulse letzten Endes auf unser tiefes Liebesbedürfnis zurückgeführt werden können. Ihr Bewusstsein weiß das, es weiß es selbst dann, wenn sich der Mantel des Aufruhrs über die Wahrheit breitet. Die Bedingungen, die das Bewusstsein der Liebe zuwenden, sind ganz einfach.

- Anderen Liebe geben und Liebe empfangen.
- In seiner eigenen Stille allein sein.
- Sich in natürliche Schönheit vertiefen.
- Künstlerisch tätig sein und Kunst in all ihren Formen genießen.
- Die Wahrheit sagen, wie auch immer die Konsequenzen sein mögen.
- Lachen, tanzen, mit einem Kind spielen.
- Seine Freude zeigen.
- Tiefe Gefühle teilen.
- Aus Güte und Mitgefühl handeln.

- Beziehungen eingehen, sich eins fühlen mit einer Gruppe, deren Ziele positiv sind.
- Seine Dienste anbieten.

Die Beschaffenheit des täglichen Lebens hat gar nichts mit den Bedingungen zu tun, die Terrorismus hervorbringen. Sobald fundamentalistische Moslems anfangen diese Dinge zu schätzen und sie erleben statt ihrer weit verbreiteten Agitation, wird die Kraft der Liebe langsam, aber sicher für Wandel sorgen. Ich weiß nicht, ob dies noch zu unseren Lebzeiten geschehen wird, doch bestimmt ist es unser aller Streben, uns sicher zu fühlen, geachtet, im Frieden mit uns selbst, sexuell erfüllt und geliebt. Dies sind Grundbedürfnisse und die Wahrheit ist, dass Menschen selbst unter den entsetzlichsten Bedingungen versuchen, daran festzuhalten.

Eine der großartigsten Geschichten, wie die Liebe einem Menschen Mut verleihen kann, handelt von Nadeschda Mandelstam, der Witwe eines der größten modernen Dichter, die Russland hervorgebracht hat. Ihr Gatte, Ossip Mandelstam, wurde 1891 geboren und war also ein junger Mann zur Zeit der russischen Revolution. Er war immun gegen den Druck des Sowjetsystems und ging seinen eigenen Weg. Seine Dichtung passte jedoch nicht zu dem unter Stalin geforderten realistischen Stil, und so konnte er seinen Lebensunterhalt damit nicht mehr verdienen. Trotzdem fuhr Mandelstam fort, die Richtung zu beklagen, die die russische Gesellschaft einschlug, als das Land in Terror und Unterdrückung versank.

Dafür wurde er 1934 aus Moskau deportiert, und als er 1938 zurückkehrte, wurde er gleich wieder verhaftet. Diesmal schickte ihn Stalin in ein Arbeitslager, das er jedoch nie erreichte. Wie es hieß, starb er auf dem Weg dorthin. Wie seine

Witwe sich erinnerte, erfuhr sie von seinem Tod an dem Tag, als sowjetische Schriftsteller zum ersten Mal mit Staatspreisen geehrt wurden. Die Nachricht von Mandelstams Tod erreichte die jungen Preisträger während einer Party, mit der sie ihren Erfolg feierten. Und so beschrieb Frau Mandelstam diesen Augenblick:

Fadeyev vergoss betrunken eine Träne für M. »Wir haben einen großen Dichter beseitigt!« Die Feier hatte von da an etwas von einer heimlichen Totenwache. Ich bin jedoch nicht sicher, wer von den Anwesenden dort… wirklich begriff, was M.'s Vernichtung bedeutete. Die meisten gehörten schließlich der Generation an, deren Werte sich zugunsten des »Neuen« verändert hatten. Sie waren es schließlich, die dem starken Mann den Weg geebnet hatten, dem Diktator, der Menschen umbringen oder verschonen konnte, wie es ihm beliebte, und der Ziele setzen und Mittel wählen konnte, mit denen er diese Ziele zu erreichen gedachte, was immer diese Mittel auch sein mochten.

Nadeschda Mandelstam war entschlossen, alles dafür zu tun, dass die Gedichte ihres Mannes erhalten blieben. Seine Schriften waren nun natürlich verboten und inzwischen vergriffen. Da es ein Verbrechen war, verbotene Literatur zu besitzen, versteckte sie alle Manuskripte, derer sie habhaft werden konnte, und verbrachte Monate damit, Hunderte von Versen auswendig zu lernen. Und dann wartete sie ab.

Ihr Schweigen währte 20 Jahre lang, in denen die Regierung sie ununterbrochen im Auge behielt. Ihr wurde erlaubt, als Lehrerin zu arbeiten, für ein jämmerliches Gehalt. Dabei wusste sie, dass einige ihrer besten Schüler – diejenigen, die immer wieder zu ihr kamen und sie anflehten, doch eines von Ossip Mandelstams Gedichten vorzutragen – Spitzel waren, die der KGB in ihre Klasse gesetzt hatte. Sie konnte nur in

DIE METAPHYSIK DES SCHRECKENS

Sicherheit leben, wenn sie so tat, als existierte Ossip Mandelstams Werk nicht mehr, denn dies war das Schicksal, das der Staat ihm zugedacht hatte.

Nach diesen 20 Jahren trat im Kalten Krieg ein Tauwetter ein. Stalin war tot und das Zentralkomitee sprach sich von ihm los, und endlich konnte Nadeschda Mandelstam beginnen, die wohlgehüteten Gedichte zu veröffentlichen. Dass uns so der größte Teil des Werks eines großartigen Künstlers erhalten geblieben ist, ist ganz allein ihr zu verdanken. Ihre 1970 veröffentlichten Memoiren, *Hope Against Hope,* die ein Jahr später in Deutschland unter dem Titel »Das Jahrhundert der Wölfe« erschienen, ist eine der ergreifendsten Lebensgeschichten in der modernen Literatur, ein Klassiker über die Beharrlichkeit der Liebe. Noch heute hängt der Schatten des Stalinismus über Russland, da die Zentralregierung ihren brutalen Krieg gegen Tschetschenien fortsetzt, doch eine Frau, die aus Liebe handelte, schenkte uns etwas, das viel länger erhalten bleiben wird als Terrorismus und Ideologie. Hier ist ein Beispiel aus Ossip Mandelstams zarter, traumartiger Lyrik. Selbst in der Übersetzung vernehme ich eine Stimme, die jenseits von Zeit und Tod spricht.

### Eine Flamme in meinem Blut

*Eine Flamme in meinem Blut trocknet das Leben aus,*
*bis auf den Knochen.*
*Ich singe nicht von Stein jetzt, ich singe von Holz,*
*leicht und roh, aus einem einzigen Holm,*
*der Eiche tiefes Herz, des Fischers Ruder.*
*Schlagt sie tief ein, die Pfähle, verankert sie fest*
*um das hölzerne Paradies, wo alles ist leicht.*

## DER KÖRPER IN FRIEDEN

Konfliktlösung ist zu einem wichtigen Thema geworden. Gelehrte forschen darüber, Universitäten lehren sie und Doktorarbeiten beschäftigen sich damit. Dennoch bezweifele ich, dass dies die Sache des Friedens sehr viel weitergebracht hat. Als ich einer Gruppe von Diplomaten gegenüber einmal bemerkte, wir würden dem Terrorismus niemals ein Ende setzen können, wenn es uns nicht gelingt, die Liebe des Feindes zu gewinnen, starrten sie mich alle an, als hätte ich den Verstand verloren. Ähnliche Reaktionen ernte ich, wann immer ich sage, das sicherste Land wäre eines ohne Armee und Waffen. (Der Vatikan ist solch ein Staat, ebenso Monaco, Luxemburg, viele Karibik- und Pazifikinseln und Costa Rica, doch diese Länder tun wir entweder als Sonderfälle ab oder als so klein, dass sie nicht zählen.) Konflikte können nicht gelöst werden, auch nicht durch Verhandlungen, wenn es den Konfliktparteien nicht gelingt, ihre Feindschaft restlos aus der Welt zu schaffen.

Der Weg des Friedens muss die überkommene Art des Verhandelns, die sich als nutzlos erwiesen hat, durch eine neue ersetzen.

Ich war unter den Zuhörern, als ein spiritueller Lehrer gefragt wurde, ob Diplomatie im Nahen und Mittleren Osten je zum Erfolg führen würde. »Wie könnte sie das?«, entgegnete er. »Diplomatie ist schließlich nur eine elegante Art zu lügen.« Das klingt irgendwie wahr, dachte ich. Wenn zwei ein-

FRIEDEN STATT ANGST

ander bekriegende Nationen sich zu Friedensverhandlungen bereit erklären, müssen ihre Diplomaten darüber lügen, was eigentlich vor sich geht. Was eigentlich vor sich geht, ist irrational, verworren, brutal und voller Zorn, denn das ist das Wesen des Krieges. Die Zeitungen in beiden Ländern werden voller Anschuldigungen sein: Die andere Seite hätte absichtlich unschuldige Zivilisten bombardiert und andere Grausamkeiten und Kriegsverbrechen verübt. Die Stimmung auf der Straße wird finster und die schamlose Rhetorik über Gott und Vaterland in vollem Schwung sein.

Resigniert betrachtet man die Kette so genannter diplomatischer Triumphe, die in Wirklichkeit alles andere als Triumphe waren. Das klassische Beispiel ist das berühmte Foto aus dem Jahr 1993, das drei mächtige Männer auf dem Rasen vor dem Weißen Hauses zeigt. Rechts sieht man Yasser Arafat in seiner gewohnten arabischen Kopftracht und seiner braunen Uniform, links den israelischen Premierminister Rabin in dunklem Business-Anzug. Die beiden geben sich die Hand, es herrscht strahlender Sonnenschein, doch noch mehr als die Sonne strahlt der dritte Mann, Präsident Clinton, die Arme ausgebreitet in einer offenen Umarmung, in der er die beiden Erzfeinde zusammenzubringen scheint.

Doch was war der Triumph, der dort gefeiert wurde? Dass die beiden Feinde sich zum ersten Mal öffentlich die Hand gaben. In Wirklichkeit konnten es die beiden kaum zusammen in einem Raum aushalten, so unerträglich fanden sie einander. Und die so genannte Osloer Prinzipienerklärung, die sie an jenem Tag unterzeichneten, war lediglich bloße Heuchelei. Bald darauf sollte Rabin einem Attentat zum Opfer fallen, erschossen von einem seiner eigenen Landsleute, während Arafat seinen gefährlichen Zickzackkurs zwischen Terror und

Verhandlungen, der seinem Volk endloses Leid gebracht hatte, weiterführen würde. Über ein Jahrzehnt später ist nichts mehr übrig von den alten Absprachen und der Konflikt zwischen den Palästinensern und Israel ist blutiger als je zuvor.

Wir können nicht am Verhandlungstisch so tun, als wären wir Freunde, während wir in unseren Herzen Feinde bleiben. Das berühmte Sprichwort vom Krieg als Fortsetzung der Diplomatie (mit anderen Mitteln) ergibt nur Sinn, wenn wir zugeben, dass auch der umgekehrte Fall zutrifft: Diplomatie ist eine Fortsetzung des Krieges. Ein tödlicher Konflikt wird so lange hinter beschönigenden Lügen versteckt, bis eine der beiden Seiten zugeben muss, dass sie mit Lügen nichts mehr gewinnen kann.

Vor Rabin und Arafat hatte sich Henry Kissinger in Paris mit den Nordvietnamesen an den Verhandlungstisch gesetzt und 1973 teilten sich Kissinger und Le Duc Tho den Friedensnobelpreis für den Waffenstillstand, den sie dort vereinbart hatten, obwohl sie wahrscheinlich nicht ein einziges Mal ausgesprochen hatten, was wirklich in ihnen vorging. Hätten sie das nämlich, dann hätte die amerikanische Position etwa so gelautet: *Ich bin stark und mächtig. Ich könnte dich mit einem Schlag ausradieren, um zu bekommen, was ich will, aber das geht leider nicht, weshalb ich dir diese Chance anbiete, zu überleben. Nimm also mein Angebot an, bevor ich wirklich wütend werde und dich zermalme.* Der nordvietnamesische Verhandlungsstandpunkt hätte vielleicht so geklungen: *Du kannst mir nicht genug Schaden zufügen, als dass du dich zum Sieger erklären könntest. Du hast mein Haus und meine Familie angegriffen, aber ich würde eher sterben, als dich in mein Haus zu lassen. Du denkst, ich bin schwächer als du, aber ich weiß jetzt, wie ich dir trotzdem wehtun kann, sehr weh.*

Dies sind die Gefühle, die der Weg des Friedens anzugehen hat. Der Friede kennt wirksame Mittel, um Menschen aus der verzerrten Wahrnehmung zu befreien, Gewalt wäre ihre einzige Wahl.

## Friedliche Lösungen
*Gebote zur friedlichen Beilegung von Konflikten*

- Zeige Respekt für den Gegner.
- Erkenne die Ungerechtigkeit an, die der andere empfindet.
- Glaube an Vergebung.
- Suche die emotionale Nähe zum anderen.
- Verzichte auf aggressive Verhandlungstaktiken.
- Erkenne auch Werte an, die den deinen entgegengesetzt sind.
- Urteile nicht über deinen Gegner und setze ihn nicht ins Unrecht.
- Lasse deine Ideologie aus dem Spiel.
- Stelle dich deiner grundlegenden Furcht.

Angesichts des hohen Entwicklungsstands der modernen Kriegsführung scheinen die Nationen diese äußerst simplen und menschlichen Regeln zu übersehen: Warum müssen wir daran erinnert werden, dass wir unsere Feinde respektieren sollten? Weil es uns beleidigen würde, wenn diese Feinde uns nicht respektierten. Niemand kann mit einem Gegner verhandeln, der einem nur Geringschätzung und Verachtung entgegenbringt.

Im Dialog mit der arabischen Welt war die westliche Haltung seit undenklichen Zeiten kaum verhüllte Verachtung,

Der Körper in Frieden

weshalb es kein Wunder ist, dass so wenig Fortschritte erzielt wurden. Lassen Sie mich jedes der oben aufgeführten Gebote mit weiteren Argumenten erläutern.

**Zeige Respekt für den Gegner.** Der Fehler ist hier, Respekt durch Gewalt ersetzen zu wollen. Das Argument des Kriegers ist stets, dass ein Land dadurch Respekt gewinnt, dass es auf den Feind einschlägt und Respekt in ihn hineinprügelt. Im gegenwärtigen Klima wird dies als die einzige Möglichkeit dargestellt, wie wir der arabischen Mentalität begegnen können. Israel nahm diesen Standpunkt ein, als es schwor, für jeden bei Terroranschlägen umgekommenen Israeli (mindestens) einen Palästinenser zu töten. Die USA und andere Verbündete Israels applaudierten, doch das Ergebnis dieser Politik war, wie heute klar ist, eine scheinbar unaufhaltsame Welle der Gewalt in den besetzten Gebieten und Israel. Dabei leben Araber und Israelis in Jerusalem nur wenige hundert Meter voneinander entfernt. Palästinenser, die regelmäßig die Grenze überqueren, um in Israel zu arbeiten, sind ein Schlüsselfaktor für die Wirtschaft beider Seiten. In vieler Hinsicht kommen Israelis und Palästinenser also nicht ohne den anderen aus. Dennoch fehlt es an grundlegendem Respekt füreinander.

Für einen Außenstehenden, der weder Jude noch Moslem ist, erscheinen die Ansprüche beider Seiten auf Jerusalem als heilige Stadt gleichwertig. Beiden Religionen gebührt Respekt. Professionelle Unterhändler haben mir immer wieder erklärt, dass scheinbar unüberwindliche Hindernisse dahinschmelzen, wenn beide Seiten erst überzeugt sind, sie werden gleich behandelt. Dies ist einer der Grundsätze auf dem Weg des Friedens, doch solange die Kriegsparteien sich nicht daran halten, werden Auseinandersetzungen der Art, wie sie im Nahen Osten wüten, fortgesetzt werden.

FRIEDEN STATT ANGST

**Erkenne die Ungerechtigkeit an, die der andere empfindet.**
Hier geht es darum, dass jede Seite glaubt, nur ihr sei Unrecht
geschehen. Jede Auseinandersetzung dreht sich um diesen
Eindruck. Beide Seiten meinen, man schulde ihr etwas. Wenn
Sie jedoch das Gefühl haben, man hätte Ihnen ein Urecht zugefügt, dann müssen Sie auch dem anderen dieselben Gefühle
zugestehen. Um Deutschland in die Knie zu zwingen, legten
die Alliierten gegen Ende des Zweiten Weltkriegs die wunder-
schöne mittelalterliche Stadt Dresden, eines der Herzstücke
der deutschen Kultur, mit Brandbomben in Schutt und Asche.
Jeder Quadratmeter der Altstadt, einschließlich der berühmten Kathedrale und des Opernhauses, lag danach in Trüm-
mern.

Doch dies wirkte sich keineswegs demoralisierend auf die
Deutschen aus. Die Rüstungsproduktion stieg danach sogar.
In den Augen der Deutschen, und wahrscheinlich der Geschichte allgemein, hatten die Alliierten in Dresden ein Kriegsverbrechen begangen. In den Augen der Bomberstreitmächte
war die Zerstörung von Dresden eine Bagatelle im Vergleich
zu Hitlers Grausamkeiten, doch die wahrgenommene Ungerechtigkeit war real. Der Weg des Friedens muss dazu führen,
dass jede Seite anerkennt, was sie getan hat.

**Glaube an Vergebung.** Echte Vergebung hat eine enorme
Heilkraft. Nichts anderes – Entschuldigungen, Reparations-
versprechen, Argumente über Recht und Unrecht – ist ein
Ersatz für das Gefühl, dass man jemandem vergeben kann,
der einen verletzt hat. Ich bewundere noch heute die still-
schweigende Vergebung, die das besiegte Japan den USA seit
dem Zweiten Weltkrieg gezeigt hat. Abgesehen von den beiden Atombomben über Hiroshima und Nagasaki waren Hun-
derttausende von Japanern in den schrecklichen, durch US-

DER KÖRPER IN FRIEDEN

Bomben ausgelösten Feuerstürmen in Tokio und fast jeder anderen größeren Stadt umgekommen. In jeder Stadt fand etwa die Hälfte der Bevölkerung auf diese Weise den Tod, da die typischen japanischen Häuser aus Holz und Papier dem Feuer schutzlos ausgeliefert waren. Stellen Sie sich vor, die Amerikaner hätten die Hälfte der Bevölkerung in Chicago, Detroit, San Francisco und allen anderen Großstädten verloren. Hätte man das den Japanern je verziehen?

Seit dem 11. September, so ist mein Eindruck, warten die Amerikaner in stummem Zorn auf eine Entschuldigung der arabischen Welt, eine Entschuldigung, die sie verdient haben. Die arabische Welt wartet nun aber ihrerseits auf eine Entschuldigung des Westens für die Demütigungen der Kolonialzeit und der mutwilligen Missachtung des Stolzes der Araber nach den Ersten Weltkrieg, als die Alliierten das Osmanische Reich auf autokratische Art demontierten. In Wahrheit verdienen auch sie ihre Entschuldigung. Keine Seite denkt jedoch daran, sich zu dem einfachen menschlichen Akt des Entschuldigens herabzulassen. Der Weg des Friedens fordert, dass dies geschehen muss.

**Suche die emotionale Nähe zum anderen.** Es mag frustrierend sein, aber wenn man in die Geschichte zurückblickt, muss man erkennen, dass Kriege beginnen können, weil Menschen einander nicht leiden können. In manchen Fällen sind es sogar nur zwei. Die Wiener Friedensgespräche zwischen den USA und der Sowjetunion im Jahre 1960 scheiterten, weil Präsident John F. Kennedy und der sowjetische Premier Nikita Chruschtschow zu persönlichen Feinden wurden.

Unsere Emotionen stehen in direkter Verbindung zum subverbalen Teil des alten Gehirns. Wenn wir das *Gefühl* haben, wir können jemandem vertrauen, so zählt das mehr, als wenn wir nur *denken*, wir könnten ihm vertrauen. Die Entschlossenheit der USA und Großbritanniens, den Zusammenbruch des Kommunismus herbeizuführen, wurde in weiten Kreisen auf die emotionalen Bande zwischen Präsident Ronald Reagan und der britischen Premierministerin Margaret Thatcher zurückgeführt. Dagegen fühlte sich noch kein israelischer Regierungschef wohl mit Yasser Arafat. Die Welt beklagte die Ermordung des ägyptischen Präsidenten Anwar Sadats besonders deshalb, weil er der erste arabische Führer war, dem es gelungen war, echte emotionale Nähe zur Gegenseite zu finden. In den Augen der Fundamentalisten, die ihn schließlich umbrachten, war dies jedoch sein größtes Verbrechen. Der Weg des Friedens lehrt uns, dass emotionale Nähe – das Gefühl, dass Vertrauen und Freundschaft tatsächlich möglich sind – zu jeder erfolgreichen Friedensverhandlung gehört.

**Verzichte auf aggressive Verhandlungstaktiken.** In herkömmlichen Verhandlungen gewinnt ein Land nur, wenn es aus einer Position der Stärke verhandelt. Deshalb ist es normal, sogar in Friedensverhandlungen noch verbal auf den Feind einzuprügeln. Die ersten Verhandlungen zwischen Kissinger und den Nordvietnamesen fanden heimlich in einer Wohnung in Paris statt. Das war 1969, als die USA Vietnam noch intensiv bombardierten. Diese anfänglichen Gespräche scheiterten und die amerikanische Position, dass nur fortgesetzte Gewaltanwendung zum Frieden führen könne, behielt die Oberhand. Dieser Glaube kostete noch einmal Zehntausende von Menschenleben, mit dem bekannten Endresultat: nicht Sieg, sondern bittere Niederlage. Nicht einmal das erklärte politische Ziel, Südvietnam zu retten, wurde erreicht.

Der Hauptgrund, weshalb wir immer noch glauben, Gewalt könne die andere Seite an den Verhandlungstisch bringen, ist, dass Kriege fast immer mit der Vernichtung der einen oder anderen Seite enden. Wirkliche Friedensgespräche wären solche, die mit der Einstellung aller Angriffe begännen. Im Irak-Konflikt nach Saddams Sturz glaubte Amerika, ohne permanenten Druck auf die Aufständischen gäbe es keine Hoffnung auf Verhandlungen, obwohl jeden Tag neue Terroristen und Dschihadisten ins Land geströmt kamen. Doch selbst wenn wir alle Kampfhandlungen eingestellt hätten, wäre der anderen Seite nicht bewusst, dass wir sie jederzeit wieder aufnehmen könnten? Die Gefahr eines erneuten Krieges wäre nicht vom Tisch. Keine Geste spricht aber ernsthafter die Sehnsucht nach Frieden an wie eine einseitige Einstellung der Kampfhandlungen.

**Erkenne auch Werte an, die den deinen entgegengesetzt sind.** Man glaubt allgemein, dass, wenn zwei Parteien verhandeln, sie versuchen, Gemeinsamkeiten und Grundlagen für Kompromisse zu finden. Die Realität lehrt uns aber, dass dies nur selten funktioniert. In einer bitteren Scheidung kann man von einem Kompromiss sprechen, wenn sie das Haus bekommt, das er liebt, und er die Kunstwerke, die sie liebt, aber es ist bestimmt kein friedlicher Kompromiss. Nach dem Ersten Weltkrieg teilten die Siegermächte viele Teile der Welt auf eine Weise auf, die verschiedene Interessen und Forderungen zufrieden stellen sollte. Betroffen waren zum Beispiel der Nahe und Mittlere Osten, der Balkan, Polen, die baltischen Staaten und das Rheinland. Die Folge waren wachsende Ressentiments. Ethnische und nationale Rivalitäten brodelten unter der Oberfläche und kamen schließlich zum Ausbruch. Innerhalb von 20 Jahren lag die Welt wieder im Krieg und noch heute zahlen wir den Preis, wie die Zwietracht im Balkan und in der arabischen Welt zeigt.

FRIEDEN STATT ANGST

Verhandlungen müssen mit dem Eingeständnis beginnen, dass auch der Gegner Werte vertritt, nur sind diese Werte ganz anders als unsere. Hätte man zum Beispiel von Anfang an erkannt, dass der Irak sich eigentlich aus drei Regionen zusammengesetzt hatte, die von Sunniten, Schiiten und Kurden dominiert wurden, alle drei Völker mit legitimen Ansprüchen und Traditionen, dann hätte niemand je einfach willkürlich einen Kreis gezogen und gesagt: *Das sind jetzt eure Grenzen, ihr seid jetzt ein Volk, nun lebt damit.* Sie konnten natürlich nicht damit leben, konnten es nie, außer wenn ein brutaler Diktator den Staat zusammenhielt. Erzwungener Kompromiss ist nutzlos.

In dem preisgekrönten Dokumentarfilm *The Fog of War* durchlebt der frühere US-Verteidigungsminister Robert S. McNamara noch einmal seine Rolle im Vietnamkrieg. Er erinnert sich an die Turbulenz jener Zeit und seine eigenen widersprüchlichen Gefühle, die er damals für sich behielt, obwohl er wegen dieses Feldzugs, »McNamaras Krieg«, wie man ihn nannte, öffentlich verunglimpft wurde. Nun blickt der alte Mann in die Kamera und sagt: »Hätten wir nur den Feind gekannt.« Im Nachhinein hatte er erkannt, dass die USA praktisch nichts über die Überzeugungen und den Groll der Nordvietnamesen gewusst hatten und nur wenig darüber, weshalb sie überhaupt kämpften und wie entschlossen sie tatsächlich waren. Diese Ignoranz sagt einiges aus über die Torheit dieses Krieges und die Gründe, weshalb er für Amerika so tragisch endete. Der Weg des Friedens lehrt uns, dass wir die Werte unserer Gegner kennen müssen, denn sonst werden wir nie wissen, was verhandelbar ist und was nicht.

**Urteile nicht über deinen Gegner und setze ihn nicht ins Unrecht.** Die meisten Kriege beginnen, weil beide Seiten

260

DER KÖRPER IN FRIEDEN

glauben, im Recht zu sein. Sie sehen keine Möglichkeit, sich in der Mitte zu treffen, weil die eine die andere Seite moralisch für zu kompromitiert hält.

Die klassische Lektion ist dem amerikanischen Bürgerkrieg entnommen, einem Konflikt, der entflammte, obwohl die Südstaatler in ihrem Innersten wussten, dass Sklaverei falsch war. Christliche Moral und der Anblick des täglichen Leidens der Sklaven mussten ihnen längst zu Bewusstsein gebracht haben, dass sie eine Sünde begingen. Doch der Eifer der Anti-Sklaverei-Bewegung im Norden entfremdete sogar gemäßigte Südstaatler. Die Last der Verurteilung, der sie ausgesetzt waren, überzeugte sie nicht eines Besseren, sondern zwang sie in eine Abwehrhaltung, aus der heraus sie jede Verhandlung ablehnten. Der Weg des Friedens lehrt uns hier, dass wir einen Konflikt niemals beenden können, solange die eine Seite die andere dazu zwingt, ihre Werte zu verteidigen.

**Lasse deine Ideologie aus dem Spiel.** Dieser Punkt ist so entscheidend, dass ich ihm schon ein ganzes Kapitel gewidmet habe. So genügt es, zu sagen, dass ein Krieg noch viel furchtbarer wird, wenn er zum Krieg zwischen Glaubenssystemen ausartet. Glaubenssysteme sitzen viel tiefer in uns, als das Wort auszudrücken scheint. Man sucht sich seinen Glauben nicht aus, man hat keine Wahl, kann nicht ja oder nein dazu sagen. Unser Glaube dient der Rechtfertigung unserer gesamten Lebensweise. Betrachten Sie zum Beispiel den gegenwärtigen Kulturkrieg über gleichgeschlechtliche Ehen. Als religiöse Institution ist die Ehe seit den 1970er Jahren in stetigem Niedergang. Viel mehr Paare leben heute als unverheiratete Partner zusammen, in »wilder Ehe«, wie man früher sagte. Das Sakrament der Ehe hat sich langsam in eine weltliche Sache verwandelt, auf dem Standesamt besiegelt, nicht mehr in der Kirche. Die Scheidungsrate scheint sich um fünfzig Prozent einzupendeln, da das Stigma einer gescheiterten Ehe immer mehr der Vergangenheit angehört.

Trotz dieser Tatsachen war ein beachtlicher Teil der Bevölkerung voller Empörung, als Homosexuelle ihren Wunsch erklärten, heiraten zu wollen. Es hieß, dies sei ein Angriff auf das Sakrament der Ehe, das natürliche Gesetz, das Männer und Frauen zusammenführt, würde dadurch verletzt. Dabei geschah genau das Gegenteil: In einer Zeit, wo die heterosexuelle Bevölkerung sie nahezu aufgegeben hatte, traten homosexuelle Männer und Frauen auf den Plan und bekräftigten die Institution der Ehe. Und die Tatsache, dass Homosexualität in allen Gesellschaften zu jeder Zeit der Geschichte zu finden ist, muss man als Zeichen akzeptieren, dass Homosexualität ebenso natürlich ist wie Heterosexualität, wenn auch bei weitem seltener.

Ideologie macht einfache Tatsachen jedoch bedeutungslos. Fundamentalisten, die gegen die homosexuelle Ehe protestieren – und gegen Homosexualität allgemein –, leben in einer Welt der Selbstgerechtigkeit. Ihre brennende Hoffnung ist, dass die Realität eines Tages mit ihrer Ideologie übereinstimmen wird, und wenn dieser Tag nicht kommen will, werden sie aggressiv. Dasselbe Verhalten hielt den Kommunismus 70 Jahre lang aufrecht. Der Sowjetstaat begann in einem Ausbruch von ideologischem Optimismus und verpuffte am Ende einfach, als das Ideal sich allmählich als Lüge erwies. Der Weg des Friedens ist weise genug, uns zu sagen, dass Verhandlungen frei von jeder Ideologie sein müssen, wenn sie eine realistische Basis für Fortschritt sein sollen.

**Stelle dich deiner grundlegenden Furcht.** Kriege scheinen von Zorn getrieben zu sein, doch eigentlich geht es um

## DER KÖRPER IN FRIEDEN

Furcht. Dies ist eine Tatsache, der ein Krieger nicht gern ins Auge sieht. Um hart und unverletzlich zu erscheinen, geben Länder, die sich im Krieg befinden, niemals zu, wie sehr sie einander fürchten. Das sollten sie aber, wenn es Frieden geben soll, denn gegenseitige Furcht ist etwas, das man überwinden kann. Man muss nur mit den Dingen aufhören, die die andere Seite in Angst versetzen.

Im 13. Jahrhundert setzten englische Bogenschützen erstmals Pfeile mit Metallspitzen ein. Auch lernten sie, ihre Bogen sehr schnell nachzuladen und abzuschießen, in einem Tempo von zehn bis zwanzig Pfeilen pro Minute, viel schneller, als es mit der alten Armbrust möglich war, die für jeden Schuss langsam gespannt werden musste.

Stellen Sie sich also den Schrecken vor, den die Franzosen, die noch den Kodex der Ritterschaft befolgten, empfunden haben mussten, als sie sahen, dass der Feind plötzlich die Regeln geändert hatte. Das Zeitalter der Ritter, hoch zu Ross in schweren Rüstungen, war plötzlich vorbei. Nun sahen sie sich Scharen von Fußsoldaten gegenüber, die Schwärme von Pfeilen auf sie niederprasseln ließen. So hatten die Franzosen keine Wahl, als in gleicher Münze zurückzuzahlen, und der Krieg würde nie mehr so sein, wie er einmal gewesen war.

Warum haben sich beide Seiten nicht geeinigt, dass diese Eskalation der Furcht nicht akzeptabel war? Mit jedem Jahrzehnt wurden die Waffen unsäglicher in ihrer Grausamkeit. War die Feldhaubitze nicht grausam genug? Mussten wir wirklich die Revolverkanone erfinden, die im amerikanischen Bürgerkrieg die Truppen niedermähte, und dann den Panzer im Ersten Weltkrieg, und schließlich die Atombombe? Man hat schon immer gewusst, dass Furcht eskalieren kann, doch irgendwie ist es uns gelungen, dieses Wissen zu verdrängen.

263

Der Weg des Friedens rückt es wieder in den Vordergrund. Wie Freud es einmal kurz und bündig ausdrückte: Angst ist das unwillkommenste Gefühl. Indem sie den Angstfaktor angehen, könnten Nationen den wahren Lebenssinn wieder entdecken, das Streben nach Glück und spiritueller Wahrheit. Indem wir das Schüren von Furcht unentschuldbar machen, könnte Krieg zu einem Phänomen der Vergangenheit werden, denn jeder Krieg dient der Furcht, auch wenn Ideologien oder Morallehren das Gegenteil behaupten sollten.

Wenn der Weg des Friedens eine so offenkundige Lösung für Konflikte bietet, warum gehen wir dann seit so langer Zeit in die entgegengesetzte Richtung? Sind wir derart darauf programmiert, Gewalt anzuwenden, dass wir uns einfach nicht helfen können? Manche Wissenschaftler glauben, die Fähigkeit zu Aggression sei fest in unser Gehirn eingebaut, und wenn ein Krieg ausbricht, würden wir schlicht diesem natürlichen Plan folgen. Ich erinnere mich, dieses Argument zuerst in den 1960er Jahren gehört zu haben, als im Rahmen von Feldstudien von Schimpansen in der Wildnis der Begriff des Alphatieres eingeführt wurde. Heute ist die Tatsache, dass Männchen überall in der Tierwelt um Dominanz kämpfen, ein Klischee, doch damals war es wie eine Erleuchtung, wenn man über die Parallelen zwischen menschlichem und tierischem Verhalten las.

Das Alphatier hat freie Wahl unter den Weibchen, mit denen es sich paaren will – solange es alle anderen Männchen abwehren kann, die sich den Weibchen zu nähern versuchen. Schimpansen, Gorillas und Paviane wechseln ständig die Geschlechtspartner und wenn ein Weibchen läufig ist, ist es für jedes Männchen attraktiv. Das dominante Männchen seinerseits ist ständig auf der Hut und muss sich täglich, wenn

DER KÖRPER IN FRIEDEN

nicht gar stündlich, in zahlreichen Scharmützeln behaupten. Um seine Alphaposition zu bewahren, muss es körperlich groß und stark sein und vom Temperament her aggressiv und ständig zum Wettstreit bereit.

Die Parallele zwischen einem Schimpansenrudel und einer Straßenbande kann einem nicht entgehen. So bietet die seit Jahrmillionen praktizierte körperliche Konfrontation zwischen Männern eine Erklärung für das Vorherrschen von Aggression in allen Kulturen. Selbst wenn nicht jeder der Sieger sein kann, will doch jedes männliche Exemplar unserer Spezies, das noch Blut in den Adern hat, zumindest am Wettstreit um den Erfolg beteiligt sein. Und wenn dieser Erfolg in der Natur den egoistischsten, rücksichtslosesten und unbeirrbarsten Wettbewerbern gehört, warum sollen wir dann dieses Modell nicht auch für uns selbst akzeptieren, zumal unser Gehirn ohnehin darauf programmiert ist? Ist Friede nicht ein biologisches Hirngespinst, eine Perversion der Natur?

Das damit verwandte Thema des Reviers stützt dieses Argument noch weiter. Dem Anschein nach mögen Tiere einfach frei durch die Wildnis schweifen, doch in Wirklichkeit bewegen sie sich stets innerhalb der Grenzen ihres Reviers. Solche Grenzen halten verschiedene Pavianstämme, Löwenrudel und gar Spatzenfamilien voneinander getrennt. Wieder sind es die Männchen, die für den Schutz dieser Grenzen zuständig sind, denn schließlich müssen sie Konkurrenten, die in ihr Revier einzubrechen versuchen, davon abhalten, sich mit ihren Weibchen zu paaren. So lieblich der Vogelgesang im Morgengrauen auch klingen mag, der Verhaltensforscher hört etwas ganz anderes darin. Es ist keine hübsche Musik, sondern ein Chor von Warnsignalen von Männchen zu Männchen: *Wenn du mich hören kannst, bist du meinem Revier zu nahe gekommen. Hau ab!* Und wieder liegt die Parallele zum Menschen auf der Hand: Im Krieg geht es ums Revier bzw. Territorium. Invasoren sind darauf aus, neues Territorium zu erobern, das es dann zu verteidigen gilt, da die Biologie dies verlangt, wie sie es seit Jahrmillionen getan hat.

Wenn wir uns jedoch intensiver mit der Biologie von Krieg und Frieden befassen, finden wir heraus, dass es für uns genauso natürlich ist, das Gegenteil von aggressiv zu sein, wenn es um Sex oder Territorium geht. In primitiven Gesellschaften ist Krieg als konstante Lebensbedingung praktisch unbekannt. Abgesehen von einem Steinzeitstamm in Neuguinea, dessen Kultur darauf basierte, Tag für Tag den Stamm am anderen Ufer des Flusses zu überfallen, haben Anthropologen keinerlei Hinweis gefunden, dass irgendwelche Urbevölkerungen existieren oder je existiert haben, die in einem Zustand ständiger Wachsamkeit lebten, wie es für die Männchen der Pavianrudel der Fall ist. Tiere haben vielleicht keine andere Wahl, das heißt aber keineswegs, dass wir Menschen keine Wahl haben. Menschliche Gesellschaften haben vor langer Zeit die Vorteile der Monogamie zu schätzen gelernt. Inzest ist ein uraltes Tabu, damit Söhne nicht mit ihren Vätern um die sexuelle Gunst der Mütter konkurrieren können. Männer haben gelernt, Freundschaften zu schließen. In den symbolischen Schlachten in Sport und Spiel haben wir Ersatz gefunden für den ewigen Krieg. In vielerlei Hinsicht haben wir uns als Spezies mehr in Richtung Frieden angepasst.

Menschliche Frauen menstruieren, was bei unseren Primatenverwandten dem Zustand des Östrus oder der Brunst entspricht, doch schon vor langer Zeit entwickelten wir eine neue Verwendung für unsere Sexualität: Freude. Sexuelle Kon-

DER KÖRPER IN FRIEDEN

takte, die nur wenige Sekunden dauern, wie es für die meisten Primaten der Fall ist, da sie eben ständig auf der Hut vor konkurrierenden Männchen sein müssen, machen kaum Freude. Deshalb haben wir unsere sexuelle Aktivität in die Privatsphäre verlagert, wo wir vor den Blicken der Konkurrenz sicher sind. Auf diese Weise rückte die Frage der Dominanz in den Hintergrund. Andere Männer sind vom Paarungsakt ausgeschlossen. Und was die stimulierende Wirkung der Pheromone angeht: Pheromone werden von beiden Geschlechtern ausgesandt, ohne dass wir deshalb behaupten, Frauen würden dadurch zu Gewalttätigkeit getrieben. Pheromone stellen die sexuelle Anziehung in einen chemischen Kontext, doch vom Standpunkt der Biologie betrachtet sind diese Chemikalien nur ein Element unter vielen in einem komplizierten Tanz von Hormonen, der ebenso viel mit der Entwicklung gesunder Organfunktionen wie mit der Beeinflussung des Sozialverhaltens zu tun hat. Der Umstand, dass Frauen für Männer anziehend sein wollen und umgekehrt, ist für friedliche Gesellschaften nicht weniger wichtig als für kriegerische. Wir setzen Anziehung nicht mit Kämpfen gleich.

Ich könnte viele Beispiele aus dem Tierverhalten anführen, die das Argument stützen, dass männliche Dominanz nur einer der Faktoren in der Anpassung eines Lebewesens an seine Umwelt ist. Wir wissen heute zum Beispiel, dass Alphatiere gar nicht so erfolgreich sind. Jüngere Männchen schleichen sich ein und pflanzen sich ebenfalls fort. So muss es auch sein, denn alles andere würde die genetische Linie schwächen. Ich musste lachen, als ich las, wie schockiert viele Vogelfreunde waren, als man herausfand, dass der einfache Haussperling alles andere als treu ist. Kaum ist der Partner nach der Paarung außer Sicht, lädt das Sperlingsweibchen andere

Männchen zum Sex ein, ohne dass der Partner etwas davon merkt – noch ein sentimentales Vorurteil, das sich vor komplexem Verhalten geschlagen geben musste.

Man findet unter Tieren ebenso viel Kooperation, wenn nicht gar mehr, wie Wettstreit. Gegenseitige Abhängigkeit ist entscheidend in einem ausgeglichenen Ökosystem. Bei allem natürlichen Selbsterhaltungstrieb lernte jede Spezies, wie Territorium und Nahrung geteilt werden kann. Der Löwe will die Gazelle verschlingen, doch das heißt nicht, dass er jede Sekunde des Tages am Wasserloch lauern kann. Löwen sind erfolgreicher, wenn sie der Gazelle die Zeit lassen, zu trinken, sonst würde die gesamte Gazellenpopulation schließlich verdursten. Der Kuckuck wirft die Eier eines anderes Vogels aus dessen Nest, um Platz für seine eigenen zu schaffen, doch dieses Verhalten ist die Ausnahme. Die Regel ist, dass die Brutstätten anderer Tiere respektiert werden, wenn sie einmal eingerichtet sind. Auf sehr raffinierte Weise haben die verschiedensten Spezies gelernt, dass Teilen, Altruismus und andere so genannte höhere Funktionen Überlebensvorteile bringen. Die alte Interpretation der darwinschen Theorie der natürlichen Auslese im Sinne einer grausamen Natur gilt nicht mehr, wenn sie als Feststellung einer Tatsache überhaupt je Berechtigung hatte. Die Natur ist ein Tanz von Anpassungen, die sich bei genauerer Betrachtung als erstaunlich flexibel und erfindungsreich erweisen. Evolution ist kreativ. Rücksichtslosigkeit und Egoismus bestehen nebeneinander mit zahllosen anderen Verhaltensweisen.

Wenn wir also nicht darauf programmiert sind, in den Krieg zu ziehen, warum tun wir es dann? Liegen die Verhaltensforscher etwa vollkommen falsch? 1930, fast am Ende seiner Karriere, veröffentlichte Freud sein pessimistischstes

Buch, »Das Unbehagen in der Kultur«. Es herrschte eine Zeit
großer sozialer Unruhe – einige Jahre später sollte Freud von
den Nazis aus Wien vertrieben werden. Er hatte lange die
Möglichkeit erwogen, Aggression könnte ein angeborener
Trieb sein. Wenn wir ehrlich gegen uns selbst wären, so
bemerkte er sarkastisch, dann würden wir zugeben, dass
nichts uns mehr Freude bereitet, als unsere Feinde vom höchsten Ast baumeln zu sehen.

Doch es gab einen noch tieferen Grund für ·Pessimismus
hinsichtlich der menschlichen Neigung zur Gewalt. Nach
Freuds Sicht widersprechen die Sitten und Gebräuche der
Gesellschaft, die uns zu Frieden und Kooperation anhalten,
dem, was unsere Psyche wirklich will, nämlich unserem biologischen Sexual- und Aggressionstrieb freien Lauf zu lassen.
Auf der Ebene des Unbewussten, so sagt er, leben wir alle diesen Widerspruch. Wir sind gespalten zwischen dem, was wir
gern tun wollen, und dem, was wir entsprechend einer Moral,
die Inzest, Krieg, Promiskuität und ungezügelte Gewalt verbietet, tun sollten. Wir versuchen, uns an die Regeln der Zivilisation zu halten, weil es gut für uns ist, nach dem Gesetz und
in Frieden miteinander zu leben, doch die primitiven Triebe
des Es, des Teils von uns, der nicht auf die Vernunft hört, stellen hier ein riesiges, vielleicht unüberwindliches Hindernis
dar.

Da er die angeborene Aggression im Grunde für unüber-
windbar hielt, mag Freuds Sicht am Vorabend des Faschismus
besonders düster ausgefallen sein. Dennoch birgt sein Determinismus die gleiche Anziehungskraft wie andere determinis-
tische Argumente: Er klingt objektiv und wissenschaftlich. Er
entschuldigt den Einzelnen für sein Gewaltverhalten, weil
»es« uns schließlich dazu treibt. (Es erinnert daran, wie gern

FRIEDEN STATT ANGST

wir das hormonelle Chaos in der Pubertät für das Benehmen von Teenagern verantwortlich machen.) Dieses »Es« könnten Gene sein, das Kleinhirn, Freuds Id oder irgendein anderer Auslöser. Was solchen Determinismus so tröstlich macht, ist seine Simplizität. Sie können einen Spruch wie *Männer sind vom Mars, Frauen von der Venus* verwenden, und schon haben Sie eine hübsche, einfache Erklärung für den »Geschlechterkrieg«.

Alle deterministischen Argumente leiden jedoch unter derselben offenkundigen Schwäche: Sie erklären nicht, wie Individuen aus dem offenbar vorherrschenden Muster ausbrechen können. Zweifellos gibt es Männer, die weder aggressiv noch egoistisch sind, und andere, die Frauen verstehen und sich in sie hineinversetzen können. Es gibt spirituelle Menschen, die über jede Gewalt stehen. Deshalb müssen wir fragen: *Wie sind sie so geworden?* Irgendwie haben diese Menschen die Grenzen der Biologie überschritten. Man kann also nicht behaupten, die Biologie bestimme ihr Verhalten. Man würde mich für schwachsinnig erklären, wenn ich Leonardos *Letztes Abendmahl* als Produkt der Biologie bezeichnete, obwohl auch die Kunst primitive Wurzeln hat. Ebenso macht man sich aber der allzu starken Vereinfachung schuldig, wenn man behauptet, Krieg sei auf biologische Ursachen zurückzuführen. Kunst und Krieg sind komplexe gesellschaftliche Schöpfungen, die durch Einzelne zum Ausdruck kommen, von denen wiederum jeder Einzelne eine einzigartige Mischung aus biologischen und vielen anderen Faktoren darstellt.

Warum sollten wir die Gewalt als dominierenden Zug der Menschheit ansehen, wo doch Kunst, Liebe und Sex, Sorge für die Jungen, Gottesverehrung und Staunen in allen Kulturen ebenso verbreitet sind?

270

DER KÖRPER IN FRIEDEN

Der Weg des Friedens bedeutet nicht, dass wir die Biologie ablehnen. Es ist unbestreitbar, dass Gewalt zu unserer Natur gehört. Wenn wir ehrlich sind, finden Sie und ich den Krieg wahrscheinlich faszinierender, als wir zuzugeben bereit sind. Das Gehirn hat die Bilder der Leichenberge in Auschwitz in sich aufgenommen, ebenso die von vergasten Kurden im Irak, vor Napalmbomben fliehenden Kindern in Vietnam, mit Macheten niedergemetzelten Afrikanern in Ruanda, toten amerikanischen Soldaten, die in Somalia nackt durch die Straßen gezerrt wurden, und hunderte andere Bilder unsäglicher Gewalt. Die Gehirnzellen haben diese Bilder verarbeitet. Als im Gedächtnis gespeicherte Erinnerungen lösen sie bei uns Alptraume und Schuldgefühle aus, aber sie beeinflussen auch das Unterbewusstsein. Das Gehirn ist jedoch kein isoliertes Organ. Jede Zelle ist intelligent und über den ununterbrochenen Strom von Botenmolekülen finden diese grässlichen Bilder auch Eingang in Ihr Herz, Ihre Leber und Nieren und natürlich auch in Ihr Immunsystem und Ihre endokrinen Drüsen.

Man muss nicht an der Front kämpfen, um die Wirkungen des Krieges zu spüren. Jeder Wissenschaftler, der Versuchspersonen in sein Labor einlädt und ihnen Bilder von Kriegen vorführt, kann erhebliche Veränderungen in allen Lebensfunktionen feststellen. Sie und ich leben von Geburt an in dieser Situation. Als ich die entsetzlichen Videos von Daniel Pearls Hinrichtung sah, dem Reporter des *Wall Street Journal*, der von Dschihadisten in Pakistan entführt und schließlich enthauptet wurde, schlug mein Herz vor Angst schneller, und obwohl ein Anstieg des Blutdrucks normalerweise nicht zu den Dingen gehört, die man spürt, wusste ich, dass auch das geschehen sein musste. Auf vielerlei nicht sichtbare Weise

271

war mein Körper einfach nicht mehr in Frieden. In jenen Augenblicken sah ich mich in die furchtbare Situation versetzt, in der die tapfere Geisel sich befand.

In einem eher esoterischen Kontext würde ich argumentieren, dass Gewalt unseren emotionalen Körper vergiftet – eine Vorstellung, die von der westlichen Medizin niemals akzeptiert würde, aber das stört mich nicht. Bilder von MR-Scans liefern den greifbaren Beweis, dass Gehirne, die hohem Stress ausgesetzt sind, anders funktionieren als unter normalen Umständen, ganz gleich ob der Stress emotionaler oder körperlicher Natur ist. Und solche Gehirnscans bilden nur einen Teil des großen Puzzles der Beweise. Hormonstudien haben gezeigt, dass die erhöhte Ausschüttung von Cortisol und Adrenalin (den so genannten Stresshormonen) den Alterungsprozess negativ beeinflussen.

Kurz gesagt: Der Körper in Frieden ist etwas anderes als der Körper im Krieg. Wenn wir von unserem Kriegskörper aus handeln, ist die Welt nicht dieselbe, als wenn wir von unserem Friedenskörper aus operieren. Im ersteren Fall sehen wir überall Gefahr und Bedrohung. Stresshormone sind katabolisch, das heißt, sie unterbinden den Stoffwechsel und zersetzen Gewebe statt es aufzubauen. Von Adrenalinausschüttung begleitete Angstschübe richten immer mehr Schaden an. Das erkennt man deutlich an den abgehärmten, grauen Gesichtern an Orten wie Sarajewo zur Zeit der langen Belagerung durch die Serben, als die Menschen dort die Grenzen ihrer körperlichen Belastbarkeit erreicht hatten.

Der Körper im Krieg nimmt besonders großen Schaden, wenn drei Bedingungen erfüllt sind:

## DER KÖRPER IN FRIEDEN

- Man kann der Gewalt, die einen umgibt, nicht entkommen.
- Die Gewaltausbrüche treten willkürlich auf.
- Man hat keine Kontrolle über die Gewalt.

In den Schützengräben des Ersten Weltkriegs entdeckte man, dass die Frontneurose keine Charakterfrage ist. Jeder Soldat, der lange genug unter Artilleriebeschuss steht und keine Ruhe findet, wird irgendwann eine Kriegsneurose bekommen. Im Ersten Weltkrieg gab es jedoch wenigstens immer eine Heimatfront, wo die Schießerei aufhörte. Diesen Luxus haben wir heute leider nicht mehr. Jede Nachrichtenstory über Terrorismus erinnert uns daran, dass wir zu Hause von allen drei Faktoren betroffen sind: Wir können der Bedrohung nicht entkommen, die Anschläge können sich willkürlich ereignen und der Einzelne hat keine Kontrolle über das Ergebnis. In dem Film *Fahrenheit 9/11* wird der Vorwurf erhoben dass diese Faktoren von skrupellosen Politikern manipuliert werden. Die Alarmstufen, an die wir uns in Amerika inzwischen gewöhnt haben – grün, gelb, orange und rot – sind nicht nur Warnungen, sondern eine Angstskala, die von machthungrigen Politikern beliebig verstellt werden kann.

Da der Körper diese Alarmstufen automatisch in Angststufen übersetzt, haben sie im Laufe der Zeit ihre Wirksamkeit eingebüßt. Selbst unter den Zivilisten ist es zu einer Art Frontneurose gekommen und Leute, die eine solche Bedrohung früher in Aufregung versetzt hätte, fühlen sich heute erschöpft durch deren Permanenz. Wir folgen mechanisch den Alarmroutinen, obwohl selbst ein Mindestmaß an Wachsamkeit über längere Zeit kaum aufrechtzuerhalten ist.

So ungern es die Regierungen und Behörden auch hören mögen, der Körper in Frieden ist stärker als der Körper im

Krieg. Wenn Sie sich von dem beschriebenen unkontrollierbaren, unvorhersehbaren und zugleich ununterbrochenen Stress befreien können, wird Ihr Körper sich bald in Frieden befinden. Die moderne Medizin hat bereits entdeckt, dass Liebe das menschliche Immunsystem stärkt. In einem Experiment, in dem zufällig ausgewählten Versuchspersonen ein Film über Mutter Teresa vorgeführt wurde, fand man, dass ihr Immunsystem unmittelbar auf das Gesehene reagierte. Die verstärkte Ausschüttung des Immunoglobulins IGA bewies, dass Liebe tatsächlich die Widerstandskräfte des Körpers stärkt. Diese Wirkung setzte unabhängig davon ein, ob die Versuchsperson Mutter Teresa als Vorbild akzeptierte oder nicht. Liebe beeinflusst unseren Körper also ebenso wie Gewalt, jedoch in eine positive Richtung. Menschen, die sich geliebt fühlen, leben länger, leiden seltener unter Erkältungen, haben niedrigeren Blutdruck, erkranken seltener an Krebs und erleiden seltener Herzanfälle. Witwer, die sich nach dem Tod der Frau ungeliebt und einsam fühlen, sind im Ganzen anfälliger für alle diese Leiden und haben eine kürzere Lebenserwartung. Der Gebrauch von Stress in Form ständiger Erinnerungen an die Terrorgefahr ist dagegen völlig ungeeignet, dem Körper Frieden zu bringen. Die Mechanismen sind einfach nicht vorhanden.

## Dem Körper Frieden bringen

- Grübeln Sie nicht über Geschehnisse nach, die Ihnen Stress bereiten.
- Hüten Sie sich davor, nach Katastrophenmeldungen süchtig zu werden.

DER KÖRPER IN FRIEDEN

- Rücken Sie Angst in die richtige Perspektive.
- Machen Sie sich klar, dass positive Ergebnisse möglich sind.
- Reden Sie mit anderen über Ihre Gefühle. Arbeiten Sie mit anderen daran, die Belastung abzubauen.
- Seien Sie in Kontrolle, wo immer das möglich ist. Lassen Sie sich nicht vom Chaos beherrschen.
- Bleiben Sie ausgeglichen, und wenn Sie einmal aus dem Gleichgewicht geraten, nehmen Sie sich die Zeit, es wieder zu finden.
- Finden Sie ein Ventil für Ihren Ärger und Ihre Furcht.

Dies sind Empfehlungen, die auf dem gesunden Menschenverstand basieren, und dennoch frage ich mich, wie viele Menschen ihnen wohl folgen. Für jede Mittagspause, in der sich zwei Freunde über das Leben in einer Zeit des Kriegs und des Terrors auslassen, sollte es eine geben, in der sie darüber spekulieren, wie man am besten Frieden findet. In Krisenzeiten kann es einem wie ein Fulltimejob vorkommen, seinen Körper in Frieden zu halten. So erzählte mir ein Freund: »Ich schlief noch an diesem Tag, dem 11. September. Als ich wach wurde und meinen Anrufdienst anrief, fand ich eine Menge Nachrichten vor, die ziemlich hysterisch klangen, und als ich dann den Fernseher einschaltete, befand ich mich plötzlich inmitten von Chaos und Zerstörung. Doch irgendwie fühlte ich mich davor geschützt. Nach 20 Jahren Meditation konnte ich mich in die Leute hineinversetzen, zugleich aber war ich stolz darauf, dass ich mich davon lösen und ihnen heilendes Licht und Energie spenden konnte, anstatt mit ihnen zu weinen.

Dieser Zustand hielt aber nicht lange an. Nach und nach wurde ich zu einem richtigen Nachrichtenjunkie. Ich hörte mir alles an, was über den Krieg in Afghanistan gesendet

FRIEDEN STATT ANGST

wurde. Ich verfolgte das Schicksal der Familien der Opfer, die am 11. September umgekommen waren, und hörte mir die aufgenommenen Telefongespräche aus dem Flugzeug an, das man über Pennsylvania abgeschossen hatte, und auch die Telefonnachrichten der Leute im World Trade Center, die wussten, dass sie sterben würden.

Ich war geradezu süchtig nach diesen Informationen. Ich wollte dabei sein. Doch dann stellten sich Gefühle ein, die ich nicht wollte. Ich begann, die negativen Gefühle zu teilen, und hatte Rachefantasien gegen diese Terroristenschweine. Der Gedanke, in den Krieg zu ziehen, brachte mein Blut in Wallung.

»Haben also all die Jahre der Meditation nichts gebracht?« Nein, aber wie jeder andere muss auch ich gegen die Finsternis ankämpfen. Sobald mir klar wurde, was mit mir geschah, zog ich die Notbremse. Jetzt bin ich kein Kriegsjunkie mehr und wundere mich, wie manche Leute immer noch auf den Krieg versessen sein können. Sie kommen mir unwirklich vor. Ich nehme an, mein einziger Vorteil gegenüber den meisten Leuten ist, dass ich weiß, dass die Finsternis nicht siegen darf. Und meine spirituelle Vision sagt mir, dass dies auch nicht geschieht.

Im spirituellen Leben geht es darum, einen Dreh- und Angelpunkt, eine Mitte zu finden und an dieser Mitte festzuhalten. Negativität kann wie eine solche Mitte erscheinen. Wenn Sie verbissen an der Überzeugung festhalten, dies ist ein Krieg und unsere bösen Feinde müssen ausgelöscht werden, dann ist diese Überzeugung im psychologischen Sinne real, aber sie ist nicht Ihre wirkliche Mitte.

Sie müssen der Tatsache ins Auge sehen, dass nicht nur Ihr Körper, sondern die ganze Gesellschaft von Gewalt betroffen ist. Wenn Sie feststellen, dass Sie auf Krieg und Gewalt fixiert sind, ziehen sie emphatisch alles an, was andere fühlen. Diese Osmose ist an sich nicht ungesund. Das kollektive Bewusstsein ist Teil von Ihnen, aber es ist nicht Ihr wirkliches Selbst, und wenn Sie die Gefühle anderer mit Ihren eigenen Gefühlen verwechseln, versetzen Sie Ihren Körper in einen Kriegszustand, und zwar aus einem schlechten Grund: weil alle anderen es auch tun.

Mein Freund, der sich in die Kriegshysterie hineingezogen sah, konnte den Prozess umkehren. Er erkannte, dass es sinnlos war, mit den täglichen negativen Entwicklungen auf dem Laufenden zu bleiben. Was immer andere Leute dabei auch erfahren mögen, er erlebte den Krieg als Stress, einen negativen Zustand, in den ihn niemand gezwungen hatte. Also hörte er damit auf, an der Kriegsmentalität teilzuhaben.

All das niederzuschreiben oder zu lesen ist nicht dasselbe, wie es durchmachen zu müssen. Sie müssen Ihrem eigenen Körper Frieden schenken, und wenn der innere Aufruhr abgeklungen ist, können Sie herausfinden, woran Sie festhalten wollen. Spiritualität ohne eine friedvolle Mitte kann niemals vollkommen sein.

Vor kurzem traf ich einen Mann, der über bemerkenswerte Heilkräfte verfügt. Er brauchte die Kranken nicht zu berühren. Wenn er nur mit dem Finger auf einen Patienten zeigte, geschah es oft, dass dieser zu zittern begann, einen Schub inneren Lichts sah und sich nicht mehr auf den Beinen halten konnte. Das sind die klassischen Zeichen einer Geistheilung. Dieser Heiler schien die Fähigkeit zu haben, Krankheiten verschwinden zu lassen, wie immer man das erklären will. Doch als wir auf den Krieg zu sprechen kamen, sagte er mir, er sei für Präventivschläge gegen terroristische Länder und der

FRIEDEN STATT ANGST

festen Überzeugung, dass die Iraker Massenvernichtungswaffen hätten, die sie, gerissen wie sie nun mal wären, vor Kriegsausbruch versteckt hätten. »Ich wähle Bush, weil er am ehesten für unsere Sicherheit sorgen wird«, sagte er. Es klang eher wie Wahlwerbung als die Gedanken eines Menschen, der sich mit seiner eigenen Dunkelheit auseinander setzt.

Es gibt schon genug Leute, die dafür sind, den Feind zu töten. Kriegslust und Furcht brauchen Ihre Hilfe nicht, falls Sie meinen, wir wären in Gefahr, dass der Frieden ausbrechen könnte. Und selbst wenn Kernwaffen mit Gewalt aus Nordkorea oder dem Iran herausgeholt werden müssen, lohnt es sich immer noch, einen Körper in Frieden zu haben, denn dieser Körper kann als das Vehikel dienen, um die Welt wieder in vernünftige Bahnen zu lenken. Das grundlegende Argument ist hier, dass der Körper in Frieden normal ist, während der Körper im Krieg es nicht ist.

# Unsere beste Hoffnung

Was tut man in einer hoffnungslosen Situation? Wie kann man in einer solchen Situation wieder Hoffnung schöpfen? Dies sind Fragen, die der Weg des Friedens zu beantworten hat. In Krisenzeiten ist Hoffung eine emotionale Notwendigkeit. Sie ist eines der wichtigsten Mittel, mit denen unser Geist uns beschützt. Doch wie schwer fällt es, Hoffnung zu hegen, wenn jede Katastrophe augenblicklich auf der ganzen Welt bekannt wird. Und Hoffnung ist selten rein, sie ist in der verwickelten Hierarchie stets mit anderen Emotionen gemischt, auch solchen, die jeder Hoffnung entgegenstehen: Verzweiflung, Furcht, Zorn und Rachedurst.

Wegen dieser Verwicklung dient Hoffnung oft nur der Verschleierung von Gewalt. Wie oft haben Politiker am Vorabend eines Krieges schon ihre glühende Hoffnung auf Frieden beteuert? Sie reden gern von Hoffnung, selbst während ein Feind in die Hoffnungslosigkeit getrieben und gnadenlos zerschmettert wird.

Wir haben die Verbindung zur Wirklichkeit der Hoffnung verloren. Hoffnung ist eine große Kraft, wenn sie auf eine spirituelle Quelle zurückgeht, doch eine Täuschung, wenn sie keine solche Quelle hat. Um dies zu verdeutlichen, lassen Sie mich eine Geschichte erzählen, in der es um medizinische Hoffnung geht.

Kürzlich traf ich einen Krebspatienten, der sich ganz gesund gefühlt hatte, bis er eines Tages feststellte, dass er Probleme hatte, die richtigen Worte zu finden, wenn er etwas sagen wollte. Seine Sprache wurde so schleppend, dass es auch anderen auffiel, und dann stolperte er eines Tages gegen eine Wand, nicht imstande, das Gleichgewicht zu bewahren, als er durch ein Zimmer ging. Er wurde sofort ins Krankenhaus gebracht, ein MR-Scan wurde durchgeführt und ein paar Stunden später erfuhr er, dass er einen gewaltigen Gehirntumor hatte.

Die Chirurgen kamen hinzu, doch angesichts der Bösartigkeit des Tumors schlossen sie seinen Schädel wieder, ohne die Geschwulst zu entfernen. Der Mann hatte ein Glialblastoma, die am schnellsten wachsende und tödlichste Form von Gehirnkrebs. Sein Tumor hatte sich schon in mehrere Gehirnregionen ausgebreitet.

»Als ich das hörte, waren alle in Tränen aufgelöst, die ganze Familie war in Panik«, erinnerte er sich. »Aber ich selbst empfand überhaupt keine Panik. Ich bat meine Familie nur um eines: dass sie daran glauben sollten, dass ich sie nicht verlassen würde. Sie gaben mir schließlich dieses Versprechen und gingen nach Hause. So lag ich allein in meinem Krankenhausbett, und ich war vollkommen ruhig. Mein einziger Gedanke war: *Was mache ich jetzt, Wie komme ich da raus?*

Dann bemerkte ich etwas Helles in einer Ecke des Krankenhauszimmers und als ich genauer hinsah, wurde es immer heller und heller. Ich sah eine Frau, umgeben von Gesichtern. Ich meinte diese Gesichter zu kennen, und sie schienen mich zu kennen, obwohl ich an keine Namen denken konnte. Die Frau sagte, alles würde gut werden, und nachdem sie das gesagt hatte, verschwand das Licht und es war vorbei.

Danach konnte ich zum ersten Mal seit mehreren Tagen wieder schlafen und als ich aufwachte, fühlte ich mich gestärkt. Als die Krankenschwester kam und ich ihr von meiner Erscheinung erzählte, erwiderte sie: ›Ich will nur Ihren Puls messen.‹ Da kam mir in den Sinn, diese Erfahrung lieber für mich zu behalten. Meine MRI-Bilder schickte ich aber an jedes Krebszentrum, dessen Adresse ich ausfindig machen konnte, doch alle lehnten eine Behandlung ab. Die meisten rieten mir, nach Hause zu gehen, ein paar Windeln zu kaufen und auf das Ende zu warten.

Schließlich fand ich einen Spezialisten für Gehirn- und Wirbelsäulentumore, der sich bereit erklärte, mich zu untersuchen. Ich musste sogar zwei Wochen auf einen Termin warten. Wahrscheinlich dachte er, dass ich wohl nicht so lange leben würde. Doch als wir uns trafen, verschrieb er mir eine neue Chemotherapie, die das Blastoma zumindest vom Wachsen abhalten sollte. Er wollte mir nichts versprechen, doch ich spürte innerlich, dass ich keine Versprechen brauchte.

Also schluckte ich einen Monat lang diese Pillen, das Ganze kostete fünfundzwanzigtausend Dollar, und aus irgendeinem Grund hatte ich keine oder kaum Nebenwirkungen. Die nächste Tomographie, die bei mir durchgeführt wurde, zeigte, dass der Tumor verschwunden war. Alle waren verblüfft, nein echt schockiert. Andere Patienten mit so einem Tumor hatten nie auf irgendwelche Medikamente angesprochen, den Statistiken zufolge lebt nicht einer von siebzehntausend Patienten mit diesem Leiden länger als sechs Monate. Ich aber kann berichten, dass ich vier Monate über diese sechs hinaus bin. Ich bin zwar immer noch in Behandlung, aber ich habe mehr Hoffnung als je zuvor.«

Hoffnung als der Weg, tiefer in sein Inneres vorzudringen, als man es für möglich halten würde oder sich vorstellen kann, ist eine spirituelle Kraft. Diese Geschichte hat bestimmte

Kennzeichen mit ähnlichen Fällen von außergewöhnlichen Heilungen gemeinsam:

* Die Person hat keine Angst.
* Sie glaubt an ein außergewöhnliches Ergebnis.
* Die Suche nach einem Heilmittel ist unabhängig von Meinungen anderer.
* Oft besteht eine unerschütterliche Gewissheit, dass eine wirksame Therapie gefunden wird.

Das Gleiche gilt in allen Situationen, die allgemein als hoffnungslos erachtet werden. Um neue Hoffnung zu schöpfen, muss man die Möglichkeit akzeptieren, dass etwas Außergewöhnliches geschehen könnte. Das erfordert einen persönlichen Wandel, denn wir alle sind eine viel schwächere Form der Hoffnung gewohnt. Denken Sie über diese beiden Aussagen nach:

*Mein Mann hat mich gestern Abend wieder geschlagen, aber ich hoffe, er wird es nicht wieder tun.*

*Meine Mutter war Alkoholikerin; ich weiß noch, wie sehr ich damals hoffte, sie würde mit dem Trinken aufhören.*

Welche Reaktionen kommen Ihnen in den Sinn, wenn Sie diese Worte lesen? Die meisten Menschen werden wahrscheinlich mit Trauer und Mitgefühl reagieren, doch andere, besonders diejenigen unter uns, die ähnliche Dinge durchleben mussten, mögen Zorn empfinden. Unter Umständen kommen auch Verurteilungen ins Spiel, etwa Vorwürfe der Passivität oder Koabhängigkeit. Indem man einfach nur hofft, dass ein Alkoholiker sich bessern wird, unterstützt man die Abhängigkeit nur, wie wir alle wissen, und die Hoffnung, der

UNSERE BESTE HOFFNUNG

Misshandelnde wird schon aufhören, einem wehzutun, ist das Gleiche, als würde man sich selbst zum Opfer machen.

Vor 50 Jahren hätte kein Psychotherapeut der Familie eines Alkoholikers ans Herz gelegt, sie sollten aufhören, die Sucht zu unterstützen, und Frauen, die von ihren Ehemännern misshandelt wurden, wurde gewöhnlich geraten, sie sollten um der Kinder willen an der Ehe festhalten. Heute sagen die Therapeuten fast genau das Gegenteil, obwohl die Polizei erst seit kurzem wirklich gegen häusliche Gewalt vorgeht, anstatt nur wegzuschauen.

Besonders Gewalt muss mit Hoffnung angegangen werden, denn der Gewalttätige ist im Grunde ohne Hoffnung.

Man liest von den »schwarzen Witwen« in Tschetschenien und anderen moslemischen Frauen überall auf der Welt, die zu Selbstmordattentaten bereit sind. Wie sollten wir diesen Frauen gegenüber empfinden? Wie wir sie sehen, sagt viel über unser eigenes Bewusstsein aus. Am meisten verbreitet ist die Haltung, sie als die schlimmsten Terroristen zu verurteilen, als irrationale Fanatikerinnen, die sich einer Religion verschrieben haben, die Märtyrern das Paradies verspricht. Weit verbreitet ist weiterhin die Reaktion, sie einer bizarren Fehlinterpretation ihres Glaubens zu beschuldigen. Diese Ansicht wird meist von denen vertreten, die den Islam als eine Religion des Friedens sehen, in der Selbstmord verurteilt und das Töten Unschuldiger als Sünde betrachtet wird. Auf dem Schlachtfeld lösen diese Frauen sicherlich große Angst aus. Wenn ein junger amerikanischer Soldat schwarz verschleierte Frauen sieht, die kaum voneinander zu unterscheiden sind, heißt das für ihn, jede von ihnen könnte eine Selbstmordattentäterin sein. Aus diesem Grund wurde auf unschuldige irakische Frauen geschossen, als sie an einer amerikanischen Straßensperre am

Stoppschild vorbeifuhren. Die Entschuldigung, sie könnten die Schilder nicht lesen oder die Warnrufe nicht verstehen, weil die Soldaten kein vernünftiges Arabisch sprächen, ist zu schwach. Besser ist es, sie zu erschießen, als das Risiko einzugehen, dass sie zu den irrationalen Fanatikern gehören.

Am seltensten wird die Ansicht geäußert, dass diese Frauen jede Hoffnung verloren haben. Die Hoffnungslosen unter uns finden sich in einer Subkultur zusammen, die dann in ihrem Verhalten ein Eigenleben annimmt. Ein gutes Beispiel hierfür ist das Bandenwesen in amerikanischen Großstadtghettos. Einer der brutalsten Bandenführer in Los Angeles war dafür berüchtigt, dass er rivalisierenden Gangmitgliedern die Arme und Beine amputierte. Am Ende wurde »Monstah«, das war sein Bandenname, von der Polizei geschnappt und jetzt sitzt er für den Rest seines Lebens in einem Hochsicherheitsgefängnis. Wie sich herausstellte, handelt es sich bei ihm um einen intelligenten Jungen aus einer gar nicht so armen Familie. Der Vater hatte die Familie jedoch noch vor der Geburt des Jungen im Stich gelassen und das Leben in South Central L. A. lehrte den jungen Kody Scott – das ist sein richtiger Name – sehr schnell, dass er nur überleben konnte, indem er sich als der brutalste Mann in einer Subkultur etablierte, in der Drogen, Polizeirazzien, das Gesetz des Dschungels die alltägliche Norm waren.

Für Monstah wurde Gewalt zu einer Möglichkeit, seine Macht zu behaupten und seinen Status zu erhöhen. Das funktionierte auch ein paar Jahre, in denen er zum »Ghettosuperstar« aufstieg, bevor das vorhersehbare Ende eintrat. Er war ein Soziopath, der nicht die geringste Reue für seine Morde empfand. Doch wie konnte dieser Soziopath zu einem Rollenmodell werden und solchen Status, solche Macht, solchen

Respekt unter den Seinen erlangen? Weil in dem Milieu, in dem er lebte, vollkommene Hoffnungslosigkeit herrschte. In vielen Teilen der Welt ist Hoffnungslosigkeit das Gefühl, mit dem die Menschen jeden Tag leben müssen. Man denkt dabei sofort an Palästina, Sudan, Kolumbien (das Land mit der höchsten Mordrate der Welt, trotz massiver Zuschüsse und Militärhilfe aus den USA) und Ruanda.

Die verwickelte Hierarchie erlaubt dem normalen Amerikaner, rund um die entsetzlichen Waffen, die wir entwickelt haben, und um die Möglichkeit, dass diese Waffen einmal gegen uns eingesetzt werden könnten, ein normales Leben zu führen. Ebenso müssen gewöhnliche Menschen an Orten der Hoffnungslosigkeit rund um dieses zentrale Gefühl ein normales Leben für sich gestalten. So kann es geschehen, dass das Prinzip Hoffnung auf den Kopf gestellt wird. Hoffnung kann uns vor einem Problem abschirmen und es dadurch schlimmer machen. Sich mit seiner Hoffnungslosigkeit auseinander zu setzen erfordert zweifellos große Anstrengung, doch diese Auseinandersetzung mit der eigenen Hoffnungslosigkeit ist notwendig, um zu verstehen, was wirkliche Hoffnung ist. Betrachten Sie die folgenden beiden Aussagen:

*Meine ganze Familie ist umgekommen, aber ich hoffe, die Kämpfe hier in Bosnien werden aufhören.*

*Mein Vater bringt mir bei, wie man Bomben bastelt, aber ich hoffe, ich werde mich nie selbst in die Luft jagen müssen.*

Diese Aussagen klingen über die Maßen sinnlos. Sie sind jedoch weder extrem noch aus der Luft gegriffen. Irgendwo sitzt in diesem Augenblick jemand in einer Hölle der Gewalt und hegt genau diese Gedanken. In den späten 1980er Jahren sahen Europa und die USA tatenlos zu, wie Zehntausende

FRIEDEN STATT ANGST

Bosnier vergewaltigt und umgebracht wurden, in der Hoffnung, dass Diplomatie und internationaler Druck der serbischen Säuberungspolitik schon ein Ende bereiten würden – eine Hoffnung, die sich als Illusion erwies, als sträflicher Missbrauch des Prinzips Hoffnung.

Im Grunde geht es hier darum, nicht zu verzweifeln, doch da wir in unserem gegenwärtigen Zustand so schnell in Verzweiflung verfallen, können wir dies nur verhindern, indem wir uns stärker mit dem spirituellen Wert der Hoffnung befassen. Der Sufi-Mystiker und Lehrer Meher Baba bemerkte einmal: »Die einzige Bedingung für Erleuchtung ist die Abwesenheit jeglicher Illusion.« Illusionen führen zu Verleugnung und treiben uns falschen Freunden in die Arme, weg von unseren wahren Freunden. Wenn Sie die Augen öffnen und sehen können, wenn Hoffnung ein falscher Freund ist, sind Sie auf dem richtigen spirituellen Weg, denn der Geist braucht keine Hoffnung, wenn er die Wirklichkeit haben kann.

## Hoffnung ist ein falscher Freund

* …, wenn sie eine Maske für Verleugnung ist,
* wenn sie dasselbe ist wie Apathie,
* wenn sie Konflikte übertüncht,
* wenn sie Menschen dazu veranlasst, im Stillen zu leiden,
* wenn sie Menschen in ihrer Opferhaltung verharren lässt,
* wenn sie Erkennen verhindert.

Oft sind alle diese Bedingungen erfüllt, und doch können die Anzeichen so subtil sein, dass die meisten Menschen sie nicht wahrnehmen, wie folgende Geschichte zeigen mag.

Ein Freund von mir stammt aus einer wohlhabenden Familie. Als Kind war er sensibel und reifer als andere Jungen seines Alters. Seine Mutter erinnert sich, dass er mit sechs wie ein kleiner Erwachsener wirkte. Er war sehr gut in der Schule, besuchte später eine der großen Privatuniversitäten an der Ostküste und ist auch in seinem Beruf sehr erfolgreich. Schon als Kind war ihm aber aufgefallen, dass zu Hause irgendetwas nicht stimmte. Das Problem war sein Vater.

»Wenn ich abends zu Bett ging, hörte ich ihn nuscheln, bevor er umkippte, und morgens hörte ich oft, wie er seine Wodkaflasche aufschraubte. Ich wusste, das war nicht normal. Ich wusste, es war etwas Seltsames an seinen Wutausbrüchen und an der unüberbrückbaren Distanz zwischen ihm und allen anderen. Doch erst als ich zehn wurde, gestand mir meine Mutter, dass wir ein kleines Familiengeheimnis zu hüten hätten: Papi trank zu viel.

In diesem Augenblick senkte sich ein Schleier über mein Herz. Ich begann, meinen Vater zu hassen, konnte ihn nicht ausstehen, während ich für meine Mutter immer mehr Mitgefühl empfand. Sie war keine starke Frau, zeichnete sich jedoch durch liebevolle Geduld und stille Ergebenheit aus. Da dies ihre Art war, mit dem Problem fertig zu werden, folgte ich ihrem Beispiel oder versuchte es zumindest. Ich sah keinen wirklichen Grund, meinen Vater zu lieben, aber ich lernte, ein guter Junge zu sein.

Und das zahlte sich aus. Ich wuchs heran und ging von zu Hause weg. Ich war erfolgreich und schließlich gründete ich eine eigene Familie. Auf eines war ich jedoch besonders stolz: Ich konnte Alkohol im Haus haben, ohne mich betrinken zu müssen. Niemand hätte je geahnt, dass ich aus einer Alkoholikerfamilie komme.«

FRIEDEN STATT ANGST

Mein Freund folgte seiner Mutter in ihrer Hoffnung. Es war ihr einziger Weg, wie sie mit dem Alkoholismus seines Vaters fertig werden konnte. Doch in Wirklichkeit war diese Hoffnung ein falscher Freund, wie er Jahre später schließlich erkannte.

»Ich war zweiunddreißig. Ich musste mir einen Zahn ziehen lassen. Ich war nicht besonders nervös. Ich hatte keine Schmerzen und der tote Zahn musste heraus. Doch dann geschah etwas Seltsames: Als der Zahnarzt und seine Assistentin sich über mich beugten, ihre Köpfe berührten sich fast und füllten mein gesamtes Blickfeld, sah ich in ihnen plötzlich die Gesichter meines Vaters und meiner Mutter.

Plötzlich wusste ich, dass ich das Opfer einer geheimen Absprache gewesen war. Mein schlechter Vater und meine gute Mutter hatten sich gegen mich zusammengetan, ohne dass ich etwas davon geahnt hatte. In diesem Augenblick schoss mir ein Gedanke durch den Kopf: Diese beiden Menschen hatten mir meine Kindheit gestohlen. Sie hätten sich viel mehr anstrengen können, mir zu geben, was ich als Kind brauchte. Sie hätten sich viel mehr bemühen können, mich zu kennen. Doch das hatten sie nie getan. Stattdessen haben sie mich bestohlen. Ich wäre dort in diesem Zahnarztstuhl beinahe in Tränen ausgebrochen, so krass war die Wahrheit, die ich plötzlich sah. Es war eine Wahrheit, die ich nicht ändern konnte und, was ich noch schwerer fand, eine Wahrheit, die keiner in meiner Familie, und schon gar nicht die beiden Menschen, die immer noch sagten, sie liebten mich, jemals zugeben würde.«

Diese Geschichte zeigt uns, wie jemand den Mut fasst, sich mit einer falschen Hoffung auseinander zu setzen, und dadurch echte Hoffnung gewinnt, Hoffnung, die auf Selbsterkenntnis gründet. Der Augenblick der Erkenntnis war schmerzhaft, aber entscheidend, denn dies war zugleich der Augenblick der Befreiung.

Die beste Hoffnung muss immer bestimmte prinzipielle Bedingungen erfüllen.

## Die beste Hoffnung

* ... entlarvt, was wir verleugnen,
* vertreibt Apathie,
* ermutigt zur Auseinandersetzung mit Konflikten,
* setzt stillem Leiden ein Ende,
* verändert die Situation von Opfern,
* weist uns den Weg zur Erkenntnis.

Der Weg des Friedens erfüllt alle diese Bedingungen und wenn man an einem Ort wie dem Irak, dem Sudan oder Kolumbien Hoffnung bringen will, sollte man diesen Prinzipien folgen.

### Verleugnung entlarven

Verleugnung bedeutet, dass man glaubt, eine Situation würde sich schon irgendwann bessern, wenn man nichts unternimmt. Im Einzelfall ist es jedoch nicht so einfach festzustellen, ob wir die Wirklichkeit verleugnen oder nicht. Machen wir uns zum Beispiel etwas vor, wenn wir glauben, Palästinenser und Israelis könnten friedlich zusammenleben, oder ist dies die beste Hoffnung, an der wir festhalten sollten? Machen wir uns etwas vor, wenn wir sagen, der Mittlere Osten könne von den religiösen Fanatikern befreit werden, die dort überall den Dialog bestimmen, oder ist dies eine Vision für die Zukunft, die wir am Leben erhalten müssen? Es gibt keine generelle Antwort, die man zur Wahrheit erheben könnte. Wenn wir aber aufhören, die Wirklichkeit zu verleugnen, hat die Hoffnung eine Chance.

Wir verleugnen die Wirklichkeit, wenn wir sagen, die eine Seite in einem Disput ist stets im Recht und die andere stets im Unrecht.

Wir verleugnen die Wirklichkeit, wenn wir behaupten, wir würden jedes Blutopfer bringen, um zu bekommen, was wir wollen.

Wir verleugnen die Wirklichkeit, wenn wir uns benehmen, als existiere die andere Seite nicht und als hätte sie kein Recht, ihre Stimme zu erheben.

Wir verleugnen die Wirklichkeit, wenn wir sagen, wir hätten nichts gemein mit dem Feind.

Krieg existiert, weil Nationen sich hinter falschen Wahrheiten verschanzen. Unsere gemeinsame Menschlichkeit einzugestehen wird als zu schwer erachtet. Die eine Nation hätte dann schließlich vor der anderen einzugestehen: *Ich fürchte mich genau wie du. Ich weiß, wir kämpfen um etwas, was wir beide haben wollen, doch keiner von uns wird es am Ende bekommen. Wir müssen einander verstehen und gemeinsam nach Wegen suchen, wie wir uns einigen können.* Dies ist die Sprache, die so mancher Diplomat vielleicht gern von sich selbst und anderen hören würde; Diplomaten wissen jedoch auch, dass es beruflicher Selbstmord wäre, so zu reden. Die Verleugnung der Wirklichkeit setzt sich fort, weil sie als Stärke auftritt. Auf dem Gebiet der Psychotherapie ist dies eine alte Weisheit: Was du dir nicht selbst eingestehst, kannst du nicht verstehen, und was du nicht verstehst, kann man nicht heilen. Wenn ein Land als hart und stark auftritt, keine Schwäche eingesteht und keinen Millimeter nachgibt, mag das kurzfristig dem Selbstbewusstsein schmeicheln, langfristig führt es jedoch zu immer mehr Gewalt. Während ich diese Zeilen schreibe, fordert Präsident Putin in Russland eine radikale Ausweitung seiner Vollmachten, um mit der Situation in Tschetschenien fertig werden zu können. Er hat schon die freie Presse ausgeschaltet, die Stimmen der Opposition im Staatsfernsehen zum Schweigen gebracht und Gegner seiner Wirtschaftsreformen festnehmen lassen. Und er verspricht, weiterhin jede Rebellion gegen die Zentralregierung in Moskau als Terrorismus oder zumindest als Verbrechen zu behandeln. Dies ist ein extremes Beispiel, wie Verleugnung zu verzweifelten Maßnahmen führen kann. Putins Strategie, nach der jedem Gewaltakt mit noch größerer Gewalt zu begegnen ist, hat sich in der Geschichte immer wieder als Katastrophe erwiesen. Was Putin nicht einzugestehen imstande ist – dass der Feind legitime Ansprüche und Beschwerden haben könnte –, ist genau die Wahrheit, die er nicht mehr verleugnen darf, wenn der Kreislauf der Gewalt jemals ein Ende finden soll.

*Was man verleugnet, wird nur stärker; was man fühlt, kann geheilt werden.*

---

## Die Apathie vertreiben

---

Apathie gilt gemeinhin als moralisches Versagen oder als die Weigerung, seine Pflicht zu erfüllen. So wird die unverhältnismäßige Macht von Splittergruppen wie der fundamentalistisch-christlichen Rechten in den USA auf die allgemein ge-

FRIEDEN STATT ANGST

ringe Wahlbeteiligung zurückgeführt. Meistens ist Apathie jedoch ein Zeichen der Überforderung oder gar Kapitulation. Wenn Sie eine Laborratte auf eine Platte setzen, von der alle paar Minuten ein schwacher Elektroschock ausgeht, wird sie zunächst deutlich darauf reagieren. Sie wird hochspringen und verzweifelt versuchen, der Schmerzquelle zu entkommen. Nach einer Weile werden diese Fluchtversuche jedoch immer schwächer und unregelmäßiger werden und am Ende kann man so viele Schocks verabreichen, wie man will; die Ratte wird nur noch still daliegen und überhaupt nicht mehr reagieren.

Der Schock, den der Anblick der Gewalt unserer Zeit in uns ausgelöst hat, zeigt nun genau denselben Effekt. Der Vietnamkrieg war bekanntlich der erste Krieg, den man am Fernseher verfolgen konnte. Angesichts der Bilder von Tod und Chaos war es niemandem möglich, *nicht* zu reagieren. Aber die Flut von Bildern hörte nicht auf, und zuweilen waren sie zu schrecklich, um sie zu begreifen (zum Beispiel das herzzerreißende Foto eines nackten kleinen Mädchens, das schreiend einem Napalmangriff zu entkommen versucht). Einer der Grundsätze östlichen Denkens ist, dass jeder Menschen einen emotionalen Körper hat, der ebenso vernarben kann wie der physische Körper. In Letzterem verhindern diese Narben das Wachstum neuen Gewebes. Die Narbe zeigt, dass die Wunde nicht vollkommen geheilt ist, denn wirkliche Heilung erlaubt neues Leben und neues Wachstum.

So hat die Flut von Schreckensbildern zu einer schweren Vernarbung unseres emotionalen Körpers geführt, und wie die Ratten auf der Stromschläge auslösenden Platte reagieren wir nun nicht mehr, ganz gleich wie stark der nächste Schock auch sein mag. Der Rest unserer Psyche arrangiert sich um das vernarbte Gewebe herum, so, wie die Haut um eine kleine Kriegsverletzung herum weiterwächst. Als die Folterbilder von Abu Ghraib auftauchten, erschreckte mich am meisten das Ausbleiben einer tiefen emotionalen Reaktion. Die Leute reagierten schockiert, enttäuscht, empört, ungläubig, erschüttert und entsetzt, doch dieses Unbehagen mündete nicht in abgrundtiefem Scham und Schmerz wie nach der Veröffentlichung der Fotos aus den deutschen Konzentrationslagern nach der Befreiung im Jahre 1945. Ich will diese beiden Verbrechen nicht gleichsetzen, aber in beiden Fällen sollte ein Mensch mit Moralbewusstsein die gleiche Enttäuschung und Trauer über den begangenen Verrat an der Menschlichkeit empfinden.

Zum Weg des Friedens gehört auch, diesen Schmerz immer wieder neu zu empfinden, wann immer die Menschlichkeit so verraten wird. Dazu müssen wir diese Apathie heilen, die in Form von emotionaler Betäubung auftritt. So, wie die misshandelte Ehefrau kann auch der durch den Krieg vernarbte emotionale Körper in einem Zustand der Hoffnungslosigkeit überleben. Sie und ich waren nicht dabei, als Millionen Kambodschaner oder Ruander hingeschlachtet wurden, doch unsere emotionalen Körper verleihen diesen Ereignissen Präsenz im unseren Inneren. *»Wenn du es dem Geringsten antust, so tust du es auch mir an«*, lautet das Leitprinzip hier. Hoffnung tritt als ein Heilmittel auf den Plan, um auszudrücken, dass die Menschlichkeit vielleicht verraten, aber niemals vergessen werden kann. Hoffnung ist die Hand, die wir unseren Mitmenschen reichen, um zu sagen: *Ich fühle, wer du bist und was dir geschieht.*

## Sich mit Konflikten auseinander setzen

Viele spirituelle Menschen glauben, Konflikte seien um jeden Preis zu vermeiden. Sie begegnen ihnen mit moralischer Ablehnung, denken, jeder Konflikt sei eine Form von Gewalt. Dabei ist jeder von inneren Konflikten betroffen und getrieben von widersprüchlichen Gefühlen und Vorstellungen. Zuweilen sind diese Widersprüche schmerzhaft. Sie möchten sich als einen guten Menschen sehen, und doch finden Sie Impulse in sich, die kein guter Mensch (nach Ihre Definition der Güte) je verspüren sollte. Und Sie möchten Ihr Land als ein gutes Land sehen, doch dieses Land wird von Impulsen getrieben, die kein gutes Land je haben sollte. Der Widerspruch ist in beiden Fällen der gleiche.

Gewalt wird auf dieser Welt in den meisten Fällen nicht von schlechten Menschen verübt. Sie geht von Menschen aus, die ihr Innerstes zum Ausdruck bringen, und wenn dieses Innerste von Zorn und Furcht beherrscht wird, führt der Versuch, diese Gefühle zu unterdrücken, gerade zu ihrem Ausbruch. Ich sagte schon, dass alle Kriege einen Ausbruch des Unbewussten darstellen. Die Konflikte, von denen wir in den Zeitungen lesen, sind Kriege zwischen Nationen, doch viel wichtiger ist in Wirklichkeit der innere Krieg in jedem Einzelnen von uns, denn der ist der Samen, aus dem alle anderen Konflikte erwachsen.

Unsere politischen Führer geben natürlich nichts davon zu. Politiker stehen unter enormem Druck, sich den Anschein zu geben, zu sein, was sie überhaupt nicht – zuversichtlich, stabil und entschlossen, komme was wolle, mit einem Wort: konfliktfrei. Diese Täuschung ist für uns alle ungesund. Die Entschuldigung, die allgemein für diese Fassade unerschütter-

UNSERE BESTE HOFFNUNG

licher Stärke vorgebracht wird, ist, dass die Öffentlichkeit eben starke Führer verlangt. Kein Geringerer als der frühere Präsident Bill Clinton zahlte einen hohen Preis dafür, dass er seine Schwächen nicht zugeben wollte. Am Ende hatte er tiefste Demütigung und Beschämung zu erleiden. In seiner Autobiografie beschreibt er die sexuellen Fehltritte, die seine Karriere von Anfang an begleiteten, verursacht durch Impulse, über die er keine Kontrolle hatte. Impulse sind jedoch nur dann unkontrollierbar, wenn man sie ignoriert, bis es zu spät ist und sie unvermittelt an die Oberfläche drängen.

Als er sich in Therapie begab, um herauszufinden, wie er sein öffentliches Ansehen so in Gefahr bringen konnte, stieß Clinton auf das Phänomen des »Splitting«, einer bestimmten Taktik, auf die unsere Psyche verfallen kann: Wenn unsere Sehnsüchte so schlecht oder beschämend sind, dass unser »offizielles« Selbst sie vollkommen ablehnt, werden sie von diesem Selbst abgespalten und in einen Bereich verlagert, der mit der übrigen Persönlichkeit nicht in Berührung kommt. So erklären sich viele Formen extremen Verhaltens. Die mörderische Wut wie beispielsweise von Serienkillern, die psychopathische sexuelle Gewalttätigkeit etwa bei Serienvergewaltigern ist so vollkommen abgespalten, dass die Person ansonsten eher sanfter und freundlicher als der Durchschnitt erscheint.

Nach der Abspaltung sind diese psychischen Energien jedoch nicht neutralisiert. Sie sind Teil von uns und können daher denken, fühlen und zu uns sprechen. Wie vernachlässigte Kinder fordern sie Aufmerksamkeit und je mehr wir sie ignorieren, desto lauter werden ihre Forderungen. In Clintons Fall führte der Ausbruch dieser Energien zu immer gewagteren Episoden, bis es schließlich zu den Vorfällen im *Oval Office* kam, dem Ort, der eigentlich voll und ganz Clintons offiziellem Selbst vorbehalten sein sollte. Das wussten die abgespalteten Energien. Sie wussten, dass ein Präsident stark, diszipliniert, ein Muster an Selbstkontrolle zu sein hatte. Wie konnten sie also besser zeigen, dass ein anderer Teil seiner Psyche wild, maßlos und außer Kontrolle war?

Niemand ist immun gegen dieses Splitting, selbst wenn es uns lange Zeit verborgen bleiben kann, und nicht in jedem ist es so ausgeprägt wie bei Jekyll und Hyde in der klassischen Erzählung über Persönlichkeitsspaltung. Fasziniert las ich zum Beispiel, wie die bekannte Schweizer Psychotherapeutin Alice Miller die Macht ihres inneren Konflikts gewahr wurde. Sie erfreute sich scheinbar vorzüglicher psychischer Gesundheit. Schließlich war sie eine professionelle Therapeutin und hatte sich zweimal einer kompletten Psychoanalyse unterzogen, sodass sie eigentlich das tiefste Gestrüpp ihres Unterbewusstseins gekannt und allen Unrat ausgeräumt haben sollte. Irgendwann belegte sie dann einen Malkurs, in dem der Lehrer die Schüler aufforderte, irgendetwas zu malen, was ihnen gerade in den Sinn kam, ohne großartig zu überlegen und ohne Zensur, so frei wie möglich, ganz gleich wie eigenartig, gruselig oder unangemessen war das Ergebnis sein würde. Zu ihrer Verblüffung stellte Miller fest, dass ihre Bilder überaus gewalttätig waren: sie zeigten Gestalten mit Reißzähnen, gefangen hinter Gittern, mit qualvoll verzerrten Gesichtern. Als diese beunruhigenden Bilder zum Vorschein kamen – Bilder, wie man sie eher von Insassen psychiatrischer Krankenhäuser erwartet hätte –, begann Miller, sich an Szenen aus ihrer Kindheit zu erinnern, die sie in ihren Jahren der Therapie längst verarbeitet haben sollte, doch das war ganz und gar nicht der Fall. Sie waren emotional aufgeladen, voller Zorn und Verletzung. Die Gefangenen mit den Reißzähnen in ihren Bildern, das war sie selbst.

Wenn dies auf jemanden mit so viel Einsicht und Intelligenz zutrifft, dann kann wohl niemand von uns den Schluss ziehen, wir wären in unserem Inneren vollkommen gewaltfrei. Wir mögen diese Gewalt nicht ausleben, vielleicht haben wir gelernt, uns zu benehmen und diese Gewalt vollkommen aus unsrem alltäglichen Leben zu verbannen, doch die Tatsache, dass in der Welt ein derart hohes Maß an Gewalt herrscht, bedeutet, dass unser verborgener Konflikt einen Weg gefunden hat, sich nach außen darzustellen.

Der Weg des Friedens führt uns auf dem einen oder anderen Kurs zu unserer inneren Wahrheit. Alice Miller gelangte dorthin, indem sie Beweise für die Existenz ihrer inneren Dämonen sah, deren Echtheit nicht bezweifelt werden konnte. Sie und ich mögen unsere Wahrheit auf andere Weise finden, über Depression, Traurigkeit, Jähzorn, Gewissensbisse oder Tollkühnheit. Es besteht Hoffnung, dass jeder Konflikt enden kann, sobald Sie seine Quelle erreicht haben. Konflikt ist die unausweichliche Konsequenz innerer Trennung. Es ist nicht Ihre Schuld, es besteht auch kein Grund, sich dafür zu schämen. Im Gegenteil, Konflikte sind ein notwendiges Element auf der Reise der Seele. Sie dienen als Berührungspunkte zweier Optionen, zwischen denen wir wählen können, und solange wir auf dem Weg sind, ist die Wahl eine Konstante. Es gibt keine Entscheidung, die man einmal trifft und dann für alle Ewigkeit gültig bleibt. Dafür ist die Reise zu dynamisch, und die tiefsten Triebe kehren in den verschiedenen Phasen des Lebens immer wieder zurück. Aber wir können hoffen, dass jeder Konflikt am Ende auch der Entwicklung des Geistes, unserer seelischen Reifung, zu Gute kommt. Auch wenn wir uns in dunklen Zeiten wie hoffnungslose Verlierer empfinden.

---

## Stilles Leiden beenden

---

Die moralische Ansicht von Gewalt, die sie als schlecht und falsch etikettiert, trägt wenig dazu bei, sie zu beenden. Die andere Möglichkeit ist, von unseren Richterpodest herabzusteigen und Gewalt als das zu sehen, was sie ist: eine Form von Leiden. Für viele Leute ist dies eine schwierige Sache. Sie müssen nicht nur von ihrer Gewohnheit ablassen, allgemein vorschnelle Urteile zu fällen. Im Fall von gewalttätigen Menschen kommt noch hinzu, dass sie Schaden und Schmerz verursachen und ihr Leiden deshalb weniger Mitgefühl zu verdienen scheint. *Du hast mich verletzt. Warum sollte ich nun Mitleid mit dir empfinden? Du solltest vielmehr mit mir Mitleid haben.* Muss man ein Heiliger sein, um den Übergang von moralischer Empörung zu Mitleid zu schaffen?

Ich denke an Bischof von Digne in Victor Hugos Roman *Die Elenden*, der dem hungernden, verfolgten Strafgefangenen Jean Valjean Obdach und Nahrung gewährt. Als Dank für diese Güte stiehlt Valjean dann des Bischofs Tafelsilber. Als er von der Polizei gefasst wird und zurückgebracht wird, um dem Opfer seines Verbrechens gegenübergestellt zu werden, rechnet Valjean fest damit, ins Zuchthaus zurückkehren zu müssen, das ihn schon aller Hoffnung und allem Glauben beraubt hat. Der Bischof bestätigt aber seine Erklärung, die beiden wertvollen Silberleuchter, die die Polizei bei Valjean gefunden hatte, wären ein Geschenk gewesen. Und dann spricht er die entscheidenden Zeilen in diesem Roman: »Du gehörst nicht mehr dem Bösen an, sondern dem Guten. Ich

UNSERE BESTE HOFFNUNG

kaufe dir deine Seele ab. Ich entreiße sie den dunklen Gedanken und dem Geist der Verdammnis. Ich schenke sie Gott!«

Diese Szene ist deshalb so bewegend, weil sie im Grunde nicht nur für einen verzweifelten Kriminellen von Bedeutung ist, sondern für die Seelenreise eines jeden. Jedes Mal, wenn wir uns entschließen, nicht im Stillen zu leiden, erleben wir einen Wendepunkt, an dem wir einen schwierigen, aber notwendigen Seelenhandel eingehen. Der Handel ist: Erlösung gegen Liebe. Dieser Handel ist möglich. Mangel an Liebe ist mit absoluter Sicherheit das Problem und Liebe ist mit absoluter Sicherheit die Lösung. Wir brauchen diese Wahrheit auch nicht in religiöse Begrifflichkeiten zu verpacken. Wir brauchen nicht in ein anderes Reich vorzudringen, um die erlösende Kraft der Liebe zu finden. Wir finden sie hier und jetzt.

Das Problem ist, dass Liebe sich in einen fehlbaren Menschen äußert. Gestalten voller unbefleckter Güte, wie der Bischof von Digne in Hugos Roman, mögen uns inspirieren, doch es genügt nicht, sie nur mechanisch nachzuahmen. (Güte als Ritual, Pflicht oder alltägliche Gewohnheit hat natürlich ihre Berechtigung. Ich habe nichts dagegen, wenn jeder Straßenbettler sein Almosen bekommt. Das ist viel besser, als ihnen mit Zorn oder Verachtung zu begegnen.) Der einzelne, entscheidende Akt der Güte, der große Schritt, der eine Seele rettet, so, wie Jean Valjean gerettet wird, ist nämlich nicht die Regel. In der Regel bedeutet Güte unablässiges Wirken auf dem Weg der Spiritualität, um Stück für Stück all die Hindernisse zu beseitigen, die die Liebe daran hindern, durch uns zu fließen. Es gleicht eher der Arbeit eines Klempners an einem verstopften Rohr als der Nachahmung eines Heiligen.

Hoffnung ist das Gefühl, das uns auf diesem schweren Weg bei Kräften hält, selbst wenn der Erfolg weit entfernt oder gar unerreichbar zu sein scheint. Kann ich den Terroristen lieben, der mein Land angreift? Kann ich den Kriminellen lieben, der mir Schaden zufügen will? Auf der Ebene der Seele tue ich das bereits, und das ist die Ebene, zu der mein spiritueller Weg mich führen soll. Da die Seele nicht an einem bestimmten Ort zu finden ist, ist die Metapher des Reisens eigentlich nicht richtig. Vielmehr geht es um den Prozess des Wandels. Niemand muss plötzlich für Terroristen Mitgefühl empfinden, und niemand muss öffentlich verkünden, dass unsere Feinde Liebe verdienen. In seiner Seele weiß jedoch jeder von uns, dass nur Liebe der Gewalt je ein Ende setzen wird. Ganz gleich, wie Sie und ich unser äußerliches Leben führen, unser spirituelles Leben muss dieser Vision geweiht bleiben.

---

### Die Situation von Opfern verändern

---

Eine Situation, die tagtäglich der ständigen Aufmerksamkeit bedarf, ist die des Opfers. Etwas, das ich vor über 30 Jahren gelesen habe, hat sich tief in mein Gedächtnis eingegraben: Zorn folgt aus der Überzeugung, dass einem Unrecht geschehen ist. Das sind sehr philosophische Worte für eine einfache Tatsache: Wenn wir das Gefühl haben, das Leben sei ungerecht zu uns, reagieren wir mit Zorn. Dieser Zorn, der aus einer Opferhaltung resultiert, kann in verschiedenen Varianten auftreten. Manche schreien ihren »gerechten« Zorn heraus, damit die ganze Welt es hören kann. Andere sind erschöpft von der schwelenden Wut in ihnen, die niemals befriedigt sein wird, und von altem Unrecht, das niemals wieder gutgemacht werden kann. Zwischen diesen Extremen des Zorns und der Erschöpfung geht das Leben weiter. Menschen gehen Tag für Tag ihrem Leben nach, während sie

Überzeugungen hegen, die sie in ihrer Opferrolle gefangen halten.

## Das Glaubenssystem des Opfers
*Welchen Überzeugungen Sie sich stellen müssen,*
*bevor Sie Heilung finden können*

- Ich bin vollkommen unschuldig; ich habe das nicht verdient.
- Ich konnte nichts daran ändern.
- Jemand anderes ist schuld.
- Die Menschen sind manchmal einfach grausam.
- Das Leben ist ungerecht.
- Ich will die Kontrolle zurückgewinnen, aber das ist schwer.
- Ich muss jetzt stets auf der Hut sein.
- Es könnte wieder passieren, aber das werde ich nicht zulassen.
- Ich kann fast nichts gegen diese Angst unternehmen.

Das Netzwerk von Betreuungs- und Selbsthilfegruppen hat sich gesellschaftlich so etabliert, dass wir der vorangestellten Liste von Überzeugungen mit Skepsis begegnen. Solche Meinungen sind bei den vielfältigen Hilfsangeboten nicht mehr selbstverständlich. Dennoch haben wir uns zu sehr daran gewöhnt, die Opfer durch ihre eigene Brille zu sehen. Sie glauben von ganzem Herzen an diese Grundsätze, und das macht es umso schwieriger, über das Trauma hinauszublicken. Viele Opfer finden einen Sinn in ihrem Trauma. Auf eigenartige Weise wird das Verletztsein zu ihrem Leben, so, wie ein Leiden das Leben eines chronisch Kranken erfüllen kann. Wir wissen jedoch, wie ungesund es ist, in seiner Krankheit aufzugehen, und ebenso ungesund ist es für ein Opfer, in seinem Trauma aufzugehen.

Und trotzdem passiert es, oft ohne jede Warnung. Der bekannte Psychiater Irvin Yalom berichtet von einer älteren, wohlhabenden Frau, deren Leben anscheinend in ruhigen Bahnen verlief. Sie war glücklich und bei guter Gesundheit – bis zu einem Abend, als sie mit ihrem Mann essen ging. Auf dem Parkplatz des Restaurants riss ihr ein Dieb die Handtasche vom Arm und rannte davon. Der Dieb wurde nie gefasst und die Handtasche nie gefunden. Solche Dinge geschehen heute überall und sind eigentlich nichts Ungewöhnliches, doch für diese Frau hatte der Vorfall ganz außerordentliche Folgen. Sie konnte es einfach nicht vergessen. Die Erinnerung verblasste nicht etwa mit der Zeit, sondern wurde immer stärker, nahm immer mehr Raum in ihrem Leben ein. Sie fühlte sich tief verletzt, als hätte man nicht nur ihre Handtasche gestohlen, sondern einen Teil ihres Selbst: ihr Gefühl der Unverletzlichkeit. Ohne dass es ihr bewusst gewesen wäre, hatte dieses Gefühl eine Schlüsselrolle in ihrer psychologischen Verfassung gespielt, wie es für uns alle der Fall ist. Zahlreiche spirituelle Meister warnen uns, wir sollten jeden Tag so leben, als lauere der Tod hinter der nächsten Ecke, denn so ist es tatsächlich. Unsere Psyche organisiert sich jedoch um die entgegengesetzte Vorstellung, dass wir niemals verletzt oder krank und niemals sterben werden.

Unter dieser Oberfläche wissen wir alle, dass das Gegenteil wahr ist, eine Wahrheit, die wir jedoch nicht akzeptieren. Es ist immer ein anderer, der krank wird und stirbt. Die spirituellen Meister, die uns unserer Sterblichkeit gewahr machen wollen, sind jedoch keine Sadisten. Sie glauben lediglich, dass

UNSERE BESTE HOFFNUNG

wir, solange wir vor der Wahrheit die Augen verschließen, niemals in der Lage sein werden, uns zu befreien. Deshalb ist der Weg durch den Schmerz letztlich der einzige Ausweg aus der Opferrolle. Die einfachste Definition eines Opfers lautet: Opfer ist, wer nicht aufhören kann, verletzt zu werden.

Und genau dies spiegelte sich im Verhalten dieser Frau wider. Sie bekam starke Depressionen und fürchtete sich auf einmal vor allem. Die geringste Bedrohung, selbst die Andeutung einer Bedrohung versetzte sie in lähmende Panik. Sie wurde praktisch zu ihrer eigenen Terroristin, denn das Kennzeichen des Terrorismus ist, das Alltagsleben lebensgefährlich erscheinen zu lassen. Wie sie es selbst ausdrückte, hatte sie das Gefühl verloren, etwas Besonderes zu sein, was für sie bedeutete, sicher und beschützt vor den Gefahren zu sein, denen andere, weniger besondere Menschen ausgesetzt sind.

In ihrem Fall bestand die Lösung in einer Langzeittherapie. Das ist aber nicht der Punkt. Ich habe ihre Geschichte hier erzählt, weil sie sehr gut zeigt, wie heimtückisch dieses Opferdenken sein kann. Die Fakten scheinen die Überzeugungen, die ich weiter oben angeführt habe, zweifellos zu bestätigen. Wenn Ihnen jemand willkürlich Gewalt antut, scheinen die Tatsachen auf der Hand zu liegen, dass das Leben ungerecht ist, dass Sie unschuldig sind, dass willkürliche menschliche Grausamkeit Ihnen das Gefühl von Selbstkontrolle geraubt hat.

Obwohl das alles zutrifft, geschieht jedoch in Wirklichkeit etwas ganz anderes. Das Trauma ist zu dem Medium geworden, durch das das Opfer die Welt sieht und mit ihr in Beziehung tritt. Es ist nicht das Trauma an sich, das diese Veränderung bewirkte, sondern es muss eine innere Bereitschaft vorhanden sein. In Wahrheit ist das Leben weder gerecht noch ungerecht. Die Welt spiegelt wider, wer wir im Innern sind.

FRIEDEN STATT ANGST

Auf diese Tatsache wurde ich kürzlich wieder hingewiesen, als ich eine Begegnung erlebte, die mich in ein unheimliches Staunen versetzte.

Bei einem gesellschaftlichen Ereignis in einer weit entfernten Stadt wurde ich einem Ehepaar vorgestellt, beide waren in den Achtzigern. Sie stammten ursprünglich aus der Tschechoslowakei und wir verstanden uns sofort, als ich meine Bewunderung für Vaclav Havel zum Ausdruck brachte, den ehemaligen Präsidenten der Tschechoslowakei (der jetzigen Tschechischen Republik), der eine bemerkenswerte spirituelle Persönlichkeit ist. Das alte Ehepaar lächelte und nickte und als ich ihre Gesichter betrachtete, fiel mir auf, dass sie etwas Ungewöhnliches an sich hatten. Von ihnen ging eine Ruhe und ein Leuchten aus, das zugleich friedvoll und voller Freude schien. Schließlich war es für mich an der Zeit, aufzubrechen, und später im Wagen sagte mein Gastgeber: »Ich freue mich, dass du die beiden mochtest. Weißt du, sie haben sich in Auschwitz kennen gelernt...«

Ich war wie betäubt. Mein Gastgeber bemerkte meinen Gesichtsausdruck und erzählte mir ihre Geschichte. Sie waren beide Juden und als solche waren sie 1943 mit anderen tschechischen Juden von den Nazis verschleppt worden. Der Mann, damals Anfang zwanzig, war Bäcker von Beruf. Aber da die Nazis Bäcker brauchten, ließen sie ihn am Leben. Die Monate vergingen und am Ende überlebte er nur, weil das Massenmorden noch nicht zu Ende gebracht worden war, als die Alliierten das Lager erreichten. Die Frau überlebte hauptsächlich aus dem Grund, weil sie so spät ins Lager kam, dass sie noch nicht die ganze Prozedur durchlaufen hatte. Außerdem war sie jung und gesund, sodass sie noch als Arbeiterin ausgebeutet werden konnte.

304

Es gelang mir einfach nicht, diese schreckliche Geschichte mit den beiden Menschen in Einklang zu bringen, die ich soeben getroffen hatte. Sie gingen mit ihrer Geschichte nicht hausieren, erwähnten sie mit keinem Wort. Wie gern hätte ich sie gefragt, ob es ihre Erfahrungen im Lager waren, die sie zu ihrem heutigen Zustand des Friedens geführt hätten, durch eine Art Alchimie, zu der die Psyche sicherlich fähig ist, wenn sie mit abgrundtiefem Grauen konfrontiert wird. Oder waren sie schon vorher so gewesen? Oder hatte es vieler Jahre bewussten Vergessens bedurft, ihr Trauma zu verarbeiten?

Ich werde es nie erfahren, doch eines weiß ich: Wenn Sie damit aufhören können, sich durch Ihr Trauma auf die Welt zu beziehen, dann besteht Hoffnung, dass Sie damit anfangen können, sich durch Ihre Seele zu beziehen. Diese Aufgabe des Opferdenkens muss auf folgende Weise erfolgen.

Opfer klammern sich an ihren Status, weil sie sich unschuldig fühlen. Der Ehemann, der plötzlich verkündet, er wolle die Scheidung und hätte eine neue Liebe gefunden; der Straßendieb, der Ihnen eine Pistole oder ein Messer vors Gesicht hält, wenn Sie aus dem Auto steigen; der Autounfall, durch den Sie ein Familienmitglied verlieren, keines dieser Ereignisse hat einen berechtigten Grund. Sie prägen sich dem Bewusstsein als Wunde ein, und diese Wunde ist das Problem. Sie wird immer Schmerzen bereiten und es wird immer dauern, davon zu genesen. Sie verursacht immer Tränen und Ängste, gegen die man sich zuvor immun gefühlt hatte.

In mancher Hinsicht unterscheidet sich eine psychische Wunde jedoch von einer körperlichen. Wenn Sie nicht aufpassen, kann sie zu einem Teil Ihrer Identität werden, und dann wird die Gefahr größer, dass Sie die Welt durch diese Wunde erfahren. Opfer finden nicht die Kraft, ihre Identität vor dieser Veränderung zu bewahren. Wie bei der Frau, der die Handtasche gestohlen worden war, ist es, als hätte ein Virus das System befallen und könne nun nicht mehr aufgehalten werden. Es vergiftet das alltägliche Gefühl, glücklich, etwas Besonderes und beschützt zu sein.

Mit all dem will ich sagen, dass der Gedanke »*Ich bin unschuldig*« eine Täuschung, eine Maske ist. Natürlich *sind* Sie unschuldig. Der Angriff auf Ihr Selbstgefühl hat keinerlei Rechtfertigung, doch nur ein stärkeres Selbstgefühl kann Sie retten. Sie werden niemals die Antwort finden, wie lange Sie auch darüber nachdenken, warum ausgerechnet Sie so verletzt wurden. Ich habe Leute getroffen, die jahrelang versuchten, herauszufinden, ob ihr Unglück auf schlechtes Karma zurückzuführen war. Karma wird dann zu einem Zauberwort in einer verqueren Logik, die besagt: »Ich dachte, ich hätte es nicht verdient, aber von einer tieferen, eher mystischen Ebene aus betrachtet, habe ich es doch verdient.«

Das ist wirklich keine Antwort. Erstens heilt sie die Wunde nicht. Zweitens ist es nur ein geistiges Konstrukt. Es trägt kaum dazu bei, die Emotionen zur Ruhe zu bringen, aus denen sich die permanente Opferhaltung hauptsächlich nährt. Sie *fühlen* sich als Opfer, ganz gleich, was Sie über sich *denken*. Selbst wenn Sie von ganzem Herzen glauben, es gäbe eine tiefere Ebene der Schuld, wo Ihre Unschuld nicht gilt, was hätten Sie damit schon verstanden? Dass jede Handlung zugleich von Schuld und Unschuld geprägt ist? Dieses zwiespältige Denken ist für mich die Essenz von Verwirrung und Sinnlosigkeit.

Die ganze Angelegenheit – der Vorfall selbst, die Verletzung, die Gefühle, die danach zum Ausbruch kommen, und das Ringen des Verstands um eine Erklärung – ist so miteinander verflochten, dass es nicht entwirrt werden kann. Wenn Sie dieser

Tatsache ins Auge sehen können, sind Sie nahe daran, zu verstehen, wie das Leben wirklich funktioniert. Es bedeutet nicht, Sie können Ihre Verletzung nicht heilen. Die Erkenntnis, dass die Wirklichkeit verwickelt ist, fördert sogar diese Heilung, da sie Sie davon abhält, der falschen Hoffnung nachzujagen, dass sich alles eines Tages offenbaren und regeln wird.

Wahre Hoffnung bietet etwas anderes an. Sie können genesen. Es mag zwar unvermeidlich sein, dass man über Schuld und Unschuld nachgrübelt – das tun wir alle eine Zeit lang nach einer schlimmen Erfahrung. Doch es gibt eine tiefere Wahrheit, die darin besteht, dass die Seele den Ausweg ganz klar erkennt. Dies müssen Sie von vornherein wissen, wenn Sie davon profitieren wollen. Ja, die Welt ist eine verwickelte Hierarchie, doch es ist immer noch eine Hierarchie, und das bedeutet, es gibt etwas an der Spitze dieser Hierarchie. Dieses Etwas ist das absolute Bewusstsein, der Zustand reinen Seins. Seine Essenz ist Ihre Essenz. Seine Intelligenz ist Ihre Intelligenz. Und seine Klarheit und Fähigkeit, das Leben zu organisieren, sind Ihre. Das Opfer hat diese Wahrheiten aus den Augen verloren, doch der Opferzustand endet sofort, wenn sie ihm wieder zu Bewusstsein kommen. Der Weg der Heilung bringt sie Schritt für Schritt zurück. Hoffnung ist also die Sicherheit, dass Ihre Verbindung zum reinen Sein niemals verloren gehen kann. Auch das schlimmste Trauma der Welt kann dieses Sein nicht ankratzen.

## Der Weg zur Erkenntnis

Ich versuche nun so gut wie möglich die wesentlichen Dinge zusammenzubringen, die Hoffnung erreichen kann. Ihre Gefühle können allmählich heilen, sodass Sie sich nicht mehr

FRIEDEN STATT ANGST

durch frühere Traumata betäubt fühlen. Ihre Überzeugungen können sich ändern, indem Sie ernsthaft überprüfen, was diese Überzeugungen Ihnen zu sagen haben. Am Ende muss jedoch ein Schritt stehen, durch den Ihre neue Wirklichkeit zu einem zusammenhängenden Ganzen wird, wie Ihre alte es einmal war.

Dieser Schritt ist Erkenntnis.

Erkenntnis ist eine magische Kraft. Sie ist mit der Einsicht verwandt, jedoch viel tiefer. Sie *wissen* plötzlich, dass Sie der Urheber Ihres eigenen Lebens sind. Sie erkennen die Macht des Wandels um Sie herum. Erkenntnis – und die Abwesenheit von Erkenntnis – beeinflusst unser aller Leben. Ärzte staunen immer wieder, wie sonderbar ihre Patienten auf eine Diagnose reagieren können. Identische Symptome können zu erstaunlich verschiedenen Ergebnissen führen. Besonders geheimnisvoll ist dies im Falle von Krebs. Bei den Patienten, die unter den bösartigsten Geschwüren leiden, zum Beispiel bestimmte Formen von Hautkrebs, findet man zugleich die höchsten Raten von spontaner Remission.

Das – und auch das Gegenteil – habe ich in meiner eigenen Praxis erlebt. Vor Jahren hatte ich eine Patientin, eine junge Frau mit einem verdächtigen Schatten auf der Lunge, wie ihr Röntgenbild zeigte. Der Schatten gab Anlass zur Diagnose von Lungenkrebs, was aber nicht hundertprozentig sicher war. Wie auch immer, die junge Frau war niedergeschmettert, als sie davon erfuhr. Ihr Kräfte nahmen rasch ab und innerhalb weniger Monate starb sie an Lungenkrebs. Eine Überprüfung älterer Röntgenaufnahmen zeigte jedoch, dass derselbe Schatten schon Jahre zuvor da gewesen war und nur geringfügige Zeichen von Wachstum gezeigt hatte. Ihr früherer Arzt hatte ihr entweder nichts davon gesagt oder die Bedeutung des Schattens heruntergespielt.

Daraus kann man nur den Schluss ziehen, dass der Krebs sich erst rapide auszubreiten begann, als die Patientin sich der Gefahr bewusst war. Kurzum: Sie starb an der Diagnose. In der Medizin würde man dies als eine extreme Form des wohlbekannten Phänomens der so genannten »Wirtskontrolle« bezeichnen. Wir alle sind tagtäglich unzähligen Krankheitserregern ausgesetzt, von denen manche von unserem Immunsystem ausgeschaltet werden, während andere diese Verteidigungslinie durchbrechen und uns krank machen und wieder andere sich in uns häuslich einrichten, sozusagen als unbemerkte Gäste. Angesichts dieser Tatsache stellt sich die Frage, woher Erreger wissen, welche von ihnen Probleme verursachen und welche nicht. Offenbar wird diese Entscheidung von unserem Körper, dem »Wirt«, getroffen. Der Wirt steuert irgendwie, welche Krankheiten sich entwickeln und welche nicht.

Solange wir die Mechanismen dieser Wirtskontrolle nicht kennen (und davon ist die Wissenschaft noch weit entfernt), können wir nur sagen, der ganze Patient ist daran beteiligt. Menschen sterben Tag für Tag, weil sie sterben wollen; andere überleben Tag für Tag, weil sie *nicht* sterben wollen.

Ich erinnere mich noch gut an eine Episode aus meiner Zeit als junger Assistenzarzt. Ein älteres Ehepaar wurde eingeliefert. Beide waren an Krebs erkrankt. Bei dem Mann war der Krebs viel weiter fortgeschritten, doch er überlebte Woche um Woche. Erst als die Frau, die sich eigentlich in einem besseren Zustand befand, starb, starb auch der Mann innerhalb von vierundzwanzig Stunden. Heute weiß ich, dass er bewusst auf sie gewartet hatte. Das hatte er mir indirekt sogar verraten, als

FRIEDEN STATT ANGST

er bei einer Visite sagte, ein Gentleman sollte einer Dame stets die Tür aufhalten. Und das tat er schließlich.

Spirituelle Erkenntnis ist ein ganz ähnliches Phänomen wie die Wirtskontrolle. Auf einer bestimmten Ebene wissen wir alles, da wir nichts außer reinem Bewusstsein sind. Wir wissen, wer uns liebt und wer nicht; wir wissen um die Gleichheit zwischen den Menschen; wir wissen, dass es eine Wirklichkeit jenseits der materiellen Welt gibt und dass nichts von ungefähr geschieht. Diese strahlenden Augenblicke der Erkenntnis er- eignen sich, wenn wir uns erlauben, zu wissen, was wir wissen.

Durch dieses strahlende Aha-Erlebnis wird das Leben realer, nicht so sehr, weil es sich ändert, sondern weil Sie entschieden haben, anders mit ihm umzugehen. Dies ist zum Glück nicht nur eine Laune. In der verwickelten Hierarchie treten bestimmte Kräfte nur zutage, wenn Sie sich die Erlaubnis erteilen, auf sie zuzugreifen.

Wenn Hoffnung Ihr Leuchtfeuer sein soll, müssen Sie bereit sein, sie in ihrem metaphysischen Kontext zu sehen. Rumi, einer der schönsten mystischen Dichter des Nahen Ostens, sagt: »Es gibt ein Land jenseits von gut und böse. Komm, dort wollen wir uns treffen.« In Indien heißt dieses Land Vedanta. Veda ist die Wahrheit, das gute Leben, das wir von Gott empfangen haben, doch alles Gute auf der Welt kann sie nicht zu einem Ort des Friedens machen. Wir haben lange Zeit Güte genossen, und trotzdem ist die Welt nach wie vor ein Morast von Gewalt, Intoleranz, Hunger, Krieg und Habgier. Vedanta bedeutet das Ende der Veda, der Blick über das Gute hinaus. Man könnte dies als eine Art radikale Hoffnung bezeichnen. Dieser Definition würde ich zustimmen. Aber was wird sie zu einer Realität machen?

Die Erkenntnis, dass nur spirituelle Lösungen zum Ziel führen können.

Diese Lösungen ergeben sich aus einem Wandel des Bewusstseins.

Der Bewusstseinswandel vollzieht sich jeweils bei nur einer Person.

Ein spirituelles Gesetz besagt, dass wir unsere Verluste feiern sollen, denn nur das Unwirkliche kann verloren gehen, und wenn wir es erst einmal verloren haben, bleibt nur noch das Wirkliche. Daher Meher Babas scheinbar zynischer (aber in Wirklichkeit sehr weiser) Rat, der Weg zur Erleuchtung führe über die völlige Desillusionierung. Das Schlüsselwort hier ist *völlig.* Sobald Sie beabsichtigen, Ihr Bewusstsein derart umfassend zu verändern, dass die Gewalt beseitigt sein wird, werden Sie nicht mehr von Ihrem Ego getrieben sein. Sie werden nicht mehr in die Politik, die Psychologie, Geld oder die Zukunft investieren. Ihr einziges Interesse wird in der zeitlosen Region liegen, in der das Bewusstsein geboren wird. Finden Sie dieses Saatbeet, und jeden Tag, an dem Sie es berühren, wie flüchtig auch immer, werden Sie auf eine Weise zum Weltfrieden beitragen, wie es mit keinem anderen Handeln möglich ist. Auf der einen Ebene werden Sie weiterhin ein betroffener Bürger, ein Wohltäter, ein Mensch voller Hoffnung sein, doch auf einer tieferen Ebene wird Ihr Blick auf das Absolute als den Urheber der Verwandlung hier auf Erden gerichtet sein.

# NACHWORT

Kennen Sie das buddhistische Märchen von dem klebrigen Riesen und dem Prinzen der Fünf Waffen?

Der klebrige Riese war ein Ungeheuer, ein Menschenfresser, der tief in den Wäldern Indiens hauste. Er ernährte sich von den Dorfbewohnern hinter den Wäldern und hielt sie in einem Zustand ständiger Angst. Eines Tages trat dann ein Held auf den Plan, um sie zu retten. Er trug den merkwürdigen Namen Prinz der Fünf Waffen. Bei seiner Geburt hatten sich die Hofastrologen um seine Wiege versammelt. Sie prophezeiten, der Säugling würde zu einem mächtigen Krieger heranwachsen, zum Meister nicht von einer, sondern von fünf Waffen. So machte sich der Prinz eines Tages mit seinen fünf Waffen auf den Weg, um den Riesen zu besiegen.

Als die beiden im Wald aufeinander trafen, holte der Prinz Pfeil und Bogen hervor und schoss einen Pfeilhagel in die Seite des Menschenfressers ab, doch der dicke Pelz des klebrigen Riesen war undurchdringlich und die Pfeile blieben einfach darin stecken. Dann zog der Prinz sein Schwert und hackte damit auf das Ungeheuer ein, doch auch das Schwert blieb im klebrigen Fell stecken, ebenso das Messer, die Keule und die Lanze.

Da nun seine fünf Waffen verbraucht waren, griff der der Prinz den Riesen mit seinen Fäusten an. Doch im Nu blieben auch seine Hände und Füße im klebrigen Pelz stecken. Das Ungeheuer wollte den Prinzen schon verspeisen, doch dessen

Mut ließ ihn innehalten. »Wenn dieser Held so tapfer gegen mich kämpfen kann, sollte ich vielleicht lieber zweimal darüber nachdenken«, überlegte er.

Der Prinz war verloren, doch dann kam ihm plötzlich eine Idee. »Du wirst es nicht wagen, mich aufzufressen!«, rief er trotzig. »Meine fünf Waffen mögen an dir kleben geblieben sein, doch ich habe noch ein Geheimnis in mir, und sobald du mich verschlingst, wird es explodieren, und dann wirst du sterben!«

Der klebrige Riese war beeindruckt, und weil er nicht sterben wollte, verschonte er den Prinzen der Fünf Waffen. Bevor der Prinz seines Weges zog, wollte der Riese von ihm wissen, was es mit diesem Geheimnis auf sich hatte. »Ist es eine sechste Waffe, die ich noch nie gesehen habe?«

»Nein, es ist keine Waffe, es ist mein Mitgefühl«, antwortete der Prinz, der sich nicht nur in der Waffenkunst, sondern auch in der Weisheit Buddhas sehr gut auskannte. »Das war mein verborgenes Geheimnis, das du nicht überlebt hättest.«

Das Ungeheuer war so gerührt, dass es sich dem Prinzen der Fünf Waffen als Schüler anschloss. So lernte der Riese den Achtfachen Pfad, fand inneren Frieden und ließ die Gewalt hinter sich. Er erkannte, dass all seine grausamen Taten das Ergebnis früherer böser Handlungen waren, für die er Buße tun konnte. Am Ende erlangte der klebrige Riese Erleuchtung und so wurden die Dorfbewohner vor ihrem Ungeheuer in den Wäldern gerettet.

Dasselbe verborgene Geheimnis könnte auch uns retten, wenn wir uns ihm öffnen. In abertausenden Herzen überall auf der Welt ist nun das Mitgefühl am Werk. Den anderen Gefühlen müssen wir entsagen, denn sonst werden Zorn, Vergeltung, industrialisierter Tod und Gewalt an der Natur unser

Untergang sein. Es gibt keine andere Heilung, die dem Krieg ein Ende setzen könnte. Der Krieg endet nicht durch Leiden, auch nicht durch die leichtfertige Hoffnung auf den totalen Sieg über das Böse.

Die wirkliche Friedensarbeit ist von jedem Einzelnen zu leisten, damit es zu einem weltweiten Umschwung kommen kann. Die Geschichte hat uns schon zahlreiche Leuchtfeuer des Mitgefühls beschert: Christus, Buddha, Laotse und unzählige Heilige aller Glaubensrichtungen, einschließlich des Islams. Wir brauchen keine neuen Leuchtfeuer mehr. Die Botschaft ist klar genug.

Sie und ich und viele andere sehen keine Notwendigkeit für Krieg, finden keine Genugtuung und sehen keinen Reiz darin. Wir konnten uns befreien aus dem klebrigen Pelz des Menschenfressers. Jeder Mensch, der sich so befreien kann, ist eine Einheit des Friedens. Ich weiß nicht, wie viele dieser Einheiten nötig sind, die Welt zu verändern, doch die schrecklichsten Waffen sind schon ausprobiert worden und haben darin versagt, dem Menschenfresser sein Handwerk zu legen, und jetzt ist die Zeit gekommen, dass wir das Geheimnis einsetzen, das in uns verborgen liegt. Wir sind nichts im Vergleich zu der monströsen Kriegsmaschinerie, vor der wir machtlos zu sein scheinen. Doch unser verborgenes Geheimnis ist real, das wissen wir, und deshalb sollten wir frohlocken: Unsere Waffe ist die einzige, die das Ungeheuer mit Sicherheit vernichten wird.

# ANHANG

*Das Programm für Friedensstifter*

Im Folgenden finden Sie noch einmal das bereits im Kapitel »Der Weg des Friedens« vorgestellte Wochenprogramm für Friedensstifter, das jedem, der darüber nachdenkt, sich einer Gemeinschaft des Bewusstseins anzuschließen, als kurzer Leitfaden dienen möge. Derselbe Text (in Englisch) steht auch als Download unter *www.chopra.com* zur Verfügung; eine Druckversion ist dort unter *News from Deepak* zu finden.

## Sieben Übungen für Friedensstifter

Krieg ist die Plage, die die Menschen selbst über sich gebracht haben. Es ist aber auch die Plage, der wir selbst ein Ende bereiten könnten. An jedem Tag seit unserer Geburt hat irgendwo auf der Welt Krieg geherrscht. 2003 zählte man insgesamt dreißig offene Konflikte. Im 20. Jahrhundert sind mindestens 108 Millionen Menschen in Kriegen umgekommen. Von den zwanzig größten Militärhaushalten weltweit werden vierzehn von Entwicklungsländern unterhalten. Die USA geben mehr Geld für ihr Militär aus als die nächsten sechzehn Militärmächte zusammen.

Krieg ist zweifellos das größte Problem in der Welt.

Ebenso wenig lässt sich bestreiten, dass eine neue Idee vonnöten ist.

Die neue Idee besagt, dass jeder Einzelne Frieden erfährt, bis die Welt eine kritische Masse von Friedensstiftern statt von Kriegstreibern erreicht.

*Es gibt keinen Weg zum Frieden. Frieden ist der Weg.*

A. J. Muste

### Weshalb es noch nicht gelungen ist, dem Krieg ein Ende zu setzen

Friedensbewegungen haben bisher auf drei Wegen versucht, dem Krieg ein Ende zu setzen:

*Aktivismus*, also der Versuch, politischen Druck auf Krieg führende Regierungen auszuüben. Zu Aktivismus gehören Protest und Demonstrationen, Einflussnahme auf einzelne Politiker und politisches Engagement. Fast jeder Krieg führt zum Entstehen einer Friedensbewegung, die gegen den betreffenden Krieg ist.

Warum hat dieser Ansatz versagt?

Weil niemand auf die Demonstranten hört.

Weil die Friedenskämpfer vor der Sturheit der Politiker und schließlich vor ihrer eigenen Frustration kapitulieren.

Weil die Kriegsinteressen in der Gesellschaft weit stärker sind als die Friedensinteressen.

Weil ihr Idealismus in Zorn und Gewalt umschlägt.

Absurderweise hat Friedensaktivismus zu Fernsehbildern geführt, in denen uns zornige Friedensdemonstranten vorgeführt werden, die am Ende zur Gesamtsumme der Gewalt auf der Welt beitragen.

Der zweite Weg drückt sich in *humanitärer Hilfe* aus, also Hilfe für die Opfer des Krieges. Die Not von Kriegsopfern zu lindern ist ein Akt der Güte und Nächstenliebe. Solche Organisationen, von denen das Internationale Rote Kreuz zu den bekanntesten gehört, sind sehr aktiv und ziehen Tausende von Freiwilligen weltweit an. Alle Länder der Welt heißen humanitäre Aktivitäten gut.

Warum hat der Humanitarismus versagt?

Weil es immer noch unendlich viel mehr Soldaten und Kriegstreiber gibt als freiwillige Helfer.

Wegen der Finanzen. Das Internationale Rote Kreuz hat ein Jahresbudget von 1,8 Milliarden Dollar – eine Kleinigkeit im Vergleich zu den Militärbudgets überall auf der Welt.

Weil dieselben Länder, die Kriege führen, auch humanitäre Organisationen unterhalten und damit zeigen, dass beides zugleich möglich ist.

Weil humanitäre Helfer erst die Bühne betreten, nachdem der Krieg ausgebrochen ist.

Der dritte Ansatz ist *persönlicher Wandel*. Dies ist der Weg, der dem Krieg im Denken und Empfinden jedes Einzelnen ein Ende setzen will. Die Kernidee ist, dass Krieg im Herzen eines jeden Einzelnen beginnt und auch nur dort enden kann. Die religiöse Tradition des Friedensgebets ist vielleicht die einzige Gelegenheit, bei der die meisten Leute dem Ideal nahe kommen, den Krieg in ihren Herzen zu beenden. Ansonsten hat bisher kaum jemand von diesem Ansatz gehört.

Warum hat er versagt?

Weil niemand es je wirklich versucht hat.

> *Kannst du der Wandel sein, den du in der Welt*
> *sehen möchtest?*
>
> Mahatma Gandhi

### Warum der Krieg mit Ihnen endet

Der Weg über persönlichen Wandel ist die Idee der Zukunft zur Beendigung aller Kriege. Er ergibt sich aus dem einzigen Vorteil, den die friedliebenden Menschen gegenüber den Kriegstreibern haben: ihre schiere Anzahl. Wenn genug Menschen auf der Welt zu Friedensstiften würden, könnte der Krieg ein Ende finden. Die wesentliche Idee ist hier die **kritische Masse.** Es bedurfte einer kritischen Masse von Menschen, bevor sich Elektrizität und Erdöl, die Evolutionslehre und jede bedeutende Religion durchsetzen konnten. Wenn die Zeit reif ist und genug Leute mitmachen, kann eine solche kritische Masse die Welt verändern.

Kann sie auch dem Krieg ein Ende bereiten?

Es gibt allen Grund zu der Annahme, dass dies der Fall sein könnte. Das altindische Ideal der *Ahimsa* oder Gewaltlosigkeit lieferte Gandhi sein Leitprinzip der Ehrfurcht vor dem Leben. Jede spirituelle Tradition enthält den Glauben, dass Frieden im Herzen eines Menschen existieren muss, bevor er in der äußeren Welt existieren kann.

Persönlicher Wandel verdient also eine Chance.

> *Wenn ein Mensch Gewaltlosigkeit lebt, werden die in*
> *seiner Umgebung keine Feindschaft mehr spüren.*
>
> Patanjali, ein altindischer Weiser

## Sieben Übungen für den Frieden
### *Wie man zum Friedensstifter wird*

Das Programm für den Frieden fordert Sie auf, zum Friedensstifter zu werden, indem Sie sich jeden Tag einer bestimmten Übung widmen. Schritt für Schritt zielen alle diese Übungen darauf ab, in Ihrem persönlichen Leben Frieden Wirklichkeit werden zu lassen.

**Sonntag**: Sein für den Frieden
**Montag**: Denken für den Frieden
**Dienstag**: Fühlen für den Frieden
**Mittwoch**: Reden für den Frieden
**Donnerstag**: Handeln für den Frieden
**Freitag**: Kreativ sein für den Frieden
**Samstag**: Teilen für den Frieden

Für jede dieser Übungen benötigen Sie nur ein paar Minuten Zeit. Sie können es für sich behalten oder sich freimütig darüber äußern, ganz wie Sie wollen. In jedem Fall werden die Menschen in Ihrer Umgebung einfach daran, wie Sie Ihr tägliches Leben führen, erkennen, dass Sie für den Frieden sind.

---

### Sonntag: Sein für den Frieden

Nehmen Sie sich heute fünf Minuten Zeit, für den Frieden zu meditieren. Sie sitzen still da und schließen die Augen. Konzentrieren Sie sich auf Ihr Herz und wiederholen Sie im Inneren diese vier Worte: *Frieden, Harmonie, Heiterkeit, Liebe.* Erlauben Sie diesen Worten, von der Ruhe Ihres Herzens in Ihren Körper auszustrahlen.

Sagen Sie sich am Ende Ihrer Meditation: *Heute werde ich allen Ärger und allen Groll aufgeben.* Denken Sie an den Groll, den Sie gegen jemanden hegen, und lassen Sie davon ab. Schenken Sie der betreffenden Person Ihre Vergebung.

---

### Montag: Denken für den Frieden

---

Gedanken haben Macht, wenn eine Absicht hinter ihnen steht. Nehmen Sie heute die Absicht des Friedens in Ihr Denken auf. Schweigen Sie einige Augenblicke, bevor Sie das folgende alte Gebet rezitieren:

*Lass mich geliebt sein, glücklich und friedvoll.*
*Lass meine Freunde glücklich sein, geliebt und friedvoll.*
*Lass meine vermeintlichen Feinde glücklich sein,*
*geliebt und friedvoll.*
*Lass alle Lebewesen glücklich sein, geliebt und friedvoll.*
*Lass alle Welt dieses Glück erfahren.*

Wiederholen Sie diese Zeilen, wann immer Furcht oder Zorn Ihnen den Tag verfinstert. Benutzen Sie dieses Gebiet, um Ihre Mitte wieder zu finden.

---

### Dienstag: Fühlen für den Frieden

---

Dies ist der Tag, um die Gefühle des Friedens zu empfinden. Die Gefühle des Friedens sind Mitgefühl, Verständnis und Liebe.

*Mitgefühl* ist das Gefühl geteilten Leids. Das Empfinden des Leids anderer ist die Geburt von Verständnis.

ANHANG

*Verständnis* ist das Wissen, dass alle an diesem Leid teilhaben. Das Verständnis, dass man nicht allein ist in seinem Leiden, ist die Geburt der Liebe.

Wo *Liebe* ist, da ist auch die Möglichkeit des Friedens.

Beobachten Sie an diesem Tag von Zeit zu Zeit einen Fremden und sagen Sie sich im Stillen:

*Dieser Mensch ist genau wie ich. Wie ich hat diese Person Freude und Trauer erfahren, Verzweiflung und Hoffnung, Furcht und Liebe. Wie ich hat diese Person Menschen in ihrem oder seinem Leben, die sie sehr gern haben oder lieben. Wie mein Leben, so ist auch das Leben dieses Menschen nicht von Dauer und wird eines Tages enden. Der Friede dieses Menschen ist ebenso wichtig wie mein Friede. Ich will Frieden, Harmonie, Heiterkeit und Liebe in seinem oder ihrem Leben und im Leben aller Menschenwesen.*

---

## Mittwoch: Reden für den Frieden

---

Heute dient das Reden dem Ziel, den Zuhörer glücklich zu machen. Tragen Sie sich mit folgender Absicht: Heute werde ich jedes Wort, das ich von mir gebe, bewusst auswählen. Ich werde mich nicht beklagen, nichts verdammen und nicht kritisieren. Die Übung besteht darin, mindestens eine der folgenden Aufgaben auszuführen:

- Sagen Sie jemandem, wie sehr Sie ihn oder sie schätzen.
- Drücken Sie denen gegenüber, die Ihnen geholfen haben oder die Sie lieben, Ihre tiefe Dankbarkeit aus.
- Schenken Sie jemandem, der es nötig hat, ein paar heilende oder aufbauende Worte.

FRIEDEN STATT ANGST

• Erweisen Sie jemandem Respekt, dessen Respekt Sie schätzen.

Wenn Sie sich dabei ertappen, dass Sie auf jemanden negativ reagieren, auf eine nicht friedvolle Weise, so halten Sie inne und schweigen Sie. Sprechen Sie erst, wenn Sie Ihre innere Ruhe wieder gefunden haben, und sprechen Sie dann mit Respekt.

---

Donnerstag: Handeln für den Frieden

---

Heute ist der Tag, jemandem zu helfen, der in Not ist: einem Kind, einem Kranken oder einem älteren oder gebrechlichen Menschen. Solche Hilfe kann viele Formen annehmen. Sagen Sie sich:

*Heute werde ich einen Fremden zum Lächeln bringen. Wenn jemand sich mir oder jemandem anderen gegenüber verletzend verhält, werde ich mit einer Geste liebender Güte reagieren. Ich werde jemandem ein Geschenk schicken, selbst wenn es nicht viel ist, ohne meinen Namen zu nennen. Ich werde meine Hilfe anbieten, ohne Dankbarkeit oder Anerkennung zu erwarten.*

---

Freitag: Kreativ sein für den Frieden

---

Lassen Sie sich heute mindestens eine kreative Idee einfallen, wie Sie einen Konflikt lösen können, entweder in Ihrem eigenen Leben oder im Familien- oder Freundeskreis. Wenn Sie können, denken Sie sich etwas aus, was für Ihre Gemeinschaft relevant ist, für die Nation oder für die ganze Welt.

Vielleicht können Sie eine alte Gewohnheit ändern, die Sie nicht weiterbringt, oder Sie können jemanden in einem anderen Licht betrachten, Dinge aussprechen, die Ihnen noch nie über die Lippen gekommen sind, oder sich eine Aktivität ausdenken, die Menschen in Frohsinn und Heiterkeit zusammenbringt.

Fordern Sie auch einen Verwandten oder Freund auf, auf seine oder ihre Weise in diesem Sinn kreativ zu werden. Kreativität ist am schönsten für denjenigen, der eine neue Idee oder eine neue Herangehensweise entwickelt hat. Lassen Sie jeden wissen, dass Sie Kreativität akzeptieren und dass es Ihnen Freude macht. Seien Sie locker und unbeschwert, lassen Sie Ihren Ideen freien Lauf und probieren Sie alles aus, was Ihnen ansprechend erscheint. Der Zweck dieser Übung ist, Bindungen zu schaffen, denn nur in solchen Bindungen mit anderen kann gegenseitiges Vertrauen herrschen. Wenn Sie Vertrauen haben, besteht kein Anlass zu unausgesprochener Feindseligkeit und Misstrauen, und dies sind die beiden größten Feinde des Friedens.

---

### Samstag: Teilen für den Frieden

---

Teilen Sie Ihre heutige Übung mit zwei anderen Menschen. Geben Sie ihnen diesen Text zu lesen und ermutigen Sie sie, ebenfalls mit diesen täglichen Übungen zu beginnen. Wenn immer mehr von uns sich daran beteiligen, wird diese Praktik schließlich eine kritische Masse aufbauen.

Feiern Sie heute Ihr eigenes Friedensbewusstsein mit mindestens einem anderen friedensbewussten Menschen. Setzen Sie sich über E-Mail oder telefonisch in Verbindung.

Teilen Sie Ihre Erfahrung wachsenden Friedens.

Teilen Sie Ihre Dankbarkeit, dass es einem anderen genauso ernst ist mit dem Frieden.

FRIEDEN STATT ANGST

Teilen Sie Ihre Ideen und tragen Sie so dazu bei, dass sich die Welt der kritischen Masse nähert.

Tun Sie, was Sie können, was immer Sie können, um jedem, der ein Friedensstifter werden möchte, zu seinem Ziel zu verhelfen.

### *Der beste Grund,*
### *sich den Friedensstiftern anzuschließen*

Das ist also Ihr Wochenplan. Während Sie sich in einen Friedensstifter verwandeln, werden Sie nicht zum Aktivisten, der durch die Straßen marschiert. Sie werden nicht zum Antidies-oder-das. Sie brauchen kein Geld. Sie müssen lediglich in sich gehen und sich dem Frieden widmen. Denken Sie daran: *Es könnte funktionieren.*

Selbst wenn Sie keinen sofortigen Rückgang der Gewalt auf der Welt feststellen können, wissen Sie in Ihrem Herzen, dass Sie Ihr Leben dem Frieden gewidmet haben. Der beste Grund, zu einem Friedensstifter zu werden, ist die Tatsache, dass alle anderen Strategien versagt haben. Niemand weiß, wann die kritische Masse erreicht sein muss, damit Frieden zur Grundlage einer neuen Ordnung wird. Ihre und meine Pflicht besteht darin, Veränderung durch persönlichen Wandel herbeizuführen. Ist es nicht ein paar Minuten Ihres Tages wert, dreißig Kriegen rund um den Erdball ein Ende zu setzen und vielleicht alle künftigen Kriege zu verhindern? Krieg ist wie Krebs; er wird nur immer schlimmer, wenn man ihn nicht behandelt.

ANHANG

Heute dienen 21,3 Millionen Soldaten in Armeen weltweit. Können wir dann keine Friedensbrigade zusammenbringen, die zehnmal größer ist als alle Armeen zusammen? Oder hundertmal größer?

Das Projekt beginnt jetzt. Es beginnt bei Ihnen selbst.

# Hinweise für
## weitere Forschung und Lektüre

Ich schrieb dieses Buch, indem ich Augen und Ohren offen hielt. Da ich mich in Dingen der Kriegsmaschine als Novize betrachten muss, war mir das Internet von unschätzbarer Hilfe. Die meisten Fakten in diesem Buch wurden gegoogelt. So kann jeder Leser die gleichen Suchbegriffe eingeben und wird auf dieselben Information stoßen, die ich gefunden habe. Das Internet steht im Ruf einer gewissen Leichtfertigkeit, in Wirklichkeit ist es jedoch oft zuverlässiger als eine herkömmliche Bibliothek. Jede Information kann anhand unzähliger Alternativquellen nachgeprüft werden. Wenn Sie zum Beispiel die Zahlen irakischer Todesopfer im derzeitigen Irak-Krieg nachprüfen möchten, tippen Sie die Worte »*Iraqi body count 2004*« ein, dann werden Sie auf weltweit über 33.000 Einträge verwiesen [davon 155 in deutscher Sprache], und die Zahlen, die Sie dort finden, sind meist aktueller als in jedem Druckmedium.

Ich führte auch Tagebuch über die wichtigsten Ereignisse auf der Welt. Auch hier benutzte ich das Web als meinen Nachrichtendienst, besonders AOL News und die AP-Berichte, die bei vielen Online-Diensten, zum Beispiel unter *www.salon.com*, zu finden sind.

Ich hoffe, Leser, die ein bestimmtes Thema weiterverfolgen möchten, werden im Internet surfen und eigene Recherchen anstellen, denn nur wenn wir Augen und Ohren offen halten, wird sich unser Bewusstsein erweitern. In dem Kapitel über die Religion und ihr Versagen, dem Krieg ein Ende zu machen, erwähne ich meinen Auftritt in der *Larry King Live*-Show mit vier führenden Vertretern verschiedener Religionen. Jeder Einzelne von ihnen sprach immer wieder von unserer Pflicht, das Böse zu bekämpfen, und meine Entgegnung, die ich im letzten Augenblick einzuschieben versuchte, ging wohl in den Stimmen der anderen unter: »Wir müssen aufhören, andere Leute als böse zu bezeichnen«, waren meine Worte. Wenn Sie die ganze Breite der Informationen über den Krieg erforschen, die uns im Internet zur Verfügung stehen, werden Sie neue Welten und neue Perspektiven entdecken. In unserer kulturellen Blindheit zu verharren wäre dagegen dasselbe, wie im Pelz des klebrigen Fabelriesen stecken zu bleiben.

Ein guter Einstiegspunkt, den ich für meine eigenen Recherchen nutzte, ist die Website: »What Every Person Should Know About War«. Und dann hoffe ich, auch Sie stoßen irgendwann auf die Website von al-Dschasira, dem umstrittenen arabischen Satellitensender. Dort können Sie selbst herausfinden, was die arabische Welt denkt und wie sie uns sieht. Die Online-Dienste der verschiedenen internationalen und nationalen Zeitungen, Magazine und Fernsehsender brauche ich wohl nicht extra zu nennen. Interessant sind aber auch Quellen wie Salon.com und Slate.com, die sich abseits vom Mainstream bewegen. In Amerika müssen wir uns zudem fragen: Wie viele Amerikaner schauen sich wohl ab und zu die Webseiten der großen europäischen Blätter an? Nicht sehr viele. Das erklärt vielleicht die verzerrte und stark vereinfachte Sicht, die viele Amerikaner heute von Europa haben.

Wer sich besonders für die im Kapitel »Die Metaphysik des Schreckens« erörterten Fragen im Zusammenhang mit dem

HINWEISE FÜR WEITERE FORSCHUNG UND LEKTÜRE

Autoritätsexperiment in Yale und dem Gefängnisexperiment in Stanford interessiert, findet reichlich Hinweise, wenn er »Stanley Milgram« oder auch »Stanford Abu Ghraib« als Suchbegriffe eingibt. Der historisch Interessierte findet unter »Adolf Eichmann«, »Ossip Mandelstam« und »Schlacht von Crecy« reichlich Material. Dem eher wissenschaftlich gesinnten Leser lege ich die Lektüre des Buchs »Das bewusste Universum« von Amit Goswami besonders ans Herz. Mehr als jeder andere heutige Physiker hat Goswami mit seiner Erklärung der verwickelten Hierarchie meine Sicht darüber geändert, wie die gesamte Wirklichkeit aufgebaut ist. Im Laufe der vergangenen fünf Jahre hatte ich das Privileg, diese Idee auch persönlich mit ihm zu diskutieren.

Die Lektüre von Hannah Arendt und ihrer berühmten Gedanken zur Banalität des Bösen wird schließlich jeden überzeugen, wie wir alle in unserem alltäglichen Leben in die verwickelte Hierarchie verstrickt sind. Wenn man den langen Schatten des Holocaust bedenkt, der über ihr schwebte, versteht man, dass Hannah Arendt keine optimistische Denkerin sein konnte. Sie sagte jedoch auch etwas, das uns Hoffnung machen sollte: »Tiefes Nachdenken wird uns unmittelbar mit unseren Entscheidungen konfrontieren, und unsere Möglichkeiten vom Bösen abwenden.« Der Weg des Friedens ist mehr als tiefes Nachdenken. Doch der Weg beginnt dort, und zu diesem Zweck habe ich dieses Buch geschrieben.

# WAS KANN ICH TUN?

Unsere gemeinsame Aufgabe besteht darin, eine Friedensbewegung zu bilden, die keine Antikriegsbewegung ist. Dieser Unterschied ist entscheidend, denn jede als Anti-dies oder Anti-das gegründete Bewegung hat am Ende nur zu Ablehnung, Widerstand und Gewalt geführt. Ich kann nur für mich selbst sprechen, doch meine ideale Friedensbewegung gründet auf einem der drei S-Worte: Satsang. Satsang bedeutet, sein Bewusstsein mit anderen zu teilen. Es kann mit etwas so Einfachem wie einer Diskussionsgruppe beginnen, vielleicht einmal die Woche, als offenes Forum, wo jeder die Möglichkeit hat, über seine eigene Sehnsucht nach Frieden zu sprechen.

Der nächste Schritt könnte eine »Friedenszelle« sein, eine Gruppe von zehn Leuten, die den Frieden durch das Sieben-Punkte-Programm fördern wollen. Dieses Programm finden Sie im Anhang und auch im Internet steht es zur Verfügung.

Mit wachsendem Bewusstsein möchten Sie sich dann vielleicht einer globalen Gemeinschaft von Friedenszellen anschließen. Zu diesem Zweck wurde eigens eine Website eingerichtet, www.peaceisthewayglobalcommunity.org, wo alle Friedenszellen aufgelistet sind, um dem Satsang zu weltweiter Verbreitung zu verhelfen.

Ich würde es sehr begrüßen, wenn mein Ideal Wirklichkeit werden würde, doch eine wirkliche Friedensbewegung zeichnet sich dadurch aus, dass sich jeder entsprechend seinen eigenen Idealen beteiligen kann. Frieden ist eine Vision und Visio-

FRIEDEN STATT ANGST

nen müssen von selbst wachsen, entsprechend den inneren
Sehnsüchten des Einzelnen. Im Augenblick ist diese Vision
nur ein Funke, doch irgendwann, irgendwo wird dieser Funke
ein Feuer entfachen. Ich kann nicht prophezeien, wann dieser
Moment kommen wird – es könnte in dem Augenblick geschehen, wenn Sie zum Friedenstifter werden. Das hoffe ich,
denn ich weiß mit Sicherheit, dass keine Gemeinschaft stärker
ist als die unsichtbare, gebildet von Menschen die von ihrem
höchsten Ziel inspiriert werden.

## Danksagung

Peter Guzzardi, mein erfahrener Herausgeber: Du bist sowohl mein Kritiker als auch einer meiner besten Freunde.

Shaye, Julie, Julia, Tina, Tara, Brian, Jenny, Sarah und der Rest meiner Familie bei Harmony: für eure Liebe, Großzügigkeit und Toleranz seit Beginn meiner Arbeit.

Roberto Savio und Arsenio Rodriguez, ihr habt die *Alliance for the New Humanity* zu etwas gemacht, auf das wir stolz sein können.

Rita, Mallika, Gotham, Sumant, Candice, liebe Tara und Leela: Durch euch wird alles lohnend und heilig.

Carolyn Rangel, Felicia Rangel und Janice Crawford in meinem Büro: Eure Aufopferung und harte Arbeit machen alles möglich.

Und schließlich Dank an meine Familie im Chopra-Zentrum, die meine Worte auf eine Weise umsetzen, die das Leben verändern kann.

# Deepak Chopras Antworten auf die Fragen unserer Existenz

**DEEPAK CHOPRA**
**Bewusst glücklich**
*Das neue Handbuch zum erfüllten Leben*
224 Seiten
€ [D] 19,95 / € [A] 20,60/ sFr 34,80
ISBN 978-3-7934-2096-5

In »Bewusst glücklich« betrachtet Deepak Chopra das Geheimnis unseres Daseins und die entscheidende Frage, was unser Leben für die ewige Suche nach dem Glück bedeutet. Wer bin ich? Woher komme ich? Wohin gehe ich, wenn ich sterbe? Chopra schöpft aus den alten Quellen der Vedanta-Philosophie und den Forschungsergebnissen der modernen Naturwissenschaft, um uns so zu helfen, unser wahres Wesen zu verstehen. Wenn uns das gelingt, beginnen wir aus der Quelle eines dauerhaften Glücks zu leben. Wenn wir wissen, wer wir sind, hören wir auf, uns der im Kosmos bestehenden inneren Intelligenz zu widersetzen.